Robert Kurz – Weltkrise und Ignoranz

06. September 2018

Alles wunderbare
zum Geburtstag
und viel „Spaß" bei dieser
hoffentlich interessanten
Lektüre !

♡ Deine Xenia

Robert Kurz, geboren 1943, war Redakteur und Mitherausgeber der Theoriezeitschrift *EXIT!* (www.exit-online.org) und lebte als freier Autor in Nürnberg. Seine Arbeitsgebiete umfassten die Modernisierungs- und Krisentheorie, die kritische Analyse des kapitalistischen Weltsystems, die Kritik der Aufklärung und das Verhältnis von Kultur und Ökonomie. Robert Kurz starb am 18. Juli 2012 an den Folgen eines Operationsfehlers.

Edition
TIAMAT
Deutsche Erstveröffentlichung
Herausgeber:
Klaus Bittermann
1. Auflage: Berlin 2013
© Verlag Klaus Bittermann
www.edition-tiamat.de
Buchumschlagentwurf: Felder Kölnberlin Grafikdesign
ISBN: 978-3-89320-173-0

Robert Kurz

Weltkrise und Ignoranz

Kapitalismus im Niedergang

Ausgewählte Schriften

Herausgegeben von
Roswitha Scholz & Claus Peter Ortlieb

**Critica
Diabolis
204**

Edition
TIAMAT

Inhalt

DIE AUFHEBUNG DER GERECHTIGKEIT

Realitätsverlust und Krise der demokratischen Ethik

I.

In den 60er und 70er Jahren, als die Welt der linken Gesellschaftskritik noch in Ordnung war, erschien die marktwirtschaftliche Logik in ihrer ganzen menschlichen Erbärmlichkeit als angreifbar. Ausgehend vom humanistischen Bild eines »eigentlichen« und »wahren« Menschen, der zu »verwirklichen« sei, verfielen die marktwirtschaftliche Lebensweise und ihre Existenzbedingungen in Gestalt des Konsum- und Fachidiotismus, der Entsolidarisierung und Persönlichkeitsdeformation durch das »Zwangsgesetz der Konkurrenz« (Marx), der Ausbeutung der Dritten Welt und des neokolonialen Völkermords einer massiven Kritik. Dargestellt wurde die negative Empfindung vor allem in ethisch-moralischen Kategorien. Das Marktsystem schien auf allen seinen Daseinsebenen »Ungerechtigkeit« zu generieren.

Diese Kritik fokussierte sich praktisch vor allem in politischen Begriffen. Zwar bildete die Marxsche Ökonomiekritik das theoretische Bezugssystem, aber eigentlich eher im Status einer Hintergrundannahme. Soweit man »ökonomisch« operierte, geschah dies ganz positivistisch mit den Zentralkategorien des kritisierten Marktsystems selbst, also in den Formen von Ware und Geld, Wert und Preis, Lohn und Gewinn. Nicht gegen die Basisformen als solche war man kritisch, sondern gegen die Art ihrer »Anwendung«. Und eben deswegen wurde die Kritik wesentlich als politische formuliert, als »Primat der Politik« (und zwar einer anderen, alternativen, humanen Politik) gegenüber den Marktkategorien. Die Aufhebung des marktwirtschaftlichen Übels wurde nicht gedacht als Aufhebung seiner eigenen Formen, sondern als deren Unterwerfung unter eine sozialistische politische Subjektivität.

Das diskursive Kraftfeld dieser politisch transformierten Kritik des Marktsystems war nicht der Marxsche Begriff des Warenfetischs, sondern der Begriff der Demokratie. Wie die »Ungerechtigkeit« der Marktwirtschaft letztlich durch eine externe Anwendungssubjektivität (»Verfügungsgewalt« der Kapitalisten) erzeugt schien, so sollte sie durch eine antipodische externe Subjektivität der Demokratie beseitigt werden. Demokratie wurde gedacht als Idee der menschlichen Selbstbestimmung, als solidarische und gemeinschaftliche Regulation der Gesellschaft durch einen emanzipatorischen politischen Willen. Der kapitalistische Privateigentümer erschien demgegenüber als autokratischer und unsolidarischer Selbstherrscher. Kapitalismus und Demokratie wurden als gegensätzlich begriffen; entweder als absolute Unvereinbarkeit oder als antagonistische Kompromißstruktur »zwischen Demokratie und Kapitalismus durch staatliche Interventionen« (Habermas). Die politische Demokratie der westlichen Gesellschaften figurierte als positive Errungenschaft, der »demokratische Verfassungsstaat« als »Erbe der bürgerlichen Emanzipationsbewegungen« (Habermas). Dieser »demokratische Sektor« endete jedoch nach Auffassung der Kritiker an den Toren der kapitalistischen Betriebe. Demokratisierung der Ökonomie und aller gesellschaftlichen Institutionen war daher das Zauberwort, mit dem man die »Gerechtigkeit« glaubte aufschlüsseln zu können.

Die Demokratisierung der Ökonomie sollte in Gestalt

einer planmäßigen Lenkung der Ressourcen eine »gerechte Verteilung« des weiterhin in marktwirtschaftlichen, warenförmigen Basisformen produzierten Reichtums bewirken. Die westlichen linken Gesellschaftskritiker befanden sich mit dieser Argumentationsstruktur in einer eigentümlichen Schieflage gegenüber den staatssozialistischen Formationen des Ostens. Diese schienen in Gestalt der Planwirtschaft ein wesentliches Erfordernis der sozialen Emanzipation realisiert zu haben. Jedoch wurden die vermeintlichen »sozialistischen Wirtschaftsgrundlagen« böse konterkariert durch einen erheblichen Mangel an Demokratie. Dieses bedauerliche Defizit war angeblich entweder den »schwierigen Bedingungen« (so die eher apologetische Lesart) oder einer »asiatischen Erblast« (Bahro, Dutschke, neuerdings wieder Michael Schneider) oder schlicht der »falschen Ideologie« des Bolschewismus geschuldet. Und die zu verordnende Kur konnte natürlich ebenfalls nur die Demokratisierung sein, aber eben andersherum: war im Westen die politische Demokratie erreicht oder wenigstens weit fortgeschritten und mußte durch Erweiterung auf die Ökonomie vollendet werden, so galt es im Osten umgekehrt, die planwirtschaftlichen »sozialistischen Wirtschaftsgrundlagen« zu erweitern und zu vollenden durch die umfassende politische Demokratie. So wäre denn durch einen jeweils spezifischen, hinsichtlich der beiden Systeme seitenverkehrten Impuls der Demokratisierung auf dem gemeinsamen Weg zur »Gerechtigkeit« voranzuschreiten gewesen.

Der rabiate Zusammenbruch des Staatssozialismus hat dieses Gesamtkonstrukt von edler Einfalt und stiller Größe bis auf die Knochen blamiert. Alle sozialen und ökologischen Übel des Marktsystems sind nicht nur weiterhin voll wirksam, sie haben sich sogar bis zur Unerträglichkeit gesteigert. Aber gleichzeitig wurde die gemütliche ideologische Möblierung der linken Gesellschaftskritik in Trümmer gelegt. Die Vermittlung der demokratischen Ethik durch ein (im engeren oder weiteren Sinne sozialistisches) »Primat der Politik« gegenüber den Marktkategorien in Gestalt von Planungsinstanzen scheint endgültig falsifiziert und der Weg zur »Gerechtigkeit« genau andersherum zu verlaufen, als es die diversen sozialistischen Demokraten sich immer vorgestellt hatten. Nicht Demokratie und Sozialismus gehören offenbar zusammen, sondern Demokratie und Kapitalismus. Die Bewegungen und Ansätze einer Demokratisierung in Osteuropa und der ehemaligen Sowjetunion haben sich nicht mit den planungsökonomischen »sozialistischen Wirtschaftsgrundlagen« verheiratet, sondern entstanden im Gegenteil geradezu aus deren Zusammenbruch; und ihrem eigenen Selbstverständnis nach wollen sie nichts anderes als die Entfesselung der »Marktkräfte« gegen alle planungsbürokratischen Hemmnisse. Ausgerechnet die politischen Planungskompetenzen gegenüber den Marktkategorien, die der linken Gesellschaftskritik immer als das Mittel einer »Verwirklichung« demokratischer Ethik erschienen waren, werden nun selber als eine im höchsten Grade ungerechte und undemokratische Vergewaltigung der persönlichen Marktfreiheit und ihrer angeblich segensreichen sozialen Gerechtigkeitswirkungen empfunden. Das zähnefletschende Schreckbild des undemokratischen, absolutistisch »verfügungsgewaltigen« Kapitalisten erscheint plötzlich umgedreht als eine Art demokratische Heiligenfigur des »schöpferischen Unternehmers« (Schumpeter), den es gerade im Namen der Gerechtigkeit zu hegen und zu pflegen gelte.

Man sollte sich aber nicht täuschen lassen von diesem aufgeregt dahinwogenden ideologischen Verwirrspiel. Die wilden Polsprünge können nicht verheimlichen, daß es sich um eine Umpolung innerhalb ein und desselben Bezugssystems, d.h. innerhalb ein und desselben historischen Kontinuums moderner warenproduzierender Systeme handelt. Es wird immer noch mit den alten kategorialen und ideologischen Requisiten das alte Spiel weitergespielt. Alles ist noch da wie gehabt: ein abstrakt-allgemeines Menschenbild außerhalb der Geschichte, die Idee der Gerechtigkeit, die Demokratie, die Marktkategorien und die Politik. Was sich geändert hat, ist die Bewertung dieser Requisiten. An die Stelle der emphatischen »Verwirklichungs«-Idee eines »wahren« Menschen tritt die genauso abstrakt-anthropologische Annahme eines in seiner ahistorisch verewigten Warenförmigkeit »unvollkommenen« Menschen, der in dieser leider gelegentlich ein wenig turbulent werdenden Form eben angenommen werden müsse. Indem die politische Demokratie als identisch mit der Marktfreiheit erscheint, verfällt der politische Planungsanspruch gegenüber den ökonomischen Kategorien als subjektive Hybris der Kritik. Die demokratische Ethik soll sich nun nicht mehr auf dem Umweg über das »Primat« politischer Planungsansprüche verwirklichen, sondern als »Wirtschaftsethik« direkt in den Marktkategorien selbst. Die Politik könne nur noch bescheiden den wirtschaftsethischen Imperativ der demokratischen Marktfreiheit durch Rahmenbedingungen unterstützen; und auch die defensiv und an sich selbst irre gewordene linke Kritik vertritt den Anspruch der Regulation nur noch kleinlaut in homöopathischer Verdünnung. Damit ist das Denken über den Zusammenhang von Ethik, Ökonomie und Politik wieder dort angelangt, wo es in der Moderne seinen Anfang genommen hatte: bei Adam Smith und seiner Feier der »invisible hand«. Die Preisgabe des politisch-planungsökonomischen Subjektanspruchs gegenüber den ökonomischen Kategorien paßt gut in eine Zeit, die sich philosophisch den Subjektanspruch als gesamtgesellschaftlichen überhaupt schon seit längerem abgeschminkt hat.

II.

Natürlich impliziert auch die Marktfreiheit Subjektivität. Diese schon immer allen politischen Regulationsinstanzen gegenüber von ihren Verehrern (v. Mises, v. Hayek u.a.) rigoros geltend gemachte Marktsubjektivität ist jedoch extrem partikular, ihrem Wesen nach nackte Interessen-Subjektivität in der vom warenproduzierenden System generierten Form. Dementsprechend schwächlich und unglaubwürdig erscheint jeder »wirtschaftsethische« Imperativ. Damit enthüllt sich die demokratisch-marktwirtschaftliche Ethik überhaupt als paradox. Als Ethik muß sie eigentlich Anforderungen an bewußtes Verhalten stellen. Der Gegenstandsbereich sozialer Gerechtigkeit aber kann per definitionem nur der gesellschaftliche Zusammenhang der ökonomischen, marktförmigen Subjekte untereinander sein, also die Gesamtgesellschaft. Indem nun gerade dieser Handlungsbezug ausgedünnt und dekonstruiert (d.h. weitgehend der »invisible hand« überlassen) wird, wird die demokratische Ethik logisch im Grunde genommen gegenstandslos und erleidet einen ebenso weitgehenden Realitätsverlust.

Es macht also keinen Sinn mehr, von der »invisible hand« eines subjektlosen Systemprozesses so etwas wie Gerechtigkeit zu verlangen, da dieser Imperativ an einen bereits aufgegebenen Subjektbegriff gebunden ist. Allenfalls könnte gefragt werden, ob das zugrundeliegende System in seinen objektivierten Funktionsmechanismen und ungeachtet aller aus ihm hervorgehenden menschlichen Deformation an sich selber auf Dauer reproduktionsfähig ist. Es dürfte also jetzt ehrlicherweise nur noch das Problem formuliert werden, ob die Akkumulation des Kapitals als anerkannter Selbstzweck aufrechterhalten werden kann und als »Abfallprodukt« ein wenig Lebensfähigkeit für die Mehrzahl der Menschen fallen läßt. Sogar mit diesem grauenhaft reduzierten Verlangen steht es gegenwärtig nicht zum besten. Der Zusammenbruch des östlichen Systems »geplanter« Warenproduktion hat nur die längst manifesten Krisenerscheinungen der objektivierten warenförmigen Reproduktion in der übrigen Welt (und auch im vermeintlich siegreichen Westen selbst) überlagert.

Die vom alten Imperativ der Gerechtigkeit wegverlagerte bange Frage nach der systemischen Reproduktionsfähigkeit, deren menschliche Defizite nur noch als »soziale Kosten« erscheinen, hat es mit einem seit Mitte der 70er Jahre zu beobachtenden Stocken der industriellen Realakkumulation zu tun. Streng und fast peinlich genau nach dem Lehrbuch der Marxschen Überakkumulations- und Krisentheorie hat die kapitalistische Realität daraufhin in den 80er Jahren einen globalen Kredit- und Spekulationsüberbau angehäuft, der alle analogen Erscheinungen der kapitalistischen Geschichte weit in den Schatten stellt. Der unausweichliche Entwertungsprozeß dieses »fiktiven Kapitals« (Marx) hat bereits begonnen. Während die linke Gesellschaftskritik mit ihren als Ramsch entlarvten ideologischen Requisiten belämmert dasitzt, kämpfen die nationalen und internationalen Institutionen des Kapitals vor und hinter den Kulissen verzweifelt gegen den drohenden Dammbruch eines internationalen Finanzkrachs mit anschließender Weltdepression. Und mit der händeringenden Gestik von Regentänzern versucht die theoretische Zunft der kapitalistischen Berufsoptimisten ein Wiederanspringen der Realakkumulation herbeizubeschwören.

Für die kapitalistische Struktur als solche und damit auch für die westlichen Zentren werden in diesem Sinne zwei komplementäre Paradigmen bemüht. Das erste Paradigma, mehr oder weniger der »Theorie der langen Wellen« (Kondratieff, Schumpeter u.a.) folgend, ist weiterhin industriegesellschaftlich zentriert. Die Schranke der Realakkumulation wäre demnach durch die ökonomische Aus- und Erschöpfung einer bestimmten Basistechnologie (oder mehrerer) bestimmt, die aufgrund ihrer

Durchrationalisierung kein Wachstumsträger mehr sein kann. Nach einer mehr oder minder krisenhaften Stockung trete jedoch eine innovative neue Basistechnologie (bzw. deren Produkte) an die Stelle der alten und löse neue Wachstums- und Prosperitätsschübe aus. Die Akkumulationsprobleme des fordistischen oder »Automobil-Zyklus« würden demzufolge in den 90er Jahren durch einen neuen »mikroelektronischen Zyklus« aufgehoben, der sich bis jetzt noch in der Latenzphase befinde.

Diese hübsche Rechnung wurde freilich ohne den Wirt gemacht. Denn im Unterschied zu allen früheren innovativen Basistechnologien erzeugt die Mikroelektronik keine neuen Massenindustrien mit relativer Arbeitsintensität, d.h. keine neuen Kapazitäten für das massenhafte Einsaugen lebendiger Arbeit in die kapitalistische Reproduktion. Im Gegenteil handelt es sich um eine neue und geradezu »flächendeckende« Rationalisierungstechnologie, deren Potenz zur Eliminierung lebendiger Arbeit aus der industriellen Produktion ihren Reifegrad noch lange nicht erreicht hat. Für die Reproduktion des Gesamtkapitals ist die Mikroelektronik daher auf Dauer eher eine Krisentechnologie. Diese Krise wälzt sich in Form einer Gewinner-Verlierer-Struktur durch den gesamten Weltmarkt hindurch. Die durch hohen Einsatz von Sachkapital produktivitätsstärksten Weltmarktteilnehmer exportieren die Krisenfolgen zunächst, indem sie die produktivitätsschwächeren niederkonkurrieren. In dem Maße jedoch, wie dadurch der globale Spielraum der Akkumulation schrumpft, werden sie schließlich selbst von der Krise ereilt.

An dieser fatalen Stelle nun springt das zweite hoffnungsvolle Paradigma der »postindustriellen Dienstleistungsgesellschaft« (Bell u.a.) ein. Wenn schon die industriellen Innovationen keinen neuen Wachstumszyklus generieren können, so soll doch der »tertiäre Sektor« dazu in der Lage sein. Tatsächlich war dieser (ziemlich weit und unklar gefaßte) Sektor der Dienstleistungen im Westen der hauptsächliche nominelle Wachstumsträger der letzten 15 Jahre. Trotzdem wurde auch diese Rechnung ohne den Wirt gemacht. Denn die meisten Dienstleistungen stellen überhaupt keine eigenständige Akkumulationsbasis dar, weil (und sofern) ihr Konsum nicht in den Reproduktionskreislauf des Kapitals zurückkehrt. Das gilt für militärische Rüstung genauso wie für Sozialarbeit, Umweltschutz, medizinische Versorgung oder Altenpflege usw. Solche Sektoren können auf der Basis von Konsumfreiheit und damit des Gesetzes von Angebot und Nachfrage gar nicht oder nur in minimalem Umfang betrieben werden. Sie sind daher nur durch direkte (staatliche) oder indirekte monetäre Abschöpfung aus den industriellen Löhnen und Gewinnen im großen gesellschaftlichen Maßstab zu entwickeln. Daraus resultiert bereits heute die Finanzierungskrise großer Teile der gesellschaftlichen Dienstleistungen selbst im Westen, während sie bei den Verlierern des Südens bzw. Ostens völlig zusammenbrechen oder in barbarische Formen (Prostitution, Kriminalität) übergehen.

Wenn aber die strukturelle Expansion des Kapitals an absolute Schranken stößt, dann kann diese Situation allein durch quasi territoriale Expansionsprozesse nicht mehr aufgehoben werden. Auch die Hoffnung auf die »Schwellenländer« Südostasiens könnte sich daher als Flop erweisen. Erfunden worden war dieser Terminus in den 70er Jahren für die großen Ökonomien Lateinamerikas (Brasilien, Argentinien, Mexiko), die damals ähnlich wie heute Südkorea und die ASEAN-Staaten hohe Wachstumsraten aufwiesen. Inzwischen sind sie zu Verlierer- bzw. Zusammenbruchsökonomien und zu prominenten Opfern der berüchtigten Schuldenkrise geworden. Denn das rasche Wachstum nachholender Industrialisierungsprozesse war nur dem niedrigen Ausgangsniveau geschuldet, und es mußte daher rasch an die vom hohen Produktivitätsstandard des Weltmarkts gesetzte strukturelle Schranke stoßen. Dasselbe Desaster könnte sich innerhalb weniger Jahre in Südostasien wiederholen, wo sich die Wachstumsraten bereits stark abgeflacht haben. Die relativen Erfolge waren nur durch eine einseitige merkantilistische Exportorientierung möglich, die nur kleine Teile der eigenen Bevölkerung einbezog. Da aber die Realakkumulation des industriellen Weltkapitals insgesamt nicht ausreichend expandiert, gingen die südostasiatischen Exporterfolge auf Kosten von Industrien des Westens selbst und haben bereits entsprechende protektionistische Abwehr hervorgerufen. Erst recht und aus derselben Logik heraus ist die Hoffnung unsinnig, nach einer »Anpassungskrise« könnten ausgerechnet die marktwirtschaftlich reformierten Ökonomien des Ostens den Karren des Weltkapitals aus dem Dreck ziehen. Marktökonomien (wenn auch »geplante«) und nachholende Industrialisierungsgesellschaften waren sie ja auch vorher schon, und ihr Zusammenbruch bewegte sich auf derselben Linie wie derjenige großer Teile der Dritten Welt. Der globale Produktivitätsstandard und die entsprechende hohe Sachkapitalintensität mit gewaltigen Vorauskosten an Geldkapital schließt eine kapitalistische Rekonstruktion des Ostens aus eigener Kraft aus, während er aus demselben Grund für westliche Investitionen unrentabel bleibt.

III.

Es scheint also so, als müßte die Frage nach der funktionellen Reproduktionsfähigkeit des globalen Marktsystems letztlich ebenso negativ beantwortet werden wie die Frage nach seiner Zugänglichkeit für die ethischen Imperative des treuherzigen demokratischen Bewußtseins. Diese Diagnose verschärft sich erheblich, wenn die Zerstörung der Naturgrundlagen in die Analyse einbezogen wird. Die Globalisierung einer Logik abstrakter betriebswirtschaftlicher Vernutzungsprozesse, wie sie das warenproduzierende System in allen seinen Varianten hervorbringt, liefert kein sinnliches Sensorium für eine ökologische Steuerung mit. Dies ist kein akzidentieller (und also marktwirtschaftlich reformierbarer), sondern ein substantieller Tatbestand. Betriebswirtschaft und Natur sind auf Dauer unvereinbar. Die Naturgesetze freilich sind ebenso sture Böcke wie die Gesetze der Marktwirtschaft selbst (Gesetze scheinen dies an sich zu haben). Das subjektlose System der ersten Natur ist ethischen Imperativen noch viel weniger zugänglich als das subjektlose System der zweiten, warenfetischistischen Natur. Und im Unterschied zu sozialen Bewegungen läßt sich die blinde Reaktion ökologischer Zusammenhänge auch nicht durch militärische Drohungen beeindrucken. Mit anderen Worten: die Natur setzt dem Marktsystem absolute limits, die noch viel unausweichlicher sind als die ökonomischen Systemschranken. Da sich jedoch die Menschheit inklusive der meisten linken Gesellschaftskritiker nun einmal dafür entschieden hat, die Marktwirtschaft in ihren Basiskategorien als einzig denkbare gesellschaftliche Reproduktionsform zu akzeptieren, kann sie eigentlich getrost ihr Testament machen. Irgendwann hat schließlich alles einmal sein Ende.

Für eine überlebensnotwendig gewordene Kritik dieser Basiskategorien aber kann es kein Zurück in die alte Konstellation der demokratischen Ethik geben. Eine Aufhebung der warenfetischistischen Systemkonstitution kann keine Vorstellung von »Gerechtigkeit« mehr als Meßlatte anlegen. Die demokratische Ethik war nämlich immer schon eine bloße Behelfskrücke, um zwischen den einander widersprechenden Imperativen des partikularen, nackten Geldinteresses einerseits und eines sozial wie juridisch geregelten gesellschaftlichen Zusammenlebens dieser (ihrer Form nach »wölfischen«) Partikularsubjekte andererseits humpelnd zu vermitteln. Das Bezugssystem war nie der kommunikative Austausch der Subjekte, sondern von Anfang an der subjektlose Selbstzweckprozeß der abstrakten Wertverwertung. Nur in einem solchen Fetischsystem machen Ethik und Gerechtigkeit überhaupt einen Sinn. Der Anschein von subjektiver Regulierbarkeit durch ethische Imperative konnte nur entstehen, solange die Kapitalakkumulation noch einen historischen Entwicklungs- und damit immer wieder einen gewissen Verteilungsspielraum besaß. Mit dem Erreichen absoluter Schranken erlischt jedoch diese Möglichkeit.

Der Ruf nach Gerechtigkeit leitet sich schon dem Namen nach vom Begriff einer funktionsfähigen Rechtssubjektivität ab. Ein »Recht« auf Leben, Nahrung, Wohnung usw. aber ist an sich absurd; es macht nur Sinn in einem gesellschaftlichen Bezugssystem, das seiner Tendenz nach all diese elementaren Grundlagen menschlicher Reproduktion eben gerade nicht selbstverständlich voraussetzt, sondern im Gegenteil ständig objektiv in Frage stellt. Die Rechtsförmigkeit und die Rechte des demokratischen Subjekts sind nur die komplementäre andere Seite des »wölfischen« Wirtschaftssubjekts mit seinem jeder anderen menschlichen Regung baren Geldinteresse. In demselben Maße, wie jedoch mit der Totalisierung der Warenform und ihrer gleichzeitig manifest werdenden funktionellen Reproduktionsunfähigkeit immer mehr Menschen aufhören, Wirtschaftssubjekte dieses Systems zu sein, hören sie auch auf, Rechtssubjekte und damit überhaupt Menschen qua Systemdefinition zu sein. Zwar mag in den relativen Gewinnerökonomien noch eine Zeitlang der Schein von Rechtszuständen aufrechterhalten werden; dieser Schein ist jedoch an die Funktionsfähigkeit sozialer Umverteilungsnetze und damit an das »erfolgreiche« Niederkonkurrieren anderer Weltmarktökonomien gebunden. Substantiell ist jeder Mensch, der auf Dauer kein marktförmiges Wirtschaftssubjekt mehr darstellen kann, nur noch ein Toter auf Urlaub. Die Zustände in den Verlierer- und Zusammenbruchsökonomien bestätigen diese barbarische Logik tagtäglich und in immer brutaleren Formen.

Dieser Zusammenhang ist es, der die demokratische Ethik und damit die Gerechtigkeitsforderung ad absurdum führt. Der ideologische Verwirklichungsanspruch eines abstrakten »wahren« Menschen wurde deswegen gegenstandslos, weil seine historische Substanz, der »reine« Mensch des totalen Warensystems, nun tatsächlich durchgesetzt ist und in demselben Moment aufhört, ein Mensch zu sein. Hannah Arendt hat in ihrer Analyse über die »Elemente und Ursprünge totaler Herrschaft« die Anfänge dieser Situation in einem Kapitel über die »Aporien der Menschenrechte« analysiert. Sie stellte erschreckt fest, daß für die staatenlosen Flüchtlinge und die Insassen der Konzentrationslager der Begriff der Menschenrechte sinnlos geworden war, weil diese Formeln »in keiner Beziehung zu (ihrer) Situation mehr stehen«, weil sie ihrem Wesen nach begrenzt sind auf funktionierende Gesellschaftlichkeit oder, bei deren Verlust, nur noch höhnisch auf den »Naturzustand« der offenen Barbarei verweisen können. Was damals noch eingebannt schien in den Zivilisationsbruch des faschistischen Regimes oder die Situation des »regulären« Weltkriegs, droht sich heute zu verallgemeinern durch den subjektlosen Weltmarktprozeß. Die nicht mehr definierbaren Nichtpersonen werden nicht mehr eingesperrt, sondern umgekehrt igeln sich die Inseln warenförmiger Wirtschafts- und Rechtssubjektivität ein. Davon haben sich die linken Demokraten freilich nichts träumen lassen.

Der Spuk der Gerechtigkeitslosung löst sich auf zusammen mit dem warenproduzierenden System. Die Forderung nach »gerechten Preisen« mag von den Ertrinkenden im Krisensturm noch tausendmal erhoben werden; sie ist trotzdem ökonomisch der bare Unsinn und sagt nur, daß diejenigen von ihrer warenfetischistischen Subjektivität nicht lassen wollen, die sie erheben. Gerechte Preise gibt es ebensowenig wie eine gerechte Gravitation oder einen gerechten Luftdruck. Die hartnäckige subjektive Anrede eines subjektlosen Bezugssystems kann den

Untergang nur beschleunigen. Erst recht droht es die Grenze zum Schwachsinn zu überschreiten, wenn die galoppierende Zerstörung der Naturgrundlagen und der Kampf dagegen in die Kategorien von Gerechtigkeit und Ungerechtigkeit gefaßt werden. Die Aufgabe besteht darin, die vorhandenen Produktivkräfte und Ressourcen nach Maßstäben ihres sinnlichen Inhalts gesellschaftlich zu reorganisieren, d.h. sie von ihrer fetischistischen Warenform zu befreien. Dies geht nur, wenn die Ressourcen nicht mehr die Form von Geldpreisen annehmen und das Zusammenleben nicht mehr die Form des Rechts, d.h. der Gerechtigkeit /Ungerechtigkeit.

REALISTEN UND FUNDAMENTALISTEN

Auf dem Weg zurück ins 17. Jahrhundert: Die ideologischen Selbsttäuschungen des Westens

In seinem Selbstverständnis ist der Westen die »freie« Welt, die demokratische Welt, die vernünftige Welt, kurz: die beste aller möglichen Welten. Diese Welt sei pragmatisch und offen, ohne utopischen und totalitären Anspruch. Jeder soll »nach seiner Fasson selig werden«, wie es die Toleranz der europäischen Aufklärung versprochen hat. Und die Repräsentanten dieser Welt sagen, daß sie Realisten sind. Sie behaupten, daß ihre Institutionen, ihr Denken und Handeln sich in Übereinstimmung mit den »Naturgesetzen« der Gesellschaft befinden, mit der »Realität«, wie sie nun einmal ist. Der Sozialismus, so hören wir, sei deswegen untergegangen, weil er »unrealistisch« war. Zusammen mit dem Sozialismus soll jede Utopie einer grundsätzlichen Veränderung der Gesellschaft für immer begraben werden. Und die ehemaligen Kritiker des westlichen »way of life« drängeln sich an der Kasse des »Realismus«, um noch rechtzeitig ihr Eintrittsbillett in die globale Marktwirtschaft zu lösen.

Diese Idylle der Toleranz und der globalen marktwirtschaftlichen Demokratie hat jedoch einen neuen Feind herausgefordert. Zwar ist der Sozialismus tot, aber dafür ist der religiöse Fundamentalismus in die Arena getreten. Der Fundamentalismus ist häßlich, viel häßlicher, als es der Sozialismus jemals sein konnte. Und in den Augen der westlichen Ideologen sieht er ziemlich arabisch aus. Das Pentagon hat in den letzten Jahren damit begonnen, den islamischen Fundamentalismus als historischen Ersatzfeind zu konstruieren. Als strategisches Kampfgebiet gilt jetzt der »moslemische Krisenbogen« von Pakistan bis Mauretanien. Wie in den Zeiten des kalten Krieges gegen den Sozialismus werden nun in der neuen Konstellation alle politischen Kräfte unterstützt, die sich für den Westen und gegen den Fundamentalismus erklären, auch wenn es sich dabei um noch so korrupte und grausame Regimes handelt. Aber die neue strategische Rechnung, mit der die westlichen Spezialisten für Feindbilder ihre weitere Existenz rechtfertigen wollen, geht nicht auf. Der Fundamentalismus ist kein rationaler, politisch definierbarer und in seinem Handeln kalkulierbarer Gegner mehr, wie der Sozialismus es war. Er hat auch kein eindeutiges Zentrum in der Welt, und vor allem beschränkt er sich keineswegs auf den Islam. In vielen nicht-moslemischen Regionen Afrikas und in ganz Lateinamerika sind fundamentalistische christliche Sekten in den letzten Jahren zunehmend an die Stelle der sozialistischen Bewegungen getreten.

Und derselbe gesellschaftliche Wahn des religiösen Fundamentalismus blüht auch in den westlichen Zentren des Weltmarkts selber. Für die USA war es ein Schock, als sich herausstellte, daß nicht ausländische islamische Terroristen es waren, die den verheerenden Bombenanschlag von Oklahoma City verübt hatten, sondern weiße US-Bürger mit der Ideologie christlicher »Gotteskrieger«. Schon seit Jahren wird »Gottes eigenes Land« von radikalen evangelischen Sekten überschwemmt, die übrigens auch die »Evangelisierung« Lateinamerikas steuern. In Deutschland sind für viele Jugendliche obskure religiöse Gruppen zum Ersatz für die Politik geworden; es gibt eine erregte öffentliche Debatte über den Einfluß von clandestinen Sekten wie der »Scientology«-Kirche, die Wirtschaft und Gesellschaft unterwandern. Und wer hätte

gedacht, daß in einem Land wie Japan, das als Muster-
schüler des marktwirtschaftlichen Erfolgs gilt, eine radikale Weltuntergangsbewegung wie Aum Shinrikyo mit
ihrem Führer Shoko Asahara so viele Menschen beein-
flussen und sogar Anhänger in der japanischen Armee
anwerben könnte?

Die »Verrückten Gottes« sind überall auf dem Vormarsch. Woher kommen sie? Von anderen Planeten bestimmt nicht. Sie kommen direkt aus dem Inneren der
marktwirtschaftlichen Welt selber. Der neoliberale »Realismus« kennt in Wahrheit die Menschen sehr schlecht.
Niemand kann heute mehr leugnen, daß sich in der liberalen Welt des Marktes die soziale Misere ausbreitet wie
ein Flächenbrand. Nicht nur in Brasilien, sondern in der
ganzen Welt zeigt sich die westliche Freiheit und Toleranz zynisch als eine »Demokratie der Apartheid«, wie
sie Jurandir Freire Costa (Universität von Rio) treffend
genannt hat. Gleichzeitig zerfallen die sozialen Bindungen nicht nur in den Slums, sondern in allen Klassen der
Gesellschaft. Sowohl der reale Prozeß des Marktes als
auch die neoliberale Ideologie tendieren dazu, alle
menschlichen Beziehungen in die Ökonomie aufzulösen.
1992 erhielt der US-Ökonom Gary S. Becker den Nobel-
preis für das Theorem, daß auch außerhalb des Marktes
das gesamte menschliche Verhalten nach Kosten-Nutzen-
Gesichtspunkten ausgerichtet sei und mathematisch dargestellt werden könne, sogar in der Liebe.

Die »Realisten« haben auf die soziale Misere ebensowenig eine Antwort wie auf die Misere der menschlichen
Beziehungen und der Gefühle in einer ökonomisch
durchrationalisierten Welt; sie zucken nur mit den
Schultern und gehen zur marktwirtschaftlichen Tagesordnung über. Aber die Misere kann nicht stumm bleiben, sie muß eine Sprache finden. Und weil die rationale
Sprache des Sozialismus tot ist, kehrt in der zerrütteten
Gesellschaft die irrationale Sprache der Religion zurück;
aber mit einer verwilderten, bösartig gewordenen Gram-

matik. Der ökonomische Neoliberalismus ruft »Marktwirtschaft«, und das pseudo-religiöse Echo ruft zurück: »Weltuntergang«. Es zeigt sich jetzt, daß der Sozialismus nicht nur eine Ideologie, sondern auch eine Art moralischer Filter gewesen war, ohne den die moderne Zivilisation gar nicht existieren kann. Ungefiltert erstickt die entfesselte Marktwirtschaft an ihrem eigenen moralischen Schmutz, der nicht mehr institutionell bearbeitet wird.

Fast 150 Jahre lang, bis in die 70er Jahre unseres Jahrhunderts, hatte jeder Schub der marktwirtschaftlichen Modernisierung gleichzeitig eine reformerische oder revolutionäre sozialistische Aktion der intellektuellen Jugend hervorgerufen. Immer wieder war die Solidarität mit den »Erniedrigten und Beleidigten« ein starker Impuls für Opposition und radikale Gesellschaftskritik gerade unter der »goldenen Jugend«, der »schönsten Jugend« der höheren Klassen in der Gesellschaft gewesen. Nach dem globalen Sieg des Marktes ist dieser Impuls erloschen. Die »golden boys« und »golden girls« der neoliberalen Ära wollen nur noch an der Börse spielen. Die Jugend der Mittelschichten ist narzisstisch demoralisiert und nicht einmal mehr intellektuell. Sie hat vor dem totalen Markt seelisch und geistig kapituliert. Ob in Ägypten und Algerien oder in Brasilien und Indien: die westlich orientierten Jugendlichen träumen davon, als Ingenieure und Ärzte oder als Fußballspieler und Leichtathleten Geld zu verdienen; für die soziale Misere empfinden sie keine Verantwortung mehr.

Und auch im Westen verfällt die Jugend der Mittelschicht in sozialen Zynismus. Bei manchen Jugendlichen in Deutschland, die teure Autos fahren, ist es chic geworden, einen Button zu tragen mit der Aufschrift: »Eure Armut kotzt mich an«. Die restlichen Intellektuelle ästhetisieren das Elend und schlachten es kommerziell aus; die Qualen der Verhungernden werden für Werbespots instrumentalisiert. Die seelische Orientierung an der Logik des Marktes hat sogar einen »Kult des Bösen« hervorge-

bracht. In seinem Buch über die »Renaissance des Bösen« sagt der deutsche Soziologe Alexander Schuller:
»Nicht mehr der Fortschritt und die Vernunft okkupieren
unseren Alltag und unsere Phantasie, sondern das Böse.
Es gibt seit dem Fall des Sozialismus eine Vermehrung
an empirisch meßbarer Grausamkeit, es gibt überall un-
verständliche Bosheit.« Wenn aber die Jugend der Mittelschicht moralisch verwahrlost, dann können auch die
Kinder der Armen ihre Misere nicht mehr rational und
moralisch anklagen. Bei einer Umfrage in Moskau unter
14-Jährigen nach dem »Traumberuf« antwortete die
Mehrheit der Jungen »Mafioso« und die Mehrheit der
Mädchen »Prostituierte«.

Der Fundamentalismus hebt diesen Zustand der Demo-
ralisation nicht auf, er gibt ihm nur einen irrationalen ideellen Ausdruck. Wenn diese pseudo-religiöse Regression
noch den Rest einer verlorenen Hoffnung aufgreift, die
von der Geschichte unerledigt zu den Akten gelegt worden ist, dann ist es der blaß gewordene Wunsch, endlich
von der Marktwirtschaft in Ruhe gelassen zu werden, zu
einer in sich ruhenden Ordnung des Sozialen zurückzu-
finden und am Abend auf einer Bank vor dem Haus sitzen zu können, ohne voll Furcht an den nächsten Tag
denken zu müssen. Aber der Fundamentalismus hat kein
Programm für die soziale Emanzipation, sondern nur für
die Ideologisierung der blinden Aggressionen, die das
Mißlingen der Emanzipation zurückgelassen hat. Sein
ganzes Programm erschöpft sich in einem religiös ver-
kleideten Impuls, wie er in einer Redewendung der Jugendlichen in den Slums von Paris erscheint: »J'ai la hai-
ne« – ich habe einen Haß. Die neuen Haßreligionen seien
sie nun islamischer oder christlicher Provenienz, sind allesamt synthetischer, willkürlicher und eklektischer Natur. Mit den authentischen religiösen Traditionen, auf die
sie sich berufen, haben sie kaum mehr als den Namen
gemein. Sie sind ein Produkt der zerfallenden Moderne in
den westlichen und in den verwestlichten Gesellschaften

des Weltmarkts. Gerade weil sie keine historische Perspektive zu bieten haben, werden sie für die großen und kleinen »Führer« zu alternativen Möglichkeiten einer Karriere auf der Welle des Ressentiments.

Die Repräsentanten der offiziellen Gesellschaft und die Ideologen des Neoliberalismus reagieren auf diese Entwicklung, indem sie die Logik des Marktes mit den »konservativen Tugenden« verheiraten wollen. Die Menschen sollen egoistisch und gleichzeitig altruistisch sein, stark in der Konkurrenz und gleichzeitig demütig vor Gott, fixiert auf die abstrakte Kosten-Nutzen-Rechnung und gleichzeitig moralisch sauber. Mit dieser ethischen und pädagogischen Schizophrenie geht das Denken der marktwirtschaftlichen »Realisten« selber in die Lügen des Fundamentalismus über. Beide Ideologien werden einander zum Verwechseln ähnlich. Das ist nicht überraschend, denn den Hintergrund des Fundamentalismus bildet nicht nur die Armut, sondern auch die Furcht der Mittelklasse vor den Armen. Der pseudo-religiöse Wahn nistet sich in den Köpfen der Armen und der Reichen gleichermaßen ein. Und die religiös vermummte soziale Militanz der Mittelklasse ist nicht weniger gewalttätig als der Wahnsinn der Armen. In seinem Essay »Ausblicke auf den Bürgerkrieg« charakterisiert der deutsche Schriftsteller Hans Magnus Enzensberger diese Tendenz der »ehrenwerten Gesellschaft«: »Unauffällige Bürger verwandeln sich über Nacht in Hooligans, Brandstifter, Amokläufer, Serienkiller und Heckenschützen.«

Der Fundamentalismus ist »realistisch« und der »Realismus« ist fundamentalistisch. Beide besitzen dieselbe ideologische Struktur. Beide sprechen bekanntlich auch vom »Ende der Geschichte«, nur daß die Eschatologen des Marktes glauben, dieses Ende sei schon erreicht. Und beide bewegen sich in denselben Medien: Wie die Manager des Marktes sind auch die Prediger der angeblichen Erleuchtung scharf auf Geld, wie die Politiker sind sie scharf auf Präsenz im TV, und die »Gottesstaaten« sind scharf auf die Atombombe. Das sind alles westliche Medien. Die falschen Propheten besitzen keine Idee einer anderen gesellschaftlichen Form; sie müssen sich an der Erkenntnis messen lassen, die der kanadische Soziologe Marshall McLuhan schon in den 60er Jahren formuliert hat:»Das Medium ist die Botschaft«.

Umgekehrt kann auch der marktwirtschaftliche »Realismus« seinen quasi-religiösen Charakter nicht verleugnen. Haben wir nicht gesehen, wie US-Präsident Bush im Golfkrieg ebenso wie sein islamischer Feind Saddam Hussein den Gott einer militanten Religion an die Front geschickt hat? Das sind nicht bloß Äußerlichkeiten. Die Rationalität des Marktes ist religiöser Herkunft; sie ist nur insoweit rational, wie ein in sich geschlossenes irrationales System seine eigene Binnenrationalität hervorbringt. Das Resultat der modernen Geschichte, der totale Weltmarkt, ist das Resultat einer säkularisierten Religion, die in protestantisch-calvinistischer Gestalt ihren Anfang genommen hat. Gerade die USA, die letzte Weltmacht des Weltmarkts, sind bis heute tief vom calvinistischen Fundamentalismus des »Geldmachens« als Selbstzweck geprägt. Die westliche Toleranz ist nur eine besonders perfide Form der Intoleranz, denn auch der Gott des Marktes duldet keine anderen Götter neben sich; und er toleriert nur, was sich apriori und bedingungslos seinen Medien unterworfen hat.

Das Ende der Geschichte ist die Umkehr der Geschichte. Am Anfang der marktwirtschaftlichen Modernisierung standen die Religionskriege des frühen 17. Jahrhunderts. Diese Epoche wurde abgelöst durch den Absolutismus mit seinen staatsökonomischen, merkantilistischen Strukturen. Erst im 19. Jahrhundert blühte der Liberalismus des freien Marktes. Wie aber sollen wir das 20. Jahrhundert begreifen? Der Form nach hat es die Totalität des Marktes vollendet. Aber gleichzeitig war es ein Jahrhundert der Krisen, in dem die Geschichte begann, sich nach rückwärts zu wenden. Die staatlichen Kriegswirtschaften der beiden Weltkriege, der etatistische Sozialismus des Ostens wie des Südens und auch der Keynesianismus des Westens mit seinen staatsökonomischen Elementen können gewissermassen als Rückkehr in das merkantilistische Zeitalter auf einer höheren Entwicklungsstufe verstanden werden.

Jetzt, nach dem Bankrott aller Varianten der modernen Staatsökonomie, verspricht der Neoliberalismus ein neues goldenes Zeitalter des freien Marktes. Aber wenn die Geschichte sich wirklich nach rückwärts gedreht hat, dann steht uns ein ganz anderes Zeitalter bevor. Der US-Politologe Samuel P. Huntington (Harvard) sagt mehr, als er weiß, wenn er die Hypothese aufstellt, daß die Zeit der Konflikte zwischen Ideologien und Nationalstaaten abgelöst werde durch einen »Konflikt der Zivilisationen«. Was heißt das anderes, als daß der Prozeß der marktwirtschaftlichen Modernisierung, bevor er endgültig von einem schwarzen Loch der Geschichte verschluckt wird, zurückkehrt in das Zeitalter der religiösen Militanz und des Dreißigjährigen Krieges?

Der Neoliberalismus wird mit unwiderstehlicher Gewalt in diese Tendenz hineingezogen, weil er mit seiner »schwarzen Utopie« des totalen Marktes selber einen totalitären religiösen Kern besitzt. Der Sozialismus dagegen war nicht nur Staatsökonomie, sondern auch die Idee einer solidarischen Gesellschaft, die sich bewußt selbst reguliert statt irrationalen Prinzipien zu folgen. Wenn wir nicht wollen, daß das 21. Jahrhundert zu einer neuen Epoche der Religionskriege wird, dann müssen wir den Sozialismus in einer anderen, nicht mehr staatsökonomischen Form neu formulieren. Nur auf diese Weise ist es möglich, daß die Geschichte sich wieder öffnet.

POLITISCHE ÖKONOMIE DER SIMULATION

Die Realität des Scheins und der Schein der Realität am Ende der Moderne

Wie wirklich ist die Wirklichkeit? Diese Frage des Konstruktivismus (Paul Watzlawick) scheint zunehmend das gesellschaftliche Bewußtsein zu beherrschen. Schon länger hat der Zweifel an der Realität des subjektiven Erlebens in der populären Science-fiction Konjunktur, etwa in den Romanen des US-Amerikaners Philip K. Dick und des Polen Stanislaw Lem. Liegen wir vielleicht klinisch tot in einer Eishalle und unsere Gehirne werden mittels elektronischer Reizung manipuliert, die uns Leben und Erfahrung vorgaukelt? Oder stehen wir unter Drogen, die uns eine bunte Welt von Erlebnissen simulieren, während wir in Wahrheit irgendwo verkrümmt in einer übelriechenden Ecke liegen? Das unheimliche Gefühl, die Realität könnte jeden Augenblick zusammenbrechen, als zöge jemand den Stecker aus der Dose, ist offenbar bis in das Alltagsbewußtsein gedrungen.

Die mikroelektronische Revolution und die neuen Medien haben einen gesellschaftlichen Trend verstärkt, der die Grenzen zwischen Sein und Schein, zwischen Realität und Simulation verwischt. Was ist Signifikat und was Signifikant? Gibt es da überhaupt noch einen Unterschied? Vielleicht hat der Golfkrieg, wie einige Medientheoretiker vermuten, nur auf dem Bildschirm stattgefunden. Es gibt Überlegungen, Fußballspiele in menschenleeren Stadien austragen zu lassen, um sie zu reinen Medienereignissen zu machen. Auch die Politik hat sich längst in ein Simulationstheater verwandelt. Schon sitzen Porno-Stars, Idole des Leistungssports und Filmschauspieler ebenso wie berühmte Kriminelle auf Abgeordneten- und Regierungsbänken. Nicht mehr die Werbung mit sachlicher Kompetenz bestimmt den Wahlkampf in den Demokratien, sondern die Personalityshow grinsender Masken.

Der völlige Rückzug aus der realen Realität in die »virtuelle Realität« scheint am Horizont des technisch Machbaren aufzutauchen. Es gibt Menschen, die fast schon in ihrem Computer verschwinden. Die Medien nehmen nicht nur quantitativ zu, sie ergreifen auch qualitativ Besitz vom menschlichen Bewußtsein. Je weniger die Menschen einander zu sagen haben, desto riesiger die Bildschirme. Vom 3-D-Kino zum medialen Ganzkörper-Kondom: die Phantasien des Cyber-Sex versprechen die ultimative Selbstbefriedigungsmaschine. Die Endlichkeit der realen Erde, die dem schrankenlosen Wachstum der Ökonomie und des Konsums Grenzen setzt, soll durch virtuelle Räume überspielt werden. Gleichzeitig geht die Seele allmählich auf die Maschine über. Bösartige Mörder-Fahrstühle geistern ebenso wie Roboteraufstände durch die phantastische Literatur. Der Mensch scheint sich selber überflüssig zu machen, am Ende wird er nur noch medial simuliert.

In den 80er Jahren griff das simulative Bewußtsein auf die berufliche Kompetenz und auf die Sozialstruktur über. Die Yuppies, selber schon ein Produkt der Medien, begannen die kapitalistischen Kriterien von Effizienz und Erfolg zu simulieren, statt sie real zu erfüllen. Je größer die High-tech-Investitionen sind und je stärker Produktion und Dienstleistungen rationalisiert werden, desto weniger funktioniert das System. Es ist, als wäre die Schlamperei des Sozialismus auf den Kapitalismus übergegangen. Alle mimen Professionalität, produzieren Schund und sagen gewohnheitsmäßig: »Wir bitten um Ihr Verständnis«. Es ist beinahe schon chic, sich auf nichts mehr konzentrieren zu können. »Jeder ist Künstler« (Joseph Beuys): Maler, die nicht malen können; Sänger, die nicht singen können, und Schriftsteller, die nicht schreiben können. »Jeder ist für fünf Minuten berühmt« (Andy Warhol). Und die Achtung vor dem eigenen Selbst reduziert sich auf das Outfit. Die simulativen Jugendlichen beiderlei Geschlechts erleben sich selbst als wandelnde Kleiderständer: du bist, was du an hast.

Es ist keineswegs allein die technologische Revolution der neuen Medien, die am Ende des 20. Jahrhunderts eine armselige Kultur der »falschen Echtheit« oder der »echten Falschheit« hervorgebracht hat. In einer Gesellschaft, die bis ins Mark ökonomisiert ist, muß auch das simulative Bewußtsein eine ökonomische Grundlage haben. Worin also besteht die »Politische Ökonomie der Simulation«? Um diese Frage beantworten zu können, müssen wir wissen, was es eigentlich ist, das in der kapitalistischen Ökonomie nicht mehr »real« sein kann und deswegen simuliert werden muß. Das Problem scheint im Verhältnis von Arbeit (d.h. warenproduzierender Erwerbsarbeit) und Geld zu liegen. »Arbeit« in diesem Sinne ist Verausgabung abstrakter menschlicher Energie. Der moderne ökonomische Prozeß kann definiert werden als rastlose Verwandlung dieser Arbeit in Geld: gesellschaftlich manifestierte menschliche Energie bildet die Substanz des Geldes. Alles Geld, das nicht reale vergangene Arbeit repräsentiert, ist substanzlos und daher simuliertes Geld.

Karl Marx wird gegenwärtig als der große Verlierer der Theoriegeschichte bezeichnet. Aber jenseits der alten Konflikte und Interpretationen hat seine Theorie dem Kapitalismus noch viel zu sagen. Gerade der 3. Band des »Kapital« ist überraschend modern, denn dort finden wir die theoretischen Grundlagen für die heutige »Politische Ökonomie der Simulation«. Der zentrale Begriff in diesem Zusammenhang ist der des fiktiven Kapitals. Marx unterscheidet zwei Formen oder Säulen dieses fiktiven

Kapitals: den Staatskredit und die Spekulation. In beiden Fällen findet keine reale Verwandlung von warenproduzierender Arbeit in Geld statt, sondern das Wachstum des Geldes wird simuliert. Der Staatskredit ist eine ökonomische Paradoxie. Denn im System der Marktwirtschaft dient der Kredit nur dazu, Produktion für den Markt zu finanzieren. Die Ausgaben des Staates sind im Sinne der Marktwirtschaft jedoch keine Produktion, sondern gesellschaftlicher Konsum. Deshalb ist die einzige seriöse, systemkonforme Quelle der Staatsfinanzen die Besteuerung der Gewinne und Löhne: der Staat schöpft von den reellen marktwirtschaftlichen Einkommen Geld ab, um den gesellschaftlichen Konsum zu finanzieren. Wenn der Staat sich aber stattdessen durch Kredite finanziert, muß er Zinsen dafür zahlen. Da er jedoch normalerweise keine Produktion für den Markt betreibt, kann der Staat das Geld für die Zinsen gar nicht erwirtschaften. Die Paradoxie besteht darin, daß in der Form des Staatskredits eine ökonomische Aktivität simulativ wie Produktion für den Markt behandelt wird, obwohl sie in Wirklichkeit gesellschaftlicher Konsum ist. Der Staat kann diesen logischen Widerspruch nur notdürftig dadurch lösen, daß er seine zukünftigen reellen Einnahmen aus Steuern verpfändet.

Das bedeutet, daß die Gesellschaft zukünftige Arbeit kapitalisiert. Gesellschaftlicher Konsum der Gegenwart, der im Sinne des Systems notwendig ist, findet auf Kosten der Zukunft statt; der moderne Staat wird zum Vampir, der an seiner eigenen Zukunft saugt. Warum haben alle Staaten sich auf eine zunehmend unseriöse Finanzierung durch Kredite eingelassen? Der Grund dafür sind weder »zu hohe soziale Ansprüche« noch »falsche sozialistische Ideen«, wie die Ideologen des Neoliberalismus behaupten. Es war die Entwicklung des Kapitalismus selbst, die den kapitalistisch unproduktiven Konsum des Staates ansteigen ließ. Je mehr sich das System des Marktes historisch durchsetzte und je mehr die Konkurrenz dazu zwang, Wissenschaft und Technik anzuwenden, desto größer wurden auch die unproduktiven »Geschäftskosten« der Marktwirtschaft, die in der Form des staatlichen Konsums erscheinen. Dazu gehören nicht zuletzt auch die Kosten für das Militär.

Schon im 1. Weltkrieg konnte die industrialisierte Maschinerie des Todes nur noch durch große Staatskredite finanziert werden. Diese Steigerung der Kosten für den unproduktiven gesellschaftlichen Konsum hat sich bis heute fortgesetzt, auch bei den zivilen Aufgaben des Staates. Wollte der Staat heute alle notwendig gewordenen Kosten für seine Tätigkeit reell durch Steuern finanzieren, so müßte er die Marktwirtschaft ruinieren und dadurch seine eigene Basis zerstören. Man könnte ironisch sagen, daß die gesellschaftlichen »Geschäftskosten« der Marktwirtschaft so groß geworden sind, daß sie nach ihren eigenen Kriterien historisch unrentabel wird. Um diesen Zustand zu verschleiern, muß das kapitalistische System zum Mittel der monetären Simulation greifen und durch das wachsende fiktive Kapital des Staatskredits eine imaginäre kapitalistische Zukunft anzapfen. Dieses simulative Verfahren konnte solange gutgehen, wie wenigstens die Marktwirtschaft selber noch reell blieb und ihr Wachstum wirklich durch eine wachsende Verausgabung menschlicher Arbeitsenergie gedeckt war.

Zusammen mit dem Staatskredit wuchs bis ins zweite Drittel des 20. Jahrhunderts auch die produktive Arbeit in den warenproduzierenden Industrien an, und so konnte der Staat mehr reelle Steuern einnehmen und damit die Kosten für seine steigenden Kredite bezahlen. Die neuen, nach dem US-Unternehmer Henry Ford benannten »fordistischen« Industrien mit ihrer massenhaften Produktion von Automobilen, Unterhaltungs- und Haushaltselektronik usw. brachten nach dem 2. Weltkrieg allein in Deutschland einen Zuwachs von fast zehn Millionen Arbeitsplätzen. Aber dieses »Wirtschaftswunder« wurde durch die mikroelektronische Revolution seit Ende der

70er Jahre entzaubert. Dieselben neuen Technologien, von denen die neuen Medien hervorgebracht wurden, begannen in großem Maßstab menschliche Arbeit durch Roboter und durch Rationalisierung (»lean production«) zu ersetzen. Natürlich verschwand auf diese Weise die im kapitalistischen Sinne produktive Arbeit nicht, aber dem weiteren Wachstum des Geldes entsprach nicht mehr in ausreichendem Maße ein Wachstum der produktiven Arbeit. Nach dem Staat trat daher auch die Marktwirtschaft selber in das Stadium der Simulation ein. Neben das fiktive Kapital des Staatskredits trat das fiktive Kapital der kommerziellen Spekulation. Weil die Expansion produktiver Arbeit nicht mehr rentabel oder zu teuer geworden war, flossen immer mehr Gewinne in die Spekulation mit Aktien, Immobilien, Devisen, Terminkontrakten usw.

Das Wesen der spekulativen Ökonomie ist es, daß eine fiktive Steigerung des Werts ohne jede produktive Arbeit erzielt wird, allein durch den Handel mit Eigentumstiteln. Bei den Aktien heißt das, daß nicht mehr die eigentliche Rendite durch Dividenden wichtig ist, sondern nur noch die Steigerung der Börsenkurse weit über jedes Wachstum der am realen Warenmarkt erzielten Gewinne hinaus. Auf diese Weise entstand in den 80er Jahren ein globalisierter spekulativer Kasino-Kapitalismus, der bis heute andauert. Phasen der Spekulation hat es natürlich auch früher schon gegeben, aber sie endeten nicht nur regelmäßig nach kurzer Zeit mit einem großen Finanzkrach, sondern sie wurden auch immer wieder von einem neuen Schub in der Expansion warenproduzierender Arbeit abgelöst. Heute jedoch ist das Gegenteil der Fall.

Die Ära des Kasino-Kapitalismus dehnt sich deswegen so unnatürlich lange aus, weil die marktwirtschaftlich produktive Arbeit durch Rationalisierung weiter abschmilzt wie Schnee an der Sonne. Das neue Schlagwort »jobless growth« bedeutet, daß das Wachstum des Geldes substanzlos geworden ist und nur noch durch Kredite und auf spekulative Weise simuliert wird. Nicht nur der Staat, auch der Markt muß jetzt zunehmend seine imaginäre Zukunft anzapfen und fiktive zukünftige Gewinne verpfänden.

Die Unternehmen und die privaten Haushalte sind weltweit ebenso verschuldet wie der Staatshaushalt. Allein in den USA kommen zu ca. 6.500 Milliarden Dollar Staatsverschuldung in Form von Staatsanleihen und staatlichen Wertpapieren inzwischen fast 10.000 Milliarden Dollar private Schulden in Form von Hypotheken, Unternehmens-Obligationen, Konsumentenkrediten usw. Die Kosten für diese absurde Verschuldung werden nicht mehr durch produktive Arbeit gedeckt, sondern großenteils durch spekulative Wertsteigerungen. Selbst große Konzerne schreiben »schwarze Zahlen« nicht mehr durch Erfolge auf dem realen Markt, sondern durch clevere Aktivitäten der Finanzabteilung auf den spekulativen Märkten des fiktiven Kapitals.

Die sogenannten Finanz-Derivate, ursprünglich Instrumente zur Sicherung des Risikos bei Geschäften mit dem Ausland, wurden auf paradoxe Weise selber in einen spekulativen Markt verwandelt, der inzwischen global das phantastische Volumen von ca. 50.000 Milliarden Dollar erreicht hat. Der Kapitalismus simuliert sich selbst. Das fiktive Kapital des Staatskredits und das fiktive Kapital der kommerziellen Spekulation verschränken sich miteinander, die Schulden des einen Sektors werden mit Schulden des anderen Sektors »bezahlt« und das simulierte Wachstum nährt die Simulation. Der Dow-Jones-Index, das Börsenbarometer von New York, der gegenwärtig bei 4.700 Punkten steht, dürfte bei einer realen Bewertung nur etwa 1.000 Punkte betragen. Bei einer realen Bilanzierung ohne die fiktiven Werte würden in allen Ländern der Erde massenhaft Unternehmen zusammenbrechen. Auch politische Parteien, Provinzen, kommunale Verwaltungen und kulturelle Institutionen haben ihr Geld auf den spekulativen Finanzmärkten angelegt und sind von der simulativen Geldschöpfung abhängig geworden. Es scheint unausweichlich, daß dieses globale Konstrukt zusammenbricht.

Die Entwertung des substanzlosen Geldes kann durch Inflation oder durch Deflation geschehen; vielleicht werden sogar Inflation und Deflation in verschiedenen Sektoren parallel laufen. Daß der Schock einer weltweiten Entwertung bevorsteht, läßt sich an verschiedenen Indizien ablesen. Viele Länder der 3. Welt und des ehemaligen Ostblocks durchlaufen bereits Zyklen der Hyperinflation zwischen 100 Prozent (Türkei) und 1 Million Prozent (Ex-Jugoslawien). Das hat es niemals zuvor in Friedenszeiten gegeben. Im Westen häufen sich Bankrotte bei Immobilien und industriellen Unternehmen. Immer mehr Banken, Sparkassen und Versicherungen geraten in Schieflage, wie zuletzt der Fall der Londoner Baring-Bank gezeigt hat, die durch einen 29-jährigen Broker in den Zusammenbruch getrieben wurde.

Auch die Krise des Weltwährungssystems weist darauf hin, daß die substanzlose Geldschöpfung an Grenzen stößt. Eines ist sicher: die modernen Geldmenschen aller sozialen Klassen wollen es nicht wahrhaben, daß eine totale Geldwirtschaft auf Dauer eine logische und praktische Unmöglichkeit ist. Trotzdem läßt die seltsame »Kultur der Simulation« ahnen, daß die kapitalistische Realität irreal geworden ist. Vielleicht ist es das stärkste Indiz für das Ende dieser Realität des Scheins, daß die Menschen des Geldes sich selber nicht mehr ernst nehmen und gar nicht mehr wissen, ob sie überhaupt noch wirklich existieren.

DIE MASCHINE DER SELBSTVERANTWORTUNG

Zur Geschichte der liberalen Ideologie

Schon in seinem Namen nimmt der Liberalismus den Begriff der »Freiheit« für sich in Anspruch. Das liberale Pathos beschwört die Eigeninitiative und die Selbstverantwortung des Individuums. Im ersten Moment klingt das immer gut. Wer wollte diesen schönen Begriffen widersprechen? Aber natürlich wissen wir als aufgeklärte Geschöpfe der Moderne, dass man den Worten nicht trauen darf. Als George Orwell seine Negativ-Utopie »1984« schrieb, machte er keineswegs zufällig eine öffentliche Sprache zum Thema, deren Begriffe grundsätzlich das Gegenteil von dem sagen, was sie offiziell bedeuten. Soweit es sich dabei um eine rhetorische Form der Beschönigung handelt, ist diese Ausdrucksweise schon aus der Antike bekannt und wird »Euphemismus« genannt. Die alten Griechen bezeichneten ihre dämonischen Göttinnen der Rache, deren Haare züngelnde Schlangen waren, aus purer Angst als »die Wohlgesinnten«. Vielleicht ist der Begriff des Liberalismus in einem ähnlichen Zusammenhang entstanden.

Um die Wahrheit über eine Erscheinung des gesellschaftlichen Lebens herauszufinden, empfiehlt es sich immer, bis zu ihren Ursprüngen zurückzugehen. Der Liberalismus entstand als Opposition gegen die frühmodernen Militärstaaten der absolutistischen Monarchien und Fürstentümer im 17. und 18. Jahrhundert. Aber in derselben Zeit gab es auch noch eine andere, viel größere Opposition der Volksmassen, die mit dem Liberalismus gar nichts zu tun hatte. Und es ist sehr aufschlußreich, diese beiden Formen der Opposition zu vergleichen.

Der Absolutismus hatte damals die erste Stufe der modernen kapitalistischen Produktionsweise herausgebildet, indem er für die Bedürfnisse seiner riesigen Militärapparate und Bürokratien die moderne Markt- und Geldwirtschaft entfesselte. Von der großen Mehrheit der Menschen wurde diese Entwicklung als ungeheuerliche und obszöne Repression empfunden. Denn der alte »einfache« Feudalismus hatte die bäuerlichen und handwerklichen Produzenten der agrarischen Naturwirtschaft nur äußerlich angezapft: Sie mußten den Feudalherren einen kleinen Teil ihrer Produkte abgeben oder bestimmte Arbeiten für sie verrichten. Ansonsten aber wurden sie vom Feudalismus weitgehend in Ruhe gelassen. Auf ihren Feldern und in ihren Werkstätten konnten sie sich nach eigenem Gutdünken betätigen, und sie hatten ihre eigenen Institutionen der lokalen Selbstverwaltung.

Der Absolutismus aber zerstörte diese begrenzte Autonomie und wollte die Menschen seiner zentralistischen Bürokratie unterwerfen, um sie bis aufs Blut auszusaugen und sie zum »Menschenmaterial« einer total fremdbestimmten abstrakten »Arbeit« unter dem Gesetz des Geldes zu machen. Gegen diese Zumutung setzten sich die europäischen Bauern und Handwerker mehr als dreihundert Jahre lang bis zur Mitte des 19. Jahrhunderts erbittert zur Wehr; und wenn sie in ihren zahllosen Revolten der Fahne der »Freiheit« folgten, dann meinten sie damit immer ihre soziale Autonomie sowohl gegen die Übergriffe der absolutistischen Bürokratie als auch gegen die Zwänge der neuen anonymen Märkte. Sie wollten nicht bis auf die Haut von einem fremden Prinzip bedrängt werden, sondern die Kontrolle über ihre unmittelbaren Lebensbedingungen behalten.

Der Liberalismus dagegen war die Ideologie der ökonomischen »Macher« auf dem Boden der vom Absolutismus entfesselten anonymen Markt- und Geldwirtschaft selbst. Es waren die neuen, unter dem Absolutismus aufblühenden Finanzkapitalisten, die großen Übersee-Händler und Kolonial-Spekulanten, die vom Staat beauftragten Betreiber der Arbeits-Zuchthäuser und Gefängnis-Manufakturen sowie die Besitzer oder Verwalter der Latifundien für den entstehenden agrarischen Weltmarkt, die sich den ersten liberalen Ideen zuwandten. Mit dem sozialen Freiheitsbegriff der revoltierenden Bauern und Handwerker hatten sie keinerlei Berührung. Im Gegenteil stimmten sie mit dem Absolutismus vollständig überein in dem Interesse, die Masse der Produzenten zum »Menschenmaterial« der Weltmärkte zu machen, sie von der Kontrolle über die Produktionsmittel zu enteignen und zu bloßen »Arbeitnehmern« unter dem Diktat des Investitionskapitals zu degradieren.

Deswegen wären die frühen Liberalen nicht einmal im Traum auf die Idee gekommen, daß das »Menschenmaterial« der Marktwirtschaft irgendein eigenes Recht auf »Freiheit« haben könnte. Unter ihnen gab es sogar Sklavenhalter und Großgrundbesitzer, die gewaltsam Bauern von ihrem Land verjagten, um es in Viehweide zu verwandeln. Wenn sie von »Freiheit« sprachen, dann meinten sie damit immer nur ihre eigene ökonomische Bewegungsfreiheit als Investoren und »Unternehmer«, die sie durch die staatsbürokratische Bevormundung der absolutistischen Apparate eingeengt fühlten. Ihre Opposition gegen den Absolutismus hatte also einen ganz anderen Charakter als der soziale Widerstand der Produzenten. Deshalb machten sie auch immer gemeinsame Sache mit dem Absolutismus gegen die sozialen Revolten »von unten«. Der Konflikt der ursprünglichen liberalen Ideologie und ihrer Klientel mit dem »Gottesgnadentum« des absolutistischen frühmodernen Staates war immer nur ein relativer, innerkapitalistischer Familienstreit um die weitere Entwicklung der gemeinsamen Geschäftsgrundlagen.

Schon in dieser frühen Kritik der auf ihre bürgerliche »Freiheit« bedachten kapitalistischen Herren-Individuen an der gesellschaftlichen Kontrolle durch den autoritären Herren-Staat ist allerdings eine eigenartige logische Verkehrung der Standpunkte festzustellen, die auf den irrationalen Charakter beider Seiten verweist. Nicht nur der frühmoderne und monarchische, sondern jeder Staatsabsolutismus (auch der spätere sozialistische und faschistische) will zwar einerseits die ökonomische Betätigung der Individuen einer umfassenden staatlichen Kontrolle unterwerfen; andererseits erhebt er damit aber auch den Anspruch, daß die menschliche Subjektivität, der menschliche Wille (in Gestalt des Monarchen, der Regierung, des »Führers« oder des Zentralkomitees) gewissermaßen »souverän« gegenüber dem System von Markt und Geld sein soll. Umgekehrt vertritt der Liberalismus zwar einerseits die ökonomische »Eigeninitiative« des kapitalistischen Individuums gegenüber dem Staat; gerade dadurch aber wird andererseits der Anspruch einer Souveränität des menschlichen Willens gegenüber dem System von Markt und Geld restlos aufgegeben. Dieses System verselbständigt sich also, es wird zum blinden Gesetz des Handelns und der Mensch zum Spielball »ökonomischer Strukturen« und ihrer ziellosen Dynamik.

Schon Adam Smith, der Begründer der modernen ökonomischen Theorie auf liberaler Grundlage, verherrlichte das System der totalen Marktwirtschaft als eine Art »göttliche Maschine«, gesteuert durch den blinden »selbstregulativen« Mechanismus der Preise. Analog zum mechanistischen physikalischen Weltbild von Isaac Newton, der die Natur als eine einzige große Weltmaschine betrachtet hatte, verstand Smith die Ökonomie als automatische Weltmaschine der Gesellschaft, deren Räderwerk sich die Menschen unterwerfen müßten. In der Physik ist das mechanistische Weltbild inzwischen schon lange überwunden, in der Ökonomie aber steht die Menschheit immer noch (und heute mehr denn je) auf dem mechanistischen Standpunkt des 18. Jahrhunderts, der sich in den Formen der gesellschaftlichen Reproduktion »objektiviert« hat. Der Liberalismus ist auf diese Weise durch einen ungeheuren Widerspruch gekennzeichnet: Die gesellschaftliche »Freiheit« des Individuums ist immer identisch mit der bedingungslosen gemeinsamen Kapitulation aller Individuen vor einer blinden, nicht verhandelbaren Gesellschaftsmaschine, dem säkularisierten Baal des Kapitals.

Man kann es auch so sagen: Durch seine maßlosen Ansprüche an die Gesellschaft hat der Absolutismus das subjektlose Monstrum eines verselbständigten ökonomischen Automatismus hervorgebracht, das er selbst nicht mehr beherrschen konnte und das sich schon bald seiner »Souveränität« entzog. Der Liberalismus, der vordergründig die »Freiheit« des Individuums einklagte, hat in Wirklichkeit nur die Verselbständigung dieser »Maschine« exekutiert. Die Liberalen sind nichts anderes als die Priester eines automatischen Götzen, der dem »Stoffwechselprozess des Menschen mit der Natur« (Marx) einen irrationalen Ablauf nach mechanischen »Gesetzmäßigkeiten« diktiert.

Der Gegensatz von Liberalismus und Staatsabsolutismus ist auf keiner Seite emanzipatorisch besetzbar; er reflektiert immer nur die gesellschaftlichen Paradoxien des modernen warenproduzierenden Systems: Entweder muss sich die menschliche »Souveränität« gegenüber der Marktmaschine als autoritäre Kontrolle des Staates über die Individuen maskieren, oder die »Freiheit« der Individuen muß sich als totale Selbstauslieferung des menschlichen Willens an den blinden Lauf der Marktmaschine maskieren. Für die Mehrheit der Menschen ist der Gegensatz von Absolutismus und Liberalismus irrelevant: Es läuft für sie auf dasselbe hinaus, ob sie von einer Staatsbürokratie oder von den subjektlosen Mechanismen des Marktes drangsaliert und gedemütigt werden. Diese Erfahrung haben in den letzten Jahren die Menschen in

Osteuropa gemacht, die vom Regen der staatssozialistischen Diktatur in die Traufe der sozialen Degradation durch den »freien« Markt kamen.

Im 18. und frühen 19. Jahrhundert hatte der Liberalismus das Problem, dass er nicht nur den staatsbürokratischen Anspruch des Absolutismus beseitigen mußte, sondern auch die Ansprüche der Volksmassen auf soziale Autonomie. Es wurde bald klar, daß es unmöglich war, die Menschen allein durch Repression, Polizei, Militär, Galgen und Gefängnisse zu zwingen, sich selber zum Material der »Arbeitsmärkte« zu machen und die eigene abstrakte Arbeitskraft den Gesetzen von Angebot und Nachfrage zu unterwerfen. Deshalb begann der Liberalismus, die Repression mit Volks- und Industrie-»Pädagogik« zu verbinden. Hatten die ersten Liberalen den Begriff der »Selbstverantwortung« nur auf sich selbst als »Macher« eines individuellen Kapitalismus bezogen, so wurde dieser Begriff nun auch auf das »Menschenmaterial« ausgedehnt. Darin liegt ein ungeheurer Zynismus: Die von jeder Kontrolle über ihre eigenen materiellen und sozialen Lebensbedingungen restlos enteigneten Menschen sollen »selbstverantwortlich« gerade darin sein, dass sie sich freiwillig zum »Arbeitsvieh« der Märkte machen und würdelos nach »Arbeitsplätzen« gieren, selbst unter den miserabelsten Bedingungen.

Einer der großen Ideengeber für diese liberale »Volkspädagogik« wurde Jeremy Bentham (1748-1832), der Begründer einer »Philosophie der Nützlichkeit«. Das »Streben der Menschen nach Glück« sollte übersetzt werden in den Impuls, alle Äußerungen des Lebens in den Zweck der Kapitalverwertung zu integrieren. Um die Menschen dahin zu bringen, ihr eigenes »Glück« ausgerechnet darin zu sehen, sich in der kapitalistischen Tretmühle »nützlich« machen zu können, erfand Bentham eine besondere Zuchtanstalt, das sogenannte Panoptikon.

Was ist das Panoptikon? Bentham sagt selber, daß es sich um ein Prinzip handelt, das geeignet sei für Gefängnisse ebenso wie für Fabriken, Büros, Krankenhäuser, Schulen, Kasernen, Erziehungsheime usw. Architektonisch besteht das Panoptikon aus einem kreisrunden Gebäudekomplex, in dessen Zentrum sich die (mit Vorhängen versehene) Loge des »Inspektors« und an dessen Peripherie sich die voneinander abgetrennten Zellen der Gefangenen oder Zöglinge befinden. Viele Gefängnisse und »Arbeitshäuser« des 19. Jahrhunderts wurden nach diesem Muster gebaut. Der raffinierte Zweck der Anordnung ist es, daß die Gefangenen sich permanent beobachtet und kontrolliert fühlen, ohne zu wissen, ob die Loge des »Inspektors« wirklich besetzt ist. Die Insassen sollen sich allmählich »von sich aus« und automatisch so verhalten, als ob sie beobachtet würden, selbst wenn das gar nicht der Fall ist.

Das Panoptikon, für Bentham ein Modell der »idealen« marktwirtschaftlichen Gesellschaft, war nichts anderes als eine liberale »Selbstverantwortungs-Maschine«, um die Individuen für marktkonformes Verhalten zu konditionieren. Die Mechanismen der Unterwerfung und Selbstverleugnung sollten zur »inneren Verhaltensspur« des Menschen werden. Diese liberale Erziehungsdiktatur objektivierte sich in architektonischen und organisatorischen Strukturen, in Zeichen und psychischen Mechanismen. Die kapitalistischen Imperative, so schrieb der Philosoph Michel Foucault in seinem Buch »Überwachen und Strafen« (1976) über das Panopticon, erscheinen »in einer konzertierten Anordnung von Körpern, Oberflächen, Lichtern und Blicken, ... in einer Apparatur, deren innere Mechanismen das Verhältnis herstellen, in welchem die Individuen gefangen sind«. Bentham feilte ununterbrochen an der Vervollkommnung seines sozialen Apparats der Dressur von Menschen. Er ist der Erfinder der Isolationshaft, der Identitätskarten, der Namensschilder und des Großraumbüros. 1804 schlug er vor, alle Engländer mit einer Nummer zu tätowieren.

Gleichzeitig war Bentham glühender Demokrat. Vom

Dienstboten bis zum Minister sollten alle gleichermaßen mitwirken an der »öffentlichen Selbstkontrolle«, das heißt sich selbst und andere beobachten, um gemeinsam tagtäglich die Uhr der Selbstunterdrückung aufzuziehen. Kant, der größte Philosoph der Aufklärung, hatte gefordert, der Mensch solle »herausgehen aus der selbstverschuldeten Unmündigkeit und sich seines Verstandes ohne Leitung eines anderen bedienen«. In der Konsequenz von Bentham wird der geheime Sinn dieses liberalen Imperativs deutlich: jeder sein eigener Polizist, Erzieher, Gefängniswärter und Antreiber! Die selbstregulative Weltmaschine des Marktes braucht selbstregulative, »automatisch« sich anpassende Individuen.

Bentham hat Orwells Alptraum von »1984« um fast 200 Jahre vorweggenommen, aber als reales Projekt. Ironischerweise versteht die liberal-demokratische Welt heute »1984« als Warnung vor dem (staatlichen) Totalitarismus, ohne zu erkennen, daß sie selber längst das Produkt einer totalitären liberalen Gehirnwäsche ist. Heute verhalten wir uns alle »selbstregulativ« als Roboter der marktwirtschaftlichen Selbstverantwortung. Jener ältere Begriff von »Freiheit« dagegen, der auf soziale Autonomie zielte, gilt als vorindustriell und primitiv. Natürlich können und wollen wir nicht zurück zu einer beschränkten agrarischen Lebensweise von Bauern und Handwerkern. Aber mußte der Preis des Fortschritts die soziale Entwürdigung des Menschen zu einem »Pawlowschen Hund« der Marktmaschine sein? Ist die Menschheit wirklich unfähig, die modernen Produktivkräfte durch soziale Selbstbestimmung und bewußte Verständigung zu regulieren, statt sich einem blinden ökonomischen Automaten auszuliefern? Der Absolutismus des Marktes ist keine Alternative zum Absolutismus des Staates. Wir haben die Aufgabe, für das 21. Jahrhundert den alten Begriff der »sozialen Freiheit« gegen die »Orwellsche Freiheit« des Liberalismus neu zu erfinden.

APOCALYPSE NOW!

Über den Zusammenhang von Emanzipation und Kulturpessimismus

Die Furcht vor dem Weltuntergang hat viele Kulturen beherrscht. Nicht selten ist damit die Vorstellung vom Tag des Jüngsten Gerichts verbunden, wie in der Apokalypse des Johannes. Diese Gedanken entbehren nicht eines gewissen rationellen und höchst irdischen Kerns, der unter der religiösen Verkleidung schlummert; denn jede gesellschaftliche Elite, die auf der »Herrschaft des Menschen über den Menschen« (Marx) gründet und unter deren Leitung immer wieder Armut, Elend und Unterdrückung erzeugt werden, trägt in ihrem Herzen die ebenso heimliche wie gut begründete Furcht vor dem Tag der Rache. In der globalisierten kapitalistischen Postmoderne am Ende des 20. Jahrhunderts fürchten sich die liberalen Eliten zwar längst nicht mehr vor der Rache Gottes, aber doch vor der Möglichkeit einer neuen globalen Großkrise, in der die »unsichtbare Hand« ihres heiligen Marktes noch mehr Tod und Verderben bringen könnte, als sie es gegenwärtig ohnehin schon tut. Im Zeichen dieser Krise droht die Zerrüttung der Gesellschaft derartige Ausmaße anzunehmen, daß die heute scheinbar siegreiche Zivilisation des Geldes vielleicht schon bald ebenso von der Geschichte verschlungen wird wie vor kurzem ihr armer feindlicher Verwandter, der bürokratische Staatssozialismus. Jedes Ereignis, das in diese Richtung zeigt (wie soeben wieder die Krise in Asien), wird mit interessiertem Grausen aufgenommen.

Die liberale Welt hört sich die »Prophezeiung« der Krise zu ihrer Unterhaltung an wie eine Gespenstergeschichte. Aber weil die postmoderne Medienkultur sowieso nicht mehr zwischen Realität und »Film« unterscheiden kann, glauben ihre Adepten, daß alles nur ein Spiel ist, und hinterher geht man gemütlich zum Abendessen. Deshalb haben nicht nur die »Propheten« der Krise Konjunktur, sondern auch die postmodernen Propagandisten eines irren Frohsinns, die jede Warnung vor der Krise als irrationales, apokalyptisches »Milenniums«-Denken zu verspotten suchen. Die wahren Hofnarren des Kapitalismus sind heute nicht die Unglücksboten, sondern diese postmodernen »Entwarner«, die sich die abgelegten Klamotten des bürgerlichen Fortschritts aus der Mülltonne der Geschichte geholt und daraus eine »Second-Hand«-Mode gemacht haben.

Die Apokalypse ist nicht so eindeutig irrational und reaktionär, wie es die postmodernen letzten Clowns der liberalen Vernunft glauben machen wollen. Dieser Begriff hat schon immer nicht allein das Jüngste Gericht über eine nicht mehr lebenswerte Welt und deren Untergang gemeint, sondern gleichzeitig auch den Aufgang einer neuen, besseren Welt nach der »Katharsis« der großen Krise. Insofern war die präzise Krisentheorie von Marx mit ihrem logischen Nachweis einer absoluten inneren Schranke des Kapitalismus gewissermaßen das rationale apokalyptische Denken der Moderne, denn es enthielt auch die Hoffnung auf eine postkapitalistische Zukunft.

Das finstere reaktionäre Denken dagegen will immer nur einen absoluten Schlußpunkt der Vernichtung setzen: Wenn schon die alte Welt nicht mehr weiterleben kann, dann soll es auch keine neue Welt und keine andere Zukunft mehr geben. Oswald Spengler sehnte in seinem »Untergang des Abendlands« nur noch das »heroische« Ende einer universellen Gesamtkatastrophe herbei. Und als Hitler sah, daß der Krieg verloren war, wollte er die vollständige Auslöschung aller Menschen in Deutschland, weil sie sich seiner nicht »würdig« erwiesen hätten. Je deutlicher die neue Krise des Kapitalismus sich abzeichnet, desto militanter beginnt heute der globale Liberalismus eine ähnliche Haltung gegenüber der ganzen Welt einzunehmen: Wenn die totale Marktwirtschaft sich selbst zerstört, dann soll die Menschheit gleich mit untergehen und nichts Neues mehr unter der Sonne entstehen dürfen.

Der Postmodernismus als flankierende kulturelle Ideologie der marktwirtschaftlichen Globalisierung ist noch nicht ganz so weit; er möchte zuerst der kapitalistischen Kultur selber noch einen Fortschritt abkitzeln. Deshalb wird jeder neue Schub der Krise, der die moderne Zivilisation weiter zerstört und sie der Barbarei näher rücken läßt, zur »Chance« umdefiniert. Wir ersticken geradezu an einer Inflation von »Chancen«. Von einem solchen Standpunkt aus ist natürlich keine grundsätzliche Kritik der gegenwärtigen kulturellen Entwicklung mehr möglich. Emanzipatorische und reaktionäre Kulturkritik erscheinen als identisch, weil die jeweils neueste Tendenz auch automatisch die beste und ein Füllhorn von »Möglichkeiten« sein muß, mag sie auch real auf der Stufe des Schwachsinns angekommen sein.

Wie hinsichtlich der Krise oder der »Apokalypse« gibt es aber auch in der Frage der Kulturkritik diametral entgegengesetzte Inhalte. Was den Reaktionären an der Vergangenheit so gut gefällt, das ist eine Gesellschaft von »Herr und Knecht« mit einer autoritären Kultur eindeutiger Definitionen, in der niemand vom vorgeschriebenen Muster der bornierten Tradition abweichen darf. Nur im romantisierenden Rückblick auf solche Verhältnisse kritisieren sie die spätkapitalistische kommerzielle Massenkultur. Im Gegensatz dazu will sich eine emanzipatorische Kulturkritik natürlich nicht in irgendeine glorifizierte Vergangenheit zurück imaginieren. Umgekehrt kann sie aber auch nicht jeder neuen Konjunktur des Zeitgeistes hinterherzotteln und daraus irgendeinen Honig saugen wollen, denn eine solche Haltung ist nur die Kehrseite des reaktionären Romantizismus.

Stattdessen gilt es, die negative Dialektik der kapitalistischen Geschichte und ihrer Kulturen zu zeigen: Jeder Fortschritt wird mit einem Rückschritt erkauft, jede positive Möglichkeit in ihr eigenes Dementi verwandelt. Die babylonische Gefangenschaft in den agrarischen Traditionen wurde nur abgelöst durch die ägyptischen Plagen des totalen Marktes. Der Postmodernismus ist der jüngste und beste Beweis dafür, denn sein Imperativ lautet: Tu, was du willst, aber sei profitabel! Das ist die klassische Formel eines schizophrenen »Double bind« im Sinne von Gregory Bateson.

Diese negative Dialektik zeigt sich heute mehr denn je im krassen Mißverhältnis von wissenschaftlich-technischen Errungenschaften und globaler Massenarmut. Eine Weltmacht, die Spielzeugautos auf den Mars schickt, läßt elf Millionen ihrer eigenen Kinder hungern. Im Schatten der kühnsten Architekturen von fünf Erdteilen vegetiert ein Massenelend, wie es keine noch so borniert vormoderne Agrargesellschaft hervorgebracht hat. Selbst im Rückblick auf die letzten Jahrzehnte innerhalb des Kapitalismus ist der elementare soziale Rückschritt am Ende des 20. Jahrhunderts handgreiflich. Der postmoderne Barock liefert diesen Verhältnissen eine Ästhetik der Ignoranz, die Mitgefühl und soziale Empörung zur Geschmacklosigkeit erklärt, also geistig wieder auf das 18. Jahrhundert zurückgefallen ist.

Ein wenig erinnert die postmoderne Jugendkultur der Mittelklasse heute auch an das Verhalten der schönen degenerierten »Eloi« im kulturpessimistischen Zukunftsroman »Die Zeitmaschine« von H.G. Wells (1895), die ständig nach Spielzeug suchen, sich auf nichts mehr konzentrieren können und kein Interesse mehr für die wirkliche Lage ihrer Welt aufbringen. Wie es scheint, werden sämtliche Horrorvisionen und Negativ-Utopien der letzten 100 Jahre in der Postmoderne zu positiven Leitbildern geadelt. Daß sich eine Kultur der sozialen Apartheid und des ökonomischen Kannibalismus langfristig auch an den herrschenden sozialen Gruppen selber rächt, demonstriert allerdings der intellektuelle Abstieg des sogenannten Bürgertums. Wenn irgendetwas »immer schlechter« geworden ist, dann das Bildungsniveau und die kulturellen Standards der kapitalistischen Eliten.

Der Kulturpessimismus der kritischen Theorie von Adorno und Horkheimer lebte nicht von der Sehnsucht nach verstaubten Normen oder Traditionen, sondern er bestand in der Skepsis gegenüber der Hoffnung, daß den Herrschenden überhaupt noch irgendwelche nennenswerten Güter des Wissens und der Kultur entrissen werden könnten. Von einer Gesellschaft, die ihre Museen, ihre Bibliotheken und ihre Kulturdenkmäler ebenso wie ihre Universitäten und ihre Literatur verrotten läßt, um nur noch Autos zu verkaufen, gibt es auch nur noch Schrotthaufen zu erben. Die Konservativen, die in der Vergangenheit wenigstens klassisch gebildet waren, beziehen heute ihren eigenen Konservatismus aus Hollywood. Selbst ihre Villen könnten nur noch enteignet werden, um sie als Beleidigungen des menschlichen Auges aus der Landschaft zu entfernen. Wenn der sekundäre Analphabetismus in den höchsten Kreisen anzutreffen ist, welche Kultur sollte da noch zu transformieren sein? Die Eßgewohnheiten, Lesegewohnheiten oder überhaupt Lebensgewohnheiten der »upper ten« heute »für alle« zugänglich machen zu wollen, müßte dem Verdikt der Unappetitlichkeit verfallen.

Aber die Massenkultur! Könnte sie nicht emanzipatorische Potentiale enthalten? Sie könnte es, aber sie tut es gegenwärtig nicht. Es muß ja wirklich nicht immer nur die steifleinene klassische Bildung sein. Auch Comics können Witz und Wahrheit mobilisieren. Das Problem ist nicht die Massenkultur als solche, sondern daß deren Inhalt von der kommerziellen Form aufgesaugt wird. Die technischen Mittel sind nicht unabhängig von den sozialen Beziehungen, in denen sie praktisch erscheinen. In dieser Hinsicht erinnert die heutige Diskussion um die postmoderne Massenkultur an die Kontroverse zwischen Adorno und Walter Benjamin in den 30er und 40er Jahren. Adorno sah damals in den neuen künstlerischen Reproduktionstechniken (z.B. dem Film) vor allem eine neue Qualität der geistigen und kulturellen Enteignung der Massen von jeder selbständigen und kritischen Wahrnehmung der Welt; die Menschen würden durch die Macht des kapitalistischen Angebots zu passiven Konsumenten degradiert wie nie zuvor. Benjamin dagegen erblickte in den Techniken des Films eher die Möglichkeit für eine Erweiterung von sinnlichen und kognitiven Fähigkeiten des Publikums.

Aber weder argumentierte Adorno gegen die neue Reproduktionstechnik als solche noch wollte sich Benjamin allein auf die technische Seite verlassen. Vielmehr sah er im bewußten »Anteil der Massen« an den neuen Kulturtechniken durch Formen der »kollektiven Apperzeption« eine emanzipatorische Möglichkeit, deren sozialen Hintergrund die damalige Arbeiterbewegung bildete. Auf die faschistische »Ästhetisierung der Politik« sollte die sozialistische »Politisierung der Kunst« antworten. Aber nach dem 2. Weltkrieg hat der Kapitalismus eine dritte Möglichkeit gefunden: die kommerzielle und mediale Individualisierung des gesamten Lebens, also auch von Politik und Kultur. Das Fernsehen war der Beginn einer neuen Massenkultur der »vereinzelten Einzelnen«, die heute in die postmoderne individuelle »Ästhetik der Existenz« mit ihren kapitalistischen »Technologien des Selbst« (Foucault) mündet, aus denen jede emanzipatorische Hoffnung getilgt ist. Es sind die ziellosen Amokläufer und Prominentenmörder, die heute am reinsten die postmoderne Ästhetik exekutieren.

Der Kapitalismus hatte in Wahrheit nie eine eigene Kultur, weil er nichts als die gähnende Leere des Geldes repräsentiert. Künstlerisch stellte dies unbewußt K.S.

Malewitsch schon vor dem 1. Weltkrieg mit seinem berühmten »schwarzen Quadrat« dar. Danach konnten eigentlich nur noch diverse Abgesänge kommen. Was als kapitalistische Kultur erschien, waren schon immer entweder Reste vormoderner Kultur, die sich allmählich in Marktgegenstände verwandelten, oder Formen des kulturellen Protests gegen den Kapitalismus selber, die ebenfalls kommerziell adaptiert wurden. Heute hat der Kapitalismus alles aufgefressen und verdaut oder in Müll verwandelt. Damit ist die Moderne am Ende ihrer kulturellen Möglichkeiten angekommen, gerade weil es keinen Protest mehr gibt.

Der Postmodernismus bildet sich ein, er könne sich nun eklektisch die gesamte Kunstgeschichte verfügbar machen (»anything goes«); in Wirklichkeit wühlt er bloß verzweifelt auf dem Müllplatz und in den Exkrementen der kapitalistischen Vergangenheit, um vielleicht noch Reste für das kulturelle »Recycling« zu finden. Es könnte sein, daß gerade dieses postmoderne Recycling mit seiner popkulturellen Simulation einer oberflächlichen »guten Laune« jene reaktionäre Version der Apokalypse befördert, nach der keine neue Welt mehr aus den Trümmern der alten hervorgehen kann. Hoffnung gäbe allein eine neue soziale Massenbewegung, die sich die brachliegenden emanzipatorischen Potentiale der modernen Reproduktionstechniken selbständig gegen deren kommerzielle Form aneignet.

TOTALITÄRE ÖKONOMIE UND PARANOIA DES TERRORS

Der Todestrieb der kapitalistischen Vernunft

Große und symbolische Katastrophen sind in der Geschichte der Menschheit immer wieder Anlaß zu einer Besinnung gewesen, in der die Mächtigen der Welt ihre Hybris ablegen, Gesellschaften sich selbst reflektieren und ihre Grenzen erkennen. Nichts dergleichen ist nach dem Kamikaze-Angriff auf die Nervenzentren der USA in der kapitalistischen Weltgesellschaft zu beobachten. Fast scheint es so, als hätte der barbarische Angriff aus dem Dunkeln der Irrationalität nicht nur das World Trade Center platt gemacht, sondern auch den letzten Rest von Urteilsvermögen der weltdemokratischen Öffentlichkeit. Diese Gesellschaft will sich im Spiegel des Terrors nicht selbst erkennen, sondern sie wird unter dem Eindruck des Grauens sogar noch selbstgefälliger, bornierter und unreflektierter als zuvor. Je gewaltsamer sie auf ihre Grenzen hingewiesen wird, desto heftiger pocht sie auf ihre Macht und desto sturer kultiviert sie ihre Eindimensionalität.

Nach dem Terrorschlag verhalten sich die Funktionseliten, die Medien und das Fußvolk des globalen Systems von »Marktwirtschaft und Demokratie«, als wären sie allesamt Schauspieler und Statisten in einer Realinszenierung des Films »Independence Day«. Hollywood ahnte ein apokalyptisches Ereignis voraus und verfilmte es als

Darstellung von patriotischem Kitsch und hinterwäldlerischer Moral. So hat die Kulturindustrie die Wirklichkeit der Katastrophe banalisiert und entwirklicht, bevor sie überhaupt wirklich wurde. Die spontane Trauer und Fassungslosigkeit wird überlagert von den falschen Ritualen eines programmierten Reaktionsmusters, das jedes Verständnis für den inneren Zusammenhang von Terrorismus und herrschender Ordnung unmöglich macht.

Die Verhärtung des offiziellen demokratischen Bewußtseins zur wütenden Besinnungslosigkeit wird deutlich, wenn der Laiendarsteller des US-Präsidenten einen »monumentalen Kampf des Guten gegen das Böse« beschwört. Durch dieses naive Weltbild werden die eigenen inneren Widersprüche nach außen projiziert. Es ist das elementare Schema aller Ideologie: Statt den Komplex der Zusammenhänge aufzudecken, in die man selbst verwickelt ist, muß eine fremde Ursache für die Ereignisse gefunden und ein externer Feind definiert werden. Aber im Unterschied zu den pubertären Traumwelten Hollywoods wird es in der harten Wirklichkeit der zerbrechenden Weltgesellschaft kein happy end geben.

In dem Film »Independence Day« sind es sinnigerweise Außerirdische, die »Gottes eigenes Land« angreifen und natürlich heroisch zurückgeschlagen werden. Diesen Part des außerweltlichen, außerkapitalistischen und außervernünftigen Aliens soll nun offenbar der militante Islamismus übernehmen, als handle es sich um eine soeben entdeckte fremde Kultur, die sich als finstere Bedrohung entpuppt. Auf der Suche nach dem Ursprung des Bösen blättert man im Koran, als ließen sich dort die Motive für die sonst unerklärlichen Taten finden.

Aufgestörte westliche Intellektuelle entblöden sich nicht, den Terrorismus als Ausdruck eines »vormodernen« Bewußtseins zu bezeichnen, das die Epoche der Aufklärung verpaßt habe und deshalb die wunderbare westliche »Freiheit zur Selbstbestimmung«, den freien Markt, die liberale Ordnung und überhaupt alles Gute und Schöne der westlichen Zivilisation in Akten des blinden Hasses »verteufeln« müsse. Als hätte es nie eine intellektuelle Reflexion über die »Dialektik der Aufklärung gegeben« und als hätte sich der liberale Begriff des Fortschritts in der katastrophalen Geschichte des 20. Jahrhunderts nicht längst blamiert, kehrt in der Verwirrung über den neuartigen Akt des Wahnsinns die ebenso arrogante wie ignorante bürgerliche Geschichtsphilosophie des 18. und 19. Jahrhunderts als Gespenst zurück. Im krampfhaften Versuch, die neue Dimension des Terrors einem fremden Wesen zuzuschreiben, fällt das westlich-demokratische Räsonnement endgültig unter jedes intellektuelle Niveau.

Aber die Tatsache des inneren Zusammenhangs aller Erscheinungen in der globalisierten Gesellschaft läßt sich so billig nicht wegdefinieren: Nach fünfhundert Jahren blutiger Kolonial- und Imperialismusgeschichte, nach hundert Jahren einer gescheiterten staatsbürokratischen Industrialisierung und nachholenden Modernisierung, nach fünfzig Jahren destruktiver Integration in den Weltmarkt und zehn Jahren unter der absurden Herrschaft des neuen transnationalen Finanzkapitals gibt es in Wahrheit keinen exotischen orientalischen Raum mehr, den man als fremd und äußerlich begreifen könnte. Alles, was heute geschieht, ist unmittelbar oder vermittelt ein Produkt des zwanghaft vereinheitlichten Weltsystems. Die One World des Kapitals ist selber der Schoß, der den Mega-Terror gebiert.

Es war die militante Ideologie des westlichen ökonomischen Totalitarismus, die den ebenso militanten neo-ideologischen Wahnvorstellungen den Weg geebnet hat. Das Ende der staatskapitalistischen Ära und ihrer Ideen wurde zum Anlaß genommen, die kritische Theorie überhaupt zum Schweigen zu bringen. Die Widersprüche der kapitalistischen Logik durften nicht mehr zur Sprache kommen, sie wurden für nicht existent und die Frage der sozialen Emanzipation jenseits des warenproduzierenden

Systems für irrelevant erklärt. Mit dem vermeintlich endgültigen Sieg des Markt- und Konkurrenzprinzips begann die intellektuelle Reflexionsfähigkeit der westlichen Gesellschaften zu erlöschen. Die Menschen dieser Welt sollten identisch werden mit kapitalistischen Funktionen, obwohl die Mehrheit bereits als »überflüssig« abgestempelt war.

Während die finanzkapitalistischen Krisenmechanismen des Shareholder Value Milliarden von Menschen in Armut und Verzweiflung stürzten, sang die Mehrheit der globalen Intelligentsia wie zum Hohn das Lied des marktwirtschaftlich-demokratischen Optimismus. Sie haben jetzt die Quittung bekommen: Wenn die kritische Vernunft verstummt, tritt an ihre Stelle der mörderische Haß. Die objektive Unhaltbarkeit der herrschenden Produktions- und Lebensweise macht sich dann nicht mehr auf rationale, sondern auf irrationale Weise geltend. So folgte auf den Rückzug der kritischen Theorie der Vormarsch des religiösen und ethno-rassistischen Fundamentalismus. Solange sich die grundsätzliche emanzipatorische Kapitalismuskritik nicht neu formiert, werden die Ausbrüche von sozialer und ideologischer Paranoia zum alleinigen Gradmesser für das Ausmaß, in dem die Widersprüche der Weltgesellschaft herangereift sind. Unter diesen Bedingungen bedeutet die neue Qualität des Mega-Terrros in den USA, daß die offiziell ignorierte und heruntergeredete Krise des globalisierten kapitalistischen Systems eine neue Dimension angenommen hat.

Was als fremdartige Furie des Terrors erscheint, ist aber nicht nur auf dem Nährboden der marktwirtschaftlichen One World herangewachsen, sondern auch von den repressiven Machtapparaten der westlichen Demokratien selber gezüchtet worden, die jetzt ihre Hände in Unschuld waschen. Es handelt sich um Irrläufer des Kalten Krieges und der daran anschließenden demokratischen Weltordnungskriege. Saddam Hussein wurde vom Westen gegen das iranische Mullah-Regime aufgerüstet, das seinerseits aus der Modernisierungsruine des Schah-Regimes gekrochen war. Die Taliban wurden von den USA gepäppelt, geschult und mit effizienten Flugabwehrraketen ausgerüstet, weil damals alles zum Reich des »Guten« zählte, was gegen die Sowjetunion gerichtet war. Und der jetzt zur mythischen Figur des Bösen aufgeblasene Wirrkopf Usama bin Laden betrat aus demselben Grund ursprünglich als »Baby« der westlichen Geheimdienste die Weltarena der bewaffneten Paranoia. Der »Sicherheits«-Imperialismus der NATO, der die vom Kapital nicht mehr reproduzierbare Menschheit gewaltsam unter Kontrolle halten will, bedient sich auch aktuell befreundeter Folter-Regimes und diverser Gestalten des Wahnsinns in der Türkei, in Saudi-Arabien, Marokko, Pakistan, Kolumbien und anderswo. Aber weil diese Welt aus den Fugen geht, verselbständigt sich ein Wechselbalg nach dem anderen. Das »Baby« von heute ist immer schon das »unbegreifliche Monster« von morgen.

Die Fürsten des Terrors, die Gotteskrieger und Clan-Milizen sind allerdings keineswegs nur äußerlich vom Westen instrumentalisierte Kräfte, die ihm nun zu entgleiten beginnen. Auch ihr Geisteszustand ist nicht »mittelalterlich«, sondern postmodern. Die strukturellen Ähnlichkeiten zwischen dem Bewußtsein der marktwirtschaftlichen »Zivilisation« und dem Bewußtsein der islamischen Terroristen können nicht allzu sehr erstaunen, wenn man bedenkt, daß es sich bei der Logik des Kapitals um einen irrationalen Selbstzweck handelt, der nichts anderes als säkularisierte Religion darstellt. Auch der ökonomische Totalitarismus teilt die Welt in »Gläubige« und »Ungläubige«. Die herrschende »Zivilisation« des Geldes kann die Abkunft des Terrors nicht rational analysieren, weil sie sonst sich selbst in Frage stellen müßte. So definiert der aufgeklärte Westen den Islamismus ebenso als »Werk des Teufels« wie dieser umgekehrt den Westen. Die irrationalen dichotomischen Bilder von »Gut« und »Böse« gleichen sich bis zur Lächerlichkeit.

Was in den Köpfen der Chefterroristen vorgeht, ist seiner Natur nach nicht bizarrer als die Art und Weise, wie die Chefmanager der globalen Marktwirtschaft Mensch und Natur unter dem destruktiven Zwang des abstrakten betriebswirtschaftlichen Kalküls wahrnehmen und zurichten. Der religiöse Terror schlägt ebenso blind und sinnlos zu wie die »unsichtbare Hand« der anonymen Konkurrenz, unter deren Regiment permanent Millionen von Kindern verhungern – um nur ein Beispiel zu nennen, das den angesichts der Opfer von Manhattan zelebrierten Kult der Betroffenheit in ein seltsames Licht taucht.

Wenn die Medien zwischen den Zeilen eine heimliche Bewunderung für die ungeahnten technischen und logistischen Fähigkeiten der Terroristen erkennen lassen, wird auch in dieser Hinsicht die Verwandtschaft der Seelen deutlich:

Beide Seiten gehören gleichermaßen der modernen »instrumentellen Vernunft« an. Denn auf beide trifft zu, was in Melvilles »Moby Dick«, dieser großen Parabel auf die Moderne, der unheimliche Kapitän Ahab sagt: Alle meine Mittel sind vernünftig, nur mein Zweck ist wahnsinnig. Die Ökonomie des Terrors entspricht spiegelbildlich dem Terror der Ökonomie. So erweist sich der Selbstmordattentäter als die logische Fortsetzung des einsamen Individuums in der universellen Konkurrenz unter den Bedingungen der Aussichtslosigkeit. Was hier zum Vorschein kommt, ist der Todestrieb des kapitalistischen Subjekts. Daß dieser Todestrieb dem westlichen Bewußtsein selbst inhärent ist und nicht nur durch die soziale, sondern auch durch die geistige Trostlosigkeit des totalitären Marktsystems ausgelöst wird, beweisen die periodischen Amokläufe von Mittelstandskindern in den Schulen der USA und das Attentat von Oklahoma, das bekanntlich ein authentisches Produkt des inneren Wahnsinns der USA war. Der auf ökonomische Funktionen reduzierte Mensch wird ebenso verrückt wie der Mensch, den der Verwertungsprozeß als »überflüssige Existenz« ausspuckt. Die instrumentelle Vernunft entläßt ihre Kinder.

Weil der irrationale Kern seiner Ideologie dem islamischen Fundamentalismus gleicht wie ein Ei dem anderen, kann der Kapitalismus nur noch zum Kreuzzug aufrufen, zum »heiligen Krieg« der westlichen »Zivilisation«. Allein solche Opfer, die Star-Kolumnistinnen der USA, Broker in Manhattan und Bürger der westlichen Freiheit sind, gelten als wirkliche Opfer und werden in Gedenkgottesdiensten beweint. Der Tod von irakischen Zivilisten und serbischen Kinder dagegen, die von Bomben aus zehn Kilometer Höhe zerfetzt wurden, weil die kostbare Haut der US-Piloten nicht geritzt werden durfte, erschienen nicht als Menschenopfer, sondern als »Kollateralschaden«. Sogar vor den Toten macht die globale Apartheid nicht halt. Der westliche Begriff der Menschenrechte enthält als stumme Voraussetzung die Verkäuflichkeit der Person und die Zahlungsfähigkeit. Wer diese Kriterien nicht erfüllen kann, ist eigentlich kein Mensch mehr, sondern ein Stück Biomasse. So teilt der westliche Fundamentalismus die Welt auf in das angeblich zivilisierte »Reich« einerseits und die »neuen Barbaren« andererseits, wie der französische Publizist Jean Rufin schon Anfang der 90er Jahre feststellte.

Das Imperium wankt. Innerhalb weniger Monate hat sich der Mythos der ökonomischen Unverwundbarkeit durch den Zusammenbruch der »New Economy« blamiert. Jetzt ist der Mythos der militärischen Unverwundbarkeit zusammen mit dem Pentagon in Flammen aufgegangen. Das utilitaristische Denken der Funktioneliten versucht sogar aus dieser Katastrophe noch Nutzen zu schlagen. Denn mitten im Absturz der Finanzmärkte hat man plötzlich den Stoff für eine Dolchstoßlegende: Nicht die herrschende Ordnung ist obsolet, wenn weitere Finanzblasen platzen und womöglich die Weltmarktwirtschaft kollabiert, sondern der »externe Schock« des Terrorschlags soll dann die Ursache gewesen sein – so Wim Duisenberg, Präsident der Europäischen Zentralbank (EZB). Das Systemversagen wird in die externe Bosheit der fremdartigen »Ungläubigen« umdefiniert, aber dadurch nicht ungeschehen gemacht.

Gleichzeitig rollt eine Welle der ebenso hysterischen wie schmalzigen Kriegspropaganda, als schrieben wir den August 1914. Überall melden sich zuhauf Freiwillige, mitten im Crash steigen die Aktien der Rüstungsindustrie, fast schon macht sich Hoffnung auf eine Kreuzzugs-Konjunktur breit. Aber klandestine Gruppen von Männern, die mit Messern und Teppichschneidern bewaffnet sind, fordern nicht die Massenmobilisierung und Bündelung aller gesellschaftlichen Kräfte heraus. Der Terror stellt kein äußeres Gegenimperium auf derselben Ebene von Staatlichkeit und Kriegswirtschaft dar. Er ist die innere Nemesis des globalisierten Kapitals selbst. Deshalb kann er keinen neuen Rüstungsboom hervorrufen. Auch militärisch wird der Kreuzzug ins Leere gehen. Ob mögliche »Vergeltungsschläge« der USA wie gehabt aus zehn Kilometern Höhe irgendeine Zivilbevölkerung dezimieren oder ob Bodentruppen unter hohen Verlusten durch entlegene Bergregionen irren, wie es die Armee der Sowjetunion in Afghanistan erfahren mußte: Aus dem Pseudo-Krieg gegen die von ihm selbst hervorgebrachten Dämonen der Weltkrise wird der Kapitalismus keine Nahrung für sein Fortleben mehr saugen können.

Es sind auch Stimmen der Vernunft zu hören, von Feuerwehrleuten in New York bis zu einzelnen Journalisten und Politikern, die wenigstens sagen, daß ein Krieg völlig sinnlos wäre. Aber diese Vernunft droht hilflos zu bleiben und von der Welle der Irrationalität weggeschwemmt zu werden, wenn sie nicht zu einer Analyse der Krisenverhältnisse findet. Es gibt nur einen Weg, dem Terror wirklich den Nährboden zu entziehen: die emanzipatorische Kritik am globalen Totalitarismus der Ökonomie.

DAS ENDE DER THEORIE

Auf dem Weg zur reflexionslosen Gesellschaft

Es ist keineswegs selbstverständlich, daß eine Gesellschaft »über« sich selbst nachdenkt. Das ist nur möglich, wenn eine Gesellschaft sich selbst mit anderen Gesellschaften in Geschichte und Gegenwart kritisch vergleichen kann; vor allem aber in Zuständen, in denen eine Gesellschaft sich selber gewissermaßen von innen heraus fragwürdig wird, einen Widerspruch mit sich selbst austrägt, in ihrer eigenen Struktur und Entwicklung über sich selbst hinausweist.

Ganz sicher trifft dies auf sämtliche vormodernen Gesellschaften nicht zu. Diese Gesellschaften waren noch keine planetarischen, sie hatten kein historisches Bewußtsein und keine Verfügung über die Geschichte als eine Abfolge von Entwicklungsprozessen und sozialökonomischen Formationen. Ebensowenig lagen sie mit sich selbst, mit ihrer eigenen Form, in Konflikt. Eine Dynastie konnte die andere ablösen, aber die gesellschaftliche Form als solche konnte nicht in Frage gestellt werden; dafür gab es gar keine Kriterien. Solche Gesellschaften konnten sich über unglaublich lange Zeiträume reproduzieren (im Falle des alten Ägypten über mehrere Jahrtausende hinweg), ohne aus sich selbst heraus zugrunde zu gehen; ihr Ende war daher in erster Linie von äußeren Ursachen bedingt.

Gesellschaft erschien unter solchen Bedingungen immer als »Gesellschaft überhaupt«, nicht als spezifische Form, die auch ganz anders sein könnte. Und selbst als – relativ spät in der Antike – ein Räsonnement über verschiedene »Regierungsformen« einsetzte (Monarchie, Oligarchie, Demokratie, Tyrannis), da blieb diese Differenzierung dem sozialökonomischen Gesellschaftskörper gegenüber ganz gleichgültig; sie erschien daher auch nicht etwa als eine lineare Entwicklungsgeschichte der Gesellschaft selbst, sondern als ewiger Kreislauf bloß äußerlicher, immer wieder auseinander hervorgehender Herrschaftsformen. Dasselbe gilt für die Idee vom »Idealstaat« (Platon), die nur eine idealisierte Gestalt der bereits bestehenden, als unüberschreitbar gedachten Gesellschaft darstellte.

Dennoch gingen diese vormodernen agrarischen Hochkulturen nicht blind in ihrem »Funktionieren« auf; sie brachten eine über ihr unmittelbares Dasein hinausgehende Reflexion hervor. Aber diese Reflexion war nicht »gesellschaftskritisch«, sondern eine Reflexion »unmittelbar zu Gott« oder zum Weltganzen, zur Stellung des Menschen im Kosmos, zum Rätsel des Todes. Es war also notwendigerweise eine Reflexion in religiöser Form und mit religiösen Inhalten. Diese Art des Denkens »über« sich selbst, aber als Denken des Menschen und seiner Gesellschaft nicht in Beziehung zu sich selbst, sondern in Beziehung auf Gott und Kosmos, blieb dennoch eingebunden in das unkritisch vorausgesetzte sozialökonomische Gefüge. Denn trotz seiner Fraglosigkeit war dieses Gefüge nicht »stumm« in seiner blinden Positivität, sondern durchaus reflexiv legitimiert; nur eben nicht als eigener Gegenstand, sondern als sekundärer Bestandteil der göttlichen Weltordnung.

Religiöse Reflexion, Naturwissen und sozialökonomische Verhältnisse bildeten daher eine unmittelbare Einheit, dargestellt und reproduziert in ritualisierten Formen sowohl des Denkens als auch der Tätigkeit und der sozialen Beziehungen. Deshalb waren zunächst in den ältesten Zeiten auch Funktions-Intelligenz und Reflexions-Intelligenz (oder soziologisch betrachtet: Funktions-Eliten und Reflexions-Eliten) unmittelbar identisch (Gottkönige, Priesterherrscher). Erst relativ spät differenzierten sich Funktion und Reflexion in getrennte Sphären aus. Damit war zwar der Keim eines Konflikts gelegt, der sich jedoch zunächst nur sporadisch äußerte (etwa im mittelalterlichen »Investiturstreit« zwischen Kaiser und Papst), ohne dabei über den Kampf um die übergeordnete Kompetenz innerhalb einer gemeinsam vorausgesetzten Ordnung hinauszugehen.

Soweit sich das reflexive Denken in diesen Gesellschaften von der strengen religiösen Ritualisierung löste, wie in der antiken und mittelalterlichen Philosophie, richtete es sich entweder direkt auf die Natur (die Naturwissenschaft war ja ursprünglich ein integraler Bestandteil der Philosophie) oder auf den Menschen als ein quasi »natürliches« Wesen. Da die gesellschaftliche Form und Ordnung als solche nicht zur Disposition stehen konnte, mußte sich die Reflexion »über« den gesellschaftlichen Menschen grundsätzlich auf zwei Themen beschränken. Nämlich erstens auf »Ethik«, die Lehre von den »Tugenden« und vom moralisch richtigen Verhalten, die den Menschen einen Maßstab ihres Verhaltens liefern sollte, ohne gesellschaftliche Bedingungsgründe kritisch zu befragen. Für diese Metaphysik blieb der Zusammenhang ihrer normativen Vorstellungen mit den sozialökonomischen gesellschaftlichen Formen im Dunkeln; sie richtete sich immer an den einzelnen Menschen, freilich noch nicht an das abstrakte Individuum schlechthin, sondern an den Menschen in seiner sozial »eingefrorenen« Bestimmung – im Grunde genommen handelte es sich um eine exklusive Veranstaltung unter »herrschenden Männern«: der Adressat (und damit »der Mensch«) war in der Regel der grundbesitzende pater familias.

Zweitens entwickelte die philosophische Reflexion mit demselben Adressaten neben der »Ethik« auch eine Lehre vom »guten Leben«, vom »Glück« des Menschen innerhalb der fraglos vorausgesetzten Ordnung. Diese Philosophie der »Lebenskunst« beschäftigte sich zum Beispiel mit den verschiedenen Formen des Genusses, mit dem Verhältnis von Genuß und Enthaltsamkeit (Diogenes!) usw.; letzten Endes mit der Frage, was ein »gelungenes Leben« ausmacht. Dieser Aspekt der alten Philosophie zielte auf eine Ästhetisierung des Daseins, deren Zusammenhang mit den sozialökonomischen Verhältnissen ebenso dunkel blieb wie bei der metaphysischen »Ethik«. Sich selbst, das eigene Leben gewissermaßen zum Kunstwerk zu machen, ohne das Ganze der Gesellschaft in den Blick zu nehmen, und gleichzeitig möglichst einer normativen Verhaltenslehre zu folgen, darin erschöpfte sich der gesellschaftliche Charakter dieses Denkens.

Erst in der Moderne begann der Kampf um die gesellschaftliche Form selbst, es entstand erstmals eine »Gesellschaftskritik«, ein Bewußtsein von sozialökonomischen Formationen, von Krise und Transformation der Gesellschaft. Aber diese neue Art der Reflexion führte nicht dazu, daß die Gesellschaft zum kritischen Selbstbewußtsein gelangte. Stattdessen handelte es sich nur um die geistige Gestalt einer blinden Dynamik – freigesetzt durch die Bedürfnisse der modernen ökonomischen Revolution. In dieser Umwälzung wurde die abstrakte Form des Geldes, bis dahin ein Rand- und Nischenphänomen der Gesellschaft, in einem kybernetischen Prozeß auf sich selbst rückgekoppelt: das gesellschaftliche Leben wurde der zum abstrakten Selbstzweck gewordenen Verwertungsbewegung des Geldes unterworfen. Indem das neue reflexive Denken diesem blinden Prozeß bloß Ausdruck gab, blieb es wie das frühere Denken in der Metaphysik befangen, allerdings in einer nunmehr säkularisierten, von der Religion abgelösten Metaphysik: an die Stelle der himmlischen Metaphysik eines göttlichen Kosmos trat die irdische Metaphysik des entfesselten Geldes.

Aber die Metaphysik wurde wie ihre gesellschaftliche

Grundlage nicht nur säkularisiert, sondern auch dynamisiert. Die Begriffe der Revolution, der Umwälzung, des Prozesses, der Bewegung usw. verweisen schon auf den entscheidenden Unterschied dieser neuen, modernen Gesellschaft zu allen vorhergehenden: sie löste sich nicht nur von der alten Ordnung ab, sondern sie konnte auch nicht bei sich selber bleiben, nicht in sich selber ruhen wie die alten agrarisch-religiösen Zivilisationen. Sie liegt seit ihren ersten Anfängen mit sich selbst im Widerspruch, weil der Verwertungsprozeß des Geldes unersättlich ist und sich in immer neuen Formen auf immer höherer Entwicklungsstufe reproduziert. Die kybernetische Maschine des zum »bewegten Prinzip« gewordenen Geldes läßt die losgerissene Gesellschaft wie ein Geschoß durch eine lineare Zeit fallen. Dementsprechend hat das neue »gesellschaftskritische« Denken die lineare Geschichte und den Fortschritt erfunden, die Orientierung an der Zukunft und die Kritik jedes einmal erreichten Zustands als bloßes Durchgangsstadium zu einem jeweils neuen und angeblich »höheren« Zustand. Erst in diesem Zusammenhang traten dann auch Funktions-Intelligenz und Reflexions-Intelligenz in einen systematischen, strukturellen Gegensatz, denn die säkularisierte Reflexion übernahm die Rolle der vorwärtstreibenden Kritik gegenüber dem auf einem jeweiligen Stand der Entwicklung beharrenden »Funktionieren«.

Aber diese Kritik blieb immer an die moderne Metaphysik des Geldes gefesselt, sie war nichts als der intellektuelle Ausdruck des inneren Widerspruchs der modernen Gesellschaft mit sich selbst. Nicht die kategorialen Formen dieser Gesellschaft als solche wurden kritisiert, sondern immer nur ihre jeweilige Unzulänglichkeit und »Unterentwicklung«. Einerseits ging es der Gesellschaftskritik noch lange Zeit um die immer weitere Auflösung der alten agrarisch-religiösen Ordnung und ihrer Reste; andererseits reflektierte sie den dynamischen Prozeß der neuen Ordnung selbst und proklamierte in diesem

Sinne die Ziele der »Entwicklung«. Das gilt auch noch für den Marxismus. Zwar hat Marx als einziger moderner Theoretiker auch Ansätze einer kategorialen Kritik der Moderne entwickelt, also einer Reflexion »über« die Metaphysik des Geldes. Aber dieser Gedanke konnte nicht durchgehalten werden. Solange die dynamische Entwicklung des modernen gesellschaftlichen Systems immer weiter ging, war man nur begierig darauf, was »als nächstes kommt«. Die jeweils nächste Stufe der »Entwicklung« war der Gegenstand des theoretischen Streits, nicht das metaphysische Prinzip, das Wesen oder die Logik dieser »Entwicklung« selbst.

Wie es scheint, hat sich am Ende des 20. Jahrhunderts die Situation grundlegend geändert. Nachdem der Begriff des Fortschritts schon länger seine Anziehungskraft eingebüßt hat, gilt inzwischen auch die gesellschaftskritische Theorie als obsolet – nicht nur die marxistische, sondern die Theorie überhaupt. Jedenfalls hat die Postmoderne alles, was in der bisherigen Modernisierungsgeschichte als Theorie galt, mit dem Verdacht eines »totalitären Anspruchs« von sogenannten »großen Erzählungen« oder »Großtheorien« belegt. Man will das Ganze der Gesellschaft nicht mehr anschauen und deshalb auf »Großbegriffe« verzichten, um es sich stattdessen in der theoretischen »Unbestimmtheit« gemütlich zu machen. An die Stelle der kritischen Theorie soll das unverbindliche intellektuelle Spiel treten.

Woher diese überraschende Wendung, diese »Abrüstung der Theorie«? Der Verdacht drängt sich auf, daß die theoretische Reflexion deswegen verstummt, weil die ihr zugrunde liegende gesellschaftliche Dynamik erlischt. Es gibt im planetarischen Maßstab keine traditionelle Gesellschaft mehr, von der man sich abstoßen könnte. Und es scheint so, daß auch keine neue Stufe der gesellschaftlichen Entwicklung innerhalb der Moderne mehr »kommt«, weil sich der Prozeß der ökonomischen Verwertung zu erschöpfen beginnt. Der Prozeß geht weiter, aber nur noch als negativer, als Krisenprozeß, der nicht mehr positiv mit Hoffnungen besetzt werden kann.

Die technische Entwicklung wird unvereinbar mit der modernen Metaphysik des Geldes. Aber vor dieser Stufe der Reflexion schreckt das moderne kritische Denken zurück, weil es damit seine eigenen Grenzen überwinden müßte. Ausgerechnet in dem Augenblick, in dem der reale Totalitarismus des Geldes die Wirklichkeit umfassend wie nie beherrscht, wird die gesellschaftskritische Theorie selber in ihrem Anspruch als totalitär denunziert. Sie hat ihre Schuldigkeit getan, aber jetzt soll sie das gesellschaftliche Ganze gerade in seiner Krise in Ruhe lassen. Der reale gesellschaftliche Widerspruch, der in der bisherigen Weise nicht mehr bewältigbar ist, soll einfach aus dem Denken verbannt werden. Das dunkle Ende der modernen Entwicklung wird absurderweise gefeiert als Übergang zu einem »illusionslosen Pragmatismus«. Zusammen mit der Gesellschaftskritik hört das reflexive Denken überhaupt auf.

Die Reflexions-Intelligenz verschwindet. Aber die Funktions-Intelligenz hat nicht gesiegt, sondern sie ist bloß verwaist. Weil sie von der theoretischen Reflexion zwar der Kritik ausgesetzt wurde, dabei aber immer auch Orientierung und damit neue Legitimation bezog, wird das Ende ihres strukturellen Gegenpols zu ihrer eigenen Krise. Die Funktions-Eliten laufen ins Leere, ihr Funktionieren kann die Krise der Realität nicht mehr bewältigen und endet in der Groteske. Aber das fällt gar nicht auf, weil auch das Alltagsbewußtsein in einen völlig reflexionslosen Zustand übergegangen ist. Die vielgerühmte Fähigkeit des modernen Individuums, sich selbst zu reflektieren, »neben sich« zu treten und das eigene Tun gewissermaßen virtuell von außen zu betrachten, löst sich zusehends auf. Diese Fähigkeit verschwindet, weil sie an die positive Entwicklung der modernen Gesellschaft gebunden war. Gerade an ihrem Ende ist diese Gesellschaft auf gespenstische Weise eins zu eins mit sich identisch geworden. Die postmodernen Generationen verstehen schon die Begriffe der Reflexion nicht mehr, die ihnen innerhalb weniger Jahre so fremd geworden sind wie der Totenkult des alten Ägypten. Sie sind das, was sie sind, und sonst gar nichts. Sie sind unmittelbar identisch mit ihrem banalen Tun, je unmöglicher dieses Tun wird.

Die Krise der Realität wird von der Postmoderne verdrängt, indem sie versucht, an die Stelle der Gesellschaftskritik ein simuliertes Recycling des vormodernen Bewußtseins zu setzen: Die abgerüstete Philosophie möchte ganz unschuldig zurückkehren zu den antiken Paradigmen von »Ethik« und »Lebenskunst«. Aber sie vergißt, daß die gesellschaftlichen Voraussetzungen dieses Denkens gar nicht mehr existieren. Die vormoderne unkritische Denkweise war nur möglich unter der Bedingung, daß die Gesellschaft statisch in sich ruhte und das reflexive Denken nicht etwa gleich Null, sondern auf eine göttliche Weltordnung bezogen war. Es gibt kein Zurück zu dieser Bedingung. In seinem Endstadium wird das moderne System daher zur ersten völlig reflexionslosen Gesellschaft der Geschichte. Mit der Fähigkeit zur Selbstreflexion verliert es eine Grundbedingung menschlicher Existenz. Eine Gesellschaft, die nur noch funktioniert, ist keine menschliche mehr und kann schließlich auch nicht mehr funktionieren. In einer leeren Bewegung, die jeden übergeordneten Sinn und jedes Ziel verloren hat, muß das normative Denken der »Ethik« wirkungslos verpuffen, weil es in nichts mehr verankert ist. Und die Philosophie vom »gelungenen Leben«, vom individuellen Menschen als »Kunstwerk« seiner selbst, wird zur traurigen Farce, weil sie die Krise der modernen Metaphysik ignoriert. Sie proklamiert sich als »postmetaphysisches« Denken, obwohl die reale gesellschaftliche Metaphysik der Moderne unbewältigt bleibt. Die postmoderne Selbst-Ästhetisierung findet in einem brennenden Haus statt.

GELD UND ANTISEMITISMUS

Der strukturelle Wahn
in der warenproduzierenden Moderne

1. Der Fetischismus des Geldes

Geld ist das allgegenwärtige Fluidum der Moderne, der allgemeine Schmierstoff der Gesellschaft, die flächendeckende Form der Reproduktion:»Money makes the world go round«. Geld ist auch die universelle Gestalt des Reichtums, denn mit Geld kann man/frau (vermeintlich) alles kaufen; es eröffnet den scheinbar uneingeschränkten Zugriff der Zahlungsfähigen auf die Möglichkeiten der Welt und ist deshalb auch der universelle Gegenstand des Begehrens. Aus allen diesen Gründen wird das Geld von den Ideologen der modernen Volkswirtschaftslehre gepriesen als die schlaueste und segensreichste Erfindung der Menschheit.

Geld ist aber gleichzeitig auch die Gestalt eines universellen Schreckens und als negative Kehrseite des Reichtums die Formel einer ungeheuerlichen Armut, die nicht mehr aus den Naturbedingungen erwächst, sondern künstlich durch die Gesellschaft produziert wird. Geld erscheint als eine unheimliche Macht, weil es das »abstrakte Ding« ist, gleichgültig gegen alle sinnlichen Inhalte, gegen Mensch und Natur, gegen Gefühle und persönliche Bindungen. Geld kann alles und nichts repräsentieren, es umfaßt alle Dinge der Welt und ist doch selber vollkommen leer, gewissermaßen ein ökonomisches Nirwana. In dieser gesellschaftlichen Abstraktion des

Geldes lauert ein ungeheures Destruktionspotential, sobald sie real gegen die sinnliche Welt durchgesetzt wird: »Abstraktionen in der Wirklichkeit geltend machen, heißt Wirklichkeit zerstören« (Hegel). Im Geld verkehren sich gleichzeitig auf paradoxe Weise soziale und dingliche Beziehungen: In ihrem wechselseitigen gesellschaftlichen Verhältnis repräsentieren die Menschen nicht sich selbst, sondern Quanta der abstrakten gesellschaftlichen Pseudo-Materie (Gold, Münzen, Geldscheine, Buchungsimpulse).

Marx nannte dieses absurde Verhältnis den »Fetischismus« der Warenproduktion. Das Geld entsteht nämlich erst durch eine gesellschaftliche Funktionsteilung, in der die Tätigkeit für die Reproduktion des Lebens im »Stoffwechselprozeß mit der Natur« (Marx) nicht im vorhinein bewußt gemeinschaftlich organisiert wird, sondern als getrennte Privatproduktion für anonyme Märkte stattfindet. Die Produktion wird also erst im nachhinein durch Tauschakte gesellschaftlich, als deren blindes Medium sich das Geld (die »universelle Ware«) herausgebildet hat. Das Geld repräsentiert dabei das abstrakte Gemeinsame der qualitativ völlig verschiedenen Produkte, ihren sogenannten Wert, der wiederum nichts anderes darstellt als die Menge der dafür gesellschaftlich notwendigen Verausgabung menschlicher Energie. Gesellschaftlich muß dabei von der konkreten Art und Weise dieser Verausgabung abgesehen werden, weil sie nur auf die abstrakte Äquivalenz der Waren bezogen sein kann. Von vornherein ausgerichtet auf diese abstrakte Allgemeinheit des Werts und seiner Erscheinungsform, des Geldes, wird daher die abstrakte Seite der Tätigkeit als sogenannte »Arbeit« (Verausgabung menschlicher Energie schlechthin) bestimmend, was eine »universelle Gleichgültigkeit« der Produzenten gegen den Inhalt ihrer Produktion einschließt. Hauptsache, es wird »Geld verdient«.

Natürlich bleibt der Gesellschaft und ihren Individuen die zerstörerische Kehrseite des Geldes und seiner »Realabstraktion« (Sohn-Rethel) nicht verborgen. Schon früh rief dieser Widerspruch den Versuch hervor, ideologisch »gutes« und »böses« Geld zu unterscheiden. Das destruktive und abstrakte Moment sollte abgetrennt und auf eine negative, äußerliche Macht projiziert werden, als die (im Anschluß an den religiösen Vorbehalt gegen die »Christusmörder«) seit dem Spätmittelalter die jüdischen Gemeinden definiert wurden. Der Antisemitismus will also unter Beibehaltung der Geldform deren unheimliche entsinnlichte Inhaltslosigkeit als angebliche »jüdische Eigenschaft« definieren und damit »den Juden« als Sündenböcken aufhalsen. Er ist die irrationale immanente Reaktion auf die Irrationalität des Waren- und Geldfetischismus.

2. Das Elend der Konkurrenz

Zum allgemeinen, flächendeckenden Verhältnis wird dieser Fetischismus aber erst durch die moderne Verwandlung des Geldes in Produktivkapital: Das Geld wird auf sich selber rückgekoppelt, um sich zu »verwerten« (aus einer Mark zwei zu machen) – und damit zum »automatischen Subjekt« (Marx) einer neuen Produktionsweise. »Das Medium ist die Botschaft« (McLuhan); das Tauschmittel mausert sich zum Selbstzweck, der sich sukzessive der gesamten Reproduktion bemächtigt.

In der wechselseitigen Bedingtheit von »abstrakter Arbeit« und »Verwertung des Werts« entsteht eine neue Art »negativer Vergesellschaftung«, in der die gesellschaftliche Tätigkeit individualisiert und absolut abhängig gemacht wird von den autonomen Bewegungsgesetzen des »abstrakten Dings«, auf die sich die Gesellschaftsmitglieder als »vereinzelte Einzelne« allesamt beziehen müssen. Die Menschen geraten so in ein wechselseitiges Verhältnis totaler Konkurrenz, in dem zwar die Produktivkräfte mit einer nie gekannten Dynamik entwickelt werden, aber eben in einer zwanghaften, paradoxen und destruktiven Weise, die sich in Krisen und Katastrophen entlädt.

Es ist nur folgerichtig, daß diese dynamisierte gesellschaftliche Paradoxie, deren Struktur dem klinischen Wahnsinn nicht unähnlich ist (jedoch in objektivierter gesellschaftlicher Form), eine explosive Mischung aus Angst und Begehren erzeugt. Die Befreiung von diesem strukturellen Wahn könnte nur darin bestehen, daß durch eine gesellschaftliche Bewegung emanzipatorischer Aneignung hindurch an die Stelle des Fetischismus von »Arbeit«, Wert und Geld eine neue Struktur bewußter gesellschaftlicher Selbstverständigung tritt, an der (z.B. in Form eines Systems von Räten oder Komitees) alle Menschen beteiligt sind und gemeinschaftlich über den sinnvollen Einsatz ihrer Ressourcen und Produktivkräfte entscheiden. Zu einer solchen Praxis sozialer und stofflichsinnlicher Vernunft jenseits der warenproduzierenden Moderne ist jedoch die Menschheit bis jetzt nicht durchgestoßen, nachdem die Zwangsgesetze von »Arbeit« und Geld in einem mehrhundertjährigen Prozeß von Unterdrückung, Gewalt, »Erziehung« und abstrakter »Verfleißigung« (Industrialisierung) verinnerlicht und gewissermaßen zur Tabuzone gemacht worden sind: Wer die fetischistische Grundstruktur direkt kritisiert und sie aufheben will, wird geradezu für verrückt erklärt.

In der Durchsetzungsgeschichte dieses warenproduzierenden Systems entstanden daher verschiedene immanente Bewältigungsideen und Reaktionsformen, um mit den Widersprüchen und Krisen des modernen Fetischismus auf seinem eigenen Boden (ohne wirkliche Transformation) vermeintlich fertigzuwerden. Gegen die Rationalität des Liberalismus, der (auch heute wieder) den blinden Selbstlauf der Konkurrenz propagiert und dabei das Herausfallen von wachsenden Menschenmassen in Kauf nimmt, positionierte sich die Rationalität des Staatssozialismus von Bismarck bis Lenin und von Keynes bis Castro, um die krisenhaften Wirkungen der Konkurrenz in verschiedenen, mehr oder weniger weit gehenden Systemen staatlicher Regulation (deficit spending, Sozialstaat, Staat als Generalunternehmer etc.) zu überwinden, ohne jedoch Warenproduktion, Markt und Geldform aufzuheben. Aber diese staatssozialistischen Versuche mußten in allen ihren Variationen immer wieder (und heute endgültig) scheitern, denn der Staat ist nur der andere Pol der fetischistischen abstrakten Allgemeinheit und bleibt letztlich abhängig von den blinden Gesetzen des kapitalisierten Geldes. Unter dem Dach staatlicher Regulation schwelt daher die Konkurrenz weiter und bricht mit umso größerer Gewalt wieder hervor (sowohl binnenökonomisch als auch in den Außenbeziehungen).

Weil der Staatssozialismus auf dem Boden des unaufgehobenen warenproduzierenden Systems viel zu schwach ist, um die Irrationalität der fetischistischen Struktur und des damit verbundenen Konkurrenzsystems überwinden zu können, bildeten sich gleichzeitig seit dem 19. Jahrhundert verschiedene politisch-soziale Strömungen einer irrationalen »Fortsetzung der Konkurrenz mit anderen Mitteln«, in deren ideologischem Zentrum der Antisemitismus steht: Die Projektion der abstrakten, destruktiven Eigenschaften der Geldform auf »die Juden« setzt sich fort in deren Definition als das fremde »Außen« der Konkurrenz. Die universelle Angst im »Krieg aller gegen alle« (Hobbes) bringt das Verlangen nach einem eindeutigen, in der Konkurrenz trotzdem der Konkurrenz entzogenen »Wir« hervor, das in Gestalt eines Meta-Subjekts gegen »die anderen« als ein System von sozialen Einschließungen und Ausschließungen imaginiert wird, in dem »das Jüdische« als das universelle Andere und Fremde figuriert, das alle negativen Eigenschaften von Geld und Konkurrenz auf sich vereinigt.

Der Antisemitismus nahm dabei immer wieder Elemente sowohl des Liberalismus als auch des Staatssozialismus in sich auf, um sich gesellschaftlich zu formieren (historisch in Gestalt von Faschismus und Nationalsozialismus). Darin zeigen sich sowohl die Differenzen als auch die Affinitäten und Überschneidungen von Liberalismus, Staatssozialismus und Antisemitismus, die in je verschiedener Weise dieselbe rationale Irrationalität oder denselben irrationalen Rationalismus auf dem gemeinsamen Boden des modernen Fetischsystems ausdrücken.

3. Die Naturalisierung des Sozialen

Die in der Kapitalform gesamtgesellschaftlich gewordene blinde und entfesselte Selbstbewegung des »abstrakten Dings« hat die Ideologen dieses Systems von Anfang an dazu geführt, die »zweite Natur« der fetischistischen (in ihrer Formbestimmung dem menschlichen Willen entzogenen) Vergesellschaftung mit der »ersten Natur« nicht nur analog zu setzen, sondern direkt zu identifizieren. Schon die Klassiker des Liberalismus und der »Volkswirtschaftslehre« betrachteten die blinden Gesetze von Geld und Markt ganz unbefangen als Naturgesetze. Die physikalische »Weltmaschine« des mechanischen Universums von Newton fand ihre Entsprechung in der ebenso mechanischen ökonomischen »Weltmaschine« oder anzubetenden »schönen Maschine« (Adam Smith) des Kapitals. Aus der Metaphysik des Geldes wurde die Physik des universellen Marktes. Während bei Marx im Kontext seiner Fetisch-Kritik diese Pseudo-Physik der Kategorien eines warenproduzierenden Systems noch als negativ erscheint und ihre Darstellung als radikale Kritik formuliert ist, fiel der Staatssozialismus (auch in seiner »marxistischen« Variante) auf den Positivismus der fetischistischen »Gesetzmäßigkeiten« zurück, die »unabhängig vom menschlichen Willen« als Quasi-Natur vorausgesetzt erscheinen.

Diese pseudo-physikalische Naturalisierung des Sozialen setzte sich jedoch schon bald fort in einer Biologisierung von gesellschaftlicher Entwicklung und sozialen Eigenschaften. Darwins epochemachende Entdeckung der biologischen Evolution wurde sogleich gesellschaftlich kurzgeschlossen (auch von Darwin selbst) und als pseudobiologisches »Ausleseverfahren« und »Survival of the fittest« auf die menschliche Geschichte übertragen. Dieser »Sozialdarwinismus« richtete sich gegen Behinderte und sogenanntes »lebensunwertes Leben«, das durch strenge »Rassenhygiene« (staatliche Kontrolle der Vererbung etc.) schon im Keim erstickt werden sollte. In diesem Sinne drang der Sozialdarwinismus auch tief in die marxistische Arbeiterbewegung ein und wurde von ihren führenden Ideologen (z.B. Karl Kautsky) ganz offen vertreten.

Derselbe Sozialbiologismus besetzte mit dem Slogan vom »Kampf ums Dasein« auch die Deutung der allseitigen Konkurrenz und das daraus resultierende System der sozialen Ein- und Ausschließungen. Während der Liberalismus ein individuelles sozialdarwinistisches Ausleseverfahren nach den kapitalistischen Kriterien befürwortete, entwickelte sich gleichzeitig ein umfassender biologischer Rassismus, der das angstbesetzte Syndrom der Konkurrenz ideologisch in einen Kampf von »höheren« und »niederen« Rassen umphantasierte und den Mythos von der »arischen Lichtrasse« (Graf Gobineau) erfand.

Der Antisemitismus wurde sehr schnell in dieses biologistische und rassistische Weltbild integriert. Während die sogenannten farbigen Menschen (Afrikaner, Asiaten etc.) als »unterwertige« Rassen oder »Untermenschen« definiert wurden, figurierten »die Juden« umgekehrt als die »überwertige Rasse des Bösen« und als phantasmatischer großer Gegenspieler der »Arier«. Wie der Antisemitismus vorher schon die strukturelle Negativität von »Geldherrschaft« und Konkurrenz auf ein »jüdisches« Wesen projiziert hatte, so wurden »die Juden« nun zu den biologisch von Natur aus »Anderen« schlechthin, denen das Böse der negativen und abstrakten Vergesellschaftung nicht nur historisch oder kulturell, sondern direkt in ihrer physischen, biologischen und »blutsmäßigen«, also leiblichen Existenz anhaftet. Der Antisemitismus vollendete so die in der gesamten affirmativen Ideologie des modernen warenproduzierenden Systems angelegte Naturalisierung des Sozialen und spitzte sie bis zur äußersten Konsequenz zu.

4. Arbeitszwang und Leistungswahn

Die Grundlage und gewissermaßen das innere Feuer, die bewegende Kraft der rastlosen »Verwertung des Werts« ist die abstrakte »Arbeit«, d.h. die ebenso rastlose Verausgabung menschlicher Energie unter Gleichgültigkeit nicht nur gegen die konkreten Inhalte der Verausgabung (dem Kapital und seinen Produzenten muß es im Prinzip egal sein, ob sie Schokoladentörtchen oder Tellerminen herstellen), sondern auch gegen die Folgen, »Risiken« und Nebenwirkungen der damit verbundenen (betriebswirtschaftlichen) Rationalität. Nicht bewußte menschliche Zwecke setzen sich in ebenso bewußte, gemeinschaftlich organisierte Tätigkeit um, sondern genau umgekehrt hängen die menschlichen Zwecke vom prozessierenden Selbstzweck des Werts und der »Arbeit« als seiner abstraktifizierten Bewegungsform ab. Trotz dieser Absurdität wurde der abstrakte Begriff der »Arbeit« schon seit der frühen Neuzeit zum edlen ethischen Ziel geadelt. Während in allen vormodernen Produktionsweisen die Subsumtion von Menschen unter die Abstraktion einer fremdbestimmten Tätigkeit als negativ und minderwertig galt, stieg die »Arbeit« in der »protestantischen Ethik« zum paradoxen positiven Ziel der menschlichen Selbstverwirklichung unter den Augen Gottes auf. Darin kündigte sich die Säkularisierung der Religion in Form der Unterwerfung unter die kapitalistische »Weltmaschine« an.

Sowohl der Liberalismus als auch der (marxistische)

Staatssozialismus erwiesen sich als Erben dieser »protestantischen Ethik«. Mit fortschreitender Entwicklung des warenproduzierenden Systems wurden die »Arbeit« und die damit zusammenhängenden, ebenso abstrakten »Sekundärtugenden« (Fleiß, Disziplin, Pünktlichkeit usw.) dem Selbstzweck des »abstrakten Dings« entsprechend propagiert und die Definition der »Wohlfahrt« davon abhängig gemacht, ohne Rücksicht auf die gesellschaftliche Sinnhaftigkeit und das wirkliche Wohlbefinden der Individuen. Arbeitszwang und Leistungswahn für immer absurdere »Pyramidenbauten« im Namen des zum Selbstzweck gewordenen Geldes ließen die positiven Möglichkeiten der Produktivkraftentwicklung immer wieder verpuffen.

Statt dieses fetischistische Verhältnis mitsamt seinem abstrakten Tätigkeitsbegriff anzugreifen, konnte die historische Arbeiterbewegung nur bis zu einer systemimmanenten Kritik gelangen und machte sich selber den Standpunkt der »Arbeit« zu eigen. Obwohl selber eine Abstraktion und als solche real vom abstrakten Selbstzweck des Geldes bestimmt, erschien die »Arbeit« (besonders die unmittelbare Produktionstätigkeit) als das »Konkrete« und Sinnhafte gegenüber der abstrakten Welt der Geldform. »Kapital« und »Arbeit« wurden somit nicht als die beiden Seiten derselben Medaille begriffen, sondern als äußerlicher Gegensatz. An die Stelle einer Kritik der gesellschaftlichen Fetischform trat die Kritik der »Nichtarbeit« oder der »unproduktiven Arbeit«, des »arbeitslosen Einkommens«, des »Parasitentums«, der »Arbeitsscheuen«, der »Schmarotzer« usw. Ironischerweise entwickelte der Liberalismus ganz ähnliche Kriterien, wenn auch mit anderer Besetzung (hier figurierten die unbotmäßigen und nach Verkürzung des Arbeitstages strebenden Lohnarbeiter selber als »faules Gesindel«).

Auch wenn August Bebel die antisemitische Ideologie den »Antikapitalismus der dummen Kerle« nannte, so konnte der Antisemitismus doch sowohl an die basale

»protestantische Ethik« und den liberalen Leistungswahn als auch an die daran gebundene verkürzte Kapitalismuskritik der marxistischen Arbeiterbewegung anknüpfen. »Arbeit macht frei« stand nicht umsonst über dem Tor von Auschwitz. Die Positivierung der »Arbeit« und die Brandmarkung der »Nichtarbeit«, des »Müßiggängertums« etc. mußte nur noch biologistisch aufgeladen und entsprechend zugeordnet werden, um in das antisemitische Weltbild zu passen. Dabei wiederholte sich die naturalisierende Zuordnung des Negativen: Die Afrikaner, Slawen usw. wurden als die »unterwertigen Arbeitsscheuen«, »die Juden« dagegen als die »negativ überwertigen Arbeitsscheuen« und als eigentlicher Gegenpol zum »arischen« Prinzip der »ehrlichen Arbeit« definiert.

Als angebliche Träger des »bösen« Geldes und der gesellschaftlichen Realabstraktion überhaupt wurden »die Juden« aber nicht bloß mit dem Feindbild des gehobenen »parasitären Müßiggängertums« identifiziert, sondern auch mit den Abstraktionen der reflektierenden Vernunft. Nicht umsonst hatte Marx die Logik das »Geld des Geistes« genannt. Und wie im Hause des Gehenkten nicht vom Strick gesprochen werden darf, so darf in der auf Realabstraktionen beruhenden warenproduzierenden Gesellschaft nicht die abstrakte fetischistische Form durch Reflexion versehentlich beim Namen genannt werden. Obwohl gerade der banale Alltagsverstand der »geldverdienenden« Menschen bis zur Blödsinnigkeit abstrakt denkt, wie schon Hegel gezeigt hat, ist der »abstrakte Denker« in seiner reflexiven und daher irgendwie gefährlichen Gestalt verpönt, seitdem das gesellschaftliche Bewußtsein mit zunehmender Durchsetzung des totalen »Geldverdienens« immer positivistischer geworden ist. Sowohl der liberale Pragmatismus als auch der arbeiterbewegte Vulgärmarxismus entwickelten daher zusammen mit dem Affekt gegen die jeweilige Definition von »Nichtarbeit« und »Unproduktivität« auch ein entsprechendes Maß an Intellektuellenfeindlichkeit, das der Antisemitismus auf seine Weise aufgenommen hat: Der »unproduktive« und müßiggängerische »jüdische Flaneur« oder »elegante jüdische Lebemann« wurde nahezu gleichbedeutend mit der Figur des »zersetzenden jüdischen Intellektuellen«, in dem sich die negative Kraft der Abstraktion reflexiv gegen das »gute« Prinzip der »Arbeit« wendet.

5. »Schaffendes« und »raffendes« Kapital

Die Affirmation des »guten Geldes« gegen das »böse Geld«, das Lob des »Konkreten« (das in Wahrheit nur die Konkretion der realabstrakten modernen Vergesellschaftung selber ist) gegen das »Abstrakte« und die Apotheose der »Arbeit« gegen Müßiggang und »Parasitentum« können im System der politischen Ökonomie eigentlich nur auf eines hinauslaufen: nämlich auf eine verkürzte Kritik des zinstragenden Kapitals, das mit der Negativität der ganzen Produktionsweise identifiziert wird. Obwohl das Finanzkapital logisch nur eine abgeleitete Form des Produktivkapitals und der Zins nur ein Bestandteil der industriellen Mehrwertschöpfung sein kann, erscheint in diesem flachen Verständnis allein der Zins, der für geliehenes Geld bzw. Geldkapital gezahlt werden muß, als »Abpressung des Mehrwerts« und als moralisch ungerechtfertigtes »arbeitsloses Einkommen«. Ökonomisch gesehen gelten so einzig die Geldkapitalbesitzer, Bankiers etc. als »Kapitalisten«, die industriellen Unternehmer dagegen als eine Art »leitende Selbstarbeiter« mit bloß etwas höherem Unternehmerlohn oder einer »Risikoprämie«.

Sowohl die industriellen Unternehmer selber als auch die kleinen Familienbetriebe und Handwerker, die auf Bankkredite angewiesen sind und jederzeit in die »Schuldenfalle« laufen können, neigen von ihrem immanenten Interessenstandpunkt aus leicht zu einer solchen Betrachtungsweise. Insofern ist sogar eine liberale Kritik des Finanzkapitalismus denkbar; und in der Arbeiterbewegung war es demzufolge der quasi liberale Flügel in Gestalt eines Teils der Anarchisten, der von einem eher kleinunternehmerischen Standpunkt aus oder im Sinne warenproduzierender Genossenschaftsbetriebe die »Brechung der Zinsknechtschaft« (Proudhon) verlangte. Der Arbeiterbewegungs-Marxismus lehnte diese Position zwar als kleinbürgerliche ab; aber seine eigene staatssozialistische Ideologie, die nicht die Aufhebung des fetischistischen Verhältnisses und der darin eingeschlossenen Lohnarbeit zum Ziel hatte, sondern bloß die Verstaatlichung und bürokratische Regulation des privaten Produktivkapitals, war davon nicht gar so weit entfernt. In der Praxis der marxistischen Massenagitation, zumal im Zeichen einer »Bündnispolitk« mit den diversen arbeitsamen »kleinen Warenproduzenten«, rückte der Finanzkapitalismus wie von selbst ins Zentrum der Kritik und wurde zum Generalbösewicht aufgeblasen.

Der Antisemitismus konnte aus der verkürzten Kritik des zinstragenden Kapitals besonders leicht seinen Honig saugen, denn schon seit dem Spätmittelalter galten »die Juden« als Geldwucherer (so z.B. in aggressiver und geradezu pogromhetzerischer Weise bei Martin Luther). Diese Zuordnung war darauf zurückzuführen, daß Christen laut Bibel offiziell das Zinsnehmen verboten war, während im Handelsverkehr trotzdem Kreditbedarf bestand. In vielen Städten war den jüdischen Gemeinden gleichzeitig aus Konkurrenzgründen die Ausübung von Gewerben untersagt. So verlegten sich einige jüdische Bürger notgedrungen auf Handel und Geldverleih (obwohl auch im Alten Testament die Zinsnahme verboten ist). Der jüdische Trödler und Lumpenhändler wurde sprichwörtlich, während sich an die historisch herausgebildete Existenz einiger jüdischer Bankiersfamilien (darunter die berühmten Rothschilds) ein haßerfüllter Mythos vom »jüdischen Finanzkapital« knüpfen konnte. Daß die überwältigende Mehrheit der Juden stets alles andere, bloß keine Finanzgewaltigen waren, störte dabei überhaupt nicht.

In die falsche, am Wesen des modernen Fetischismus vorbeigehende Kritik der »Zinsknechtschaft« mischten sich daher von Luthers Zeiten bis ins 20. Jahrhundert antisemitische Töne. Dabei gilt die Faustregel: Nicht alle Kritiker des zinstragenden Kapitals sind (offene) Antisemiten, aber alle Antisemiten sind Kritiker des zinstragenden Kapitals. Gewissermaßen handelt es sich um eine »politische Ökonomie des Antisemitismus«, die gleichzeitig als umfassende irrationale Weltanschauung auftritt. Diese seit Proudhon weitgefächerte Ideologie, die sich auch bei den Anthroposophen Rudolf Steiners und den Anhängern des ökonomischen Quacksalbers Silvio Gesell (wie überhaupt bei den Sektenbewegungen der Vor- und Zwischenkriegszeit) fand, wurde von den Nationalsozialisten synthetisiert und auf die Spitze getrieben. In der Gegenüberstellung von »schaffendem« und »raffendem« Kapital faßte die Nazi-Ideologie alle Momente des antisemitischen Syndroms zusammen.

Dazu gehörte auch die schon seit dem späten 19. Jahrhundert geisternde abstruse Idee von der »jüdischen Weltverschwörung«: Die Anonymität und die supranationalen Gesetze des Weltmarkts wurden dabei durch eine Analogisierung von transnationalen Finanzzusammenhängen und der »verdächtigen«, als im nationalistischen Sinne illoyal identifizierten und über die Welt verstreuten jüdischen Ghetto-Existenz dämonisiert, um für die unbegriffenen subjektlosen Wirkungen der globalen Konkurrenzverhältnisse, Kapital- und Handelsströme einen teuflischen, die Fäden ziehenden »Verursacher« hinter den Kulissen dingfest zu machen (in gewisser Weise ist der Wahn von der »jüdischen Weltverschwörung« eine Karikatur der Aufklärungsphilosophie, die ja ebenfalls die Geschichte auf bewußt handelnde Subjekte zurückführt, ohne etwas von fetischistischen Strukturen zu ahnen).

In derselben Weise erklärt die irrationale »politische Ökonomie des Antisemitismus« dann auch die kapitalistischen Krisen. Die tatsächliche innere Schranke der Akkumulation findet sich im Produktivkapital selbst: Wenn für eine gegebene industrielle Struktur die Expansionsfähigkeit der Märkte erschöpft ist und die Rationalisierung mehr Arbeitsplätze frißt, als neue geschaffen werden, können die aus vorangegangenen Produktionsperioden realisierten Gewinne nicht mehr ausreichend rentabel in zusätzlichen produktiven Investitionen angelegt werden. Diese Situation der »Überakkumulation« (Marx) des Kapitals führt einerseits zu einer krisenhaften Negativspirale von Entlassungen, Schrumpfung der Märkte usw. Andererseits strömt das nicht mehr rentabel reinvestierbare Geldkapital in die Finanzmärkte und treibt unter dem Verwertungsdruck eine Blase der Spekulation (der Kreation von fiktiven Werten) hervor, deren Platzen dann die Krise umso mehr anheizt. Die irrationale Krisentheorie, die einseitig auf das Finanzkapital fixiert ist, verkehrt nun in diesem Ablauf der Krise einfach Ursache und Wirkung: Die Spekulation, die aus der Krise des Produktivkapitals selber entstanden ist, erscheint umgekehrt als deren Ursache, und »die Spekulanten« werden zu den böswilligen Subjekten der Krise erklärt. Und da schon das Finanzkapital überhaupt als »jüdisch« definiert ist, bedarf es keiner großen Herleitung mehr, um auch die spezifische Krisenfigur des »Spekulanten« entsprechend einzuordnen. Auf diese Weise haben die Nazis mit nicht geringem propagandistischen Erfolg die Weltwirtschaftskrise von 1929-33 gedeutet.

6. Auschwitz – die deutsche Revolution

Das antisemitische Syndrom hat den Kapitalismus von Anfang an begleitet und war immer in allen Ländern des modernen warenproduzierenden Systems präsent – auch dort, wo es gar keine Juden gibt. Gerade der »Antisemitismus ohne Juden« beweist den Charakter dieser aggressiven Ideologie als irrationale Weltanschauung, die nicht aus empirischen Konflikten entstanden ist. Nicht erklärt ist damit allerdings, warum die universelle Präsenz des Antisemitismus in der modernen Welt sich nur in Deutschland bis zum Menschheitsverbrechen des Holocaust steigern konnte. Ein Moment von Unerklärlichkeit, das der reflektierenden Vernunft nicht mehr zugänglich ist, wird Auschwitz wohl für immer behalten. Trotzdem lassen sich Gründe angeben, warum das deutsche Reich zum Organisator dieses universellen Grauens werden konnte.

Erstens war Deutschland im 19. Jahrhundert unter den großen kapitalistischen Ländern der historische Nachzügler, die »verspätete Nation«. War die Modernisierung in England, Frankreich und den USA noch mit revolutionärer bürgerlicher Emphase und republikanischen Hoffnungen einhergegangen, so setzte sie in Deutschland erst zusammen mit der großen Transformationskrise der Industrialisierung bis zur Jahrhundertmitte ein. Ideologisch war die Herausbildung des modernen kapitalistischen Nationalstaats in Deutschland daher weniger mit dem vordergründig rationalen Aufklärungsdenken, sondern vielmehr bereits mit der irrationalen romantischen Gegenbewegung verbunden, die in einer widersprüchlichen Mischung modernisierende Elemente mit einer reaktionären und phantasmatischen Kritik der »abstrakten Geldwirtschaft« verband. Eine Folge davon war, daß die deutsche Nation im Gegensatz zum westlichen Rechts- und Staatsbegriff mit »völkischen« und rassischen Abstammungslehren biologistisch legitimiert wurde (bis heute ist die Staatsbürgerschaft auch der BRD in dieser Weise »blutsmäßig« definiert!). Diese ideologische und sogar juristische Grundlegung des deutschen Nationalstaats begünstigte in besonderer Weise eine irrationale, biologistische und eben auch antisemitische Gesellschafts- und

Krisentheorie. Die deutschen Eliten waren damit fast durchgehend infiziert, darunter auch Leute, von denen man es nicht vermutet hätte (z.B. Thomas Mann).

Zweitens war Deutschland bekanntlich dasjenige unter den großen kapitalistischen Ländern, das keine bürgerliche Revolution erlebte (die lächerliche und gescheiterte Episode von 1848 kann man vergessen). Die Modernisierung und Nationalstaatsbildung wurde »von oben« durch den alten absolutistischen Apparat unter Führung des besonders autoritären und militaristischen Preußen durchgezogen. Die deutsche Modernisierungsgeschichte war also nicht durch Umstürze und Revolutionen geprägt, sondern durch »Kadavergehorsam« als verinnerlichtes Massenphänomen in Familie, Schule, Fabrik und Armee. Auch die sozialistische Arbeiterbewegung war stärker als in anderen Ländern vom Geist dieser preußischen Disziplinierung durchdrungen.

Indem sich die irrationale »völkisch«-biologistische Selbstlegitimierung der »deutschen Nation« und die autoritäre preußische Tradition zusammenschlossen, braute sich in Gestalt des Nationalsozialismus ein Versuch zusammen, mit dem Antisemitismus als Staatsdoktrin die kapitalistische Welt der »Arbeit« von der Gewalt der Realabstraktion zu »befreien«; aber nicht durch soziale Gegenwehr, Revolten oder eine Revolution, sondern durch die physische Vernichtung der vermeintlichen biologischen Träger des schlechten »Abstrakten«, der parasitären »Nichtarbeit«, des »zersetzenden Intellektualismus«, des »raffenden« Finanzkapitals und des krisenverursachenden »Spekulantentums« usw. Mit einem Wort: der »deutsche Kapitalismus« (und der Kapitalismus überhaupt) sollte durch das Vergasen der Juden zu einer durch und durch »konkreten« Gesellschaft, die »Arbeit« zu einer biologisch reinen Allgemeinheit ohne das Zwangsgesetz der abstrakten Verwertung gemacht werden.

In zugespitzter Form hat der US-amerikanische Theoretiker Moishe Postone diese ungeheuerliche Absurdität des Nationalsozialismus formuliert: »Auschwitz war eine Fabrik zur Vernichtung des Werts.« Dort sollte nichts produziert, sondern die gesellschaftliche Realabstraktion der Moderne fabrikmäßig eliminiert werden, ohne sie emanzipatorisch aufzuheben. Nicht allein die millionenfache Zahl der Opfer ist es, die den Holocaust zu einer historischen Singularität gemacht hat, sondern das völlige Fehlen eines definierbaren Interessenstandpunkts, wie er in dieser oder jener Form hinter allen anderen Genoziden und Massenmorden der Modernisierungsgeschichte zu finden ist. Der Holocaust war ein fanatisch vollstreckter Selbstzweck (sogar kriegswichtige Ressourcen wurden dafür geopfert), um den Selbstzweck des Kapitals loszuwerden. Der unüberwundene Kapitalismus sollte sich mit Hilfe der Gaskammern in eine an sich selber nichtkapitalistische Form verwandeln. Insofern war Auschwitz die »deutsche Revolution« – die einzige, die in diesem Land jemals »gelungen« ist. Die kadavergehorsamen Deutschen standen stramm für diese »Revolution« und vollstreckten sie mit der Präzision eines Uhrwerks, diszipliniert in allen Sekundärtugenden. Nur in diesem Land mit dieser spezifischen Geschichte konnte das antisemitische Syndrom sich als Pseudorevolution »von oben« bis zur letzten denkbaren Barbarei steigern.

7. Krise der Arbeit und Kasinokapitalismus

In der deutschen Nachkriegsgeschichte wurde das wahre Wesen von Auschwitz niemals diskutiert und aufgearbeitet, weil dies sofort die grundsätzliche Systemfrage der Moderne ans Licht gebracht hätte. Nicht nur die kapitalistischen Eliten der BRD (die als offizieller Nachfolgestaat des »Dritten Reiches« firmierte) hatten daran kein Interesse, sondern auch für die Westmächte mit den USA an der Spitze wäre in der neuen Epoche der kapitalistischen Weltmarkt-Integration eine bis an die Wurzeln gehende Offenlegung des antisemitischen Syndroms nur lästig gewesen. Aber auch in der DDR, die ja nicht bloß äußerlich durch den Stechschritt der »Nationalen Volksarmee« unselige preußische Traditionen pflegte, blieb die Aufarbeitung des Antisemitismus äußerst oberflächlich und halbherzig, um schon bald durch eine »antizionistische«, an der Bündnispolitik der Sowjetunion mit den arabischen Staaten orientierte Propaganda überlagert zu werden.

Der Antisemitismus konnte allerdings auch deswegen nicht als Kern der Nazi-Ideologie herausgeschält werden, weil die verkürzte Kapitalismuskritik des Arbeiterbewegungs-Marxismus selber nicht an die Problematik der fetischistischen Realabstraktion heranreichte, wie sie von der antisemitischen Ideologie auf irrationale und mörderische Weise thematisiert wurde. Die sozialistischen und kommunistischen Parteien (ebenso wie die anarchistischen Strömungen) waren zwar nie die zentralen Träger des antisemitischen Syndroms, aber sie hatten doch immer wieder Berührungspunkte und unklare Beziehungen damit (dieser Sachverhaltet bildet geradezu die Geheimgeschichte des traditionellen Sozialismus). Die antisemitische Weltanschauung und Krisendeutung blieb also unaufgearbeitet und wurde in der Epoche von »Wiederaufbau« und »Wirtschaftswunder« zum »Schläfer« im gesellschaftlichen Unterbewußtsein.

Seit den 80er Jahren ist der Weltkapitalismus abermals in eine Krisenepoche eingetreten, die durch eine historisch neue Qualität von Automatisierung, Rationalisierung und Globalisierung des Kapitals im Zeichen der mikroelektronischen Revolution gekennzeichnet ist. Erstmals kann die »industrielle Reservearmee« (Marx) nicht mehr zyklisch reabsorbiert werden; die zyklische Entwicklung hat sich in eine strukturelle Überakkumulation des Kapitals verwandelt, mit der eine ständig anschwellende strukturelle Massenarbeitslosigkeit im Weltmaßstab einhergeht. Obwohl die »Krise der Arbeitsgesellschaft« ausgerufen wurde und damit eigentlich eine Grundkategorie der Moderne und ihrer realabstrakten Vergesellschaftung in Frage gestellt ist, glaubte man in den 80er Jahren noch billig davonzukommen. Die pseudo-hedonistische Kritik der »Arbeit« blieb oberflächlich und zehrte von den Nachklängen des »Wirtschaftswunders«; die Hoffnung auf eine Ausdehnung der kapitalistischen »Freizeit« bei hohen Geldeinkommen und Konsumstandards zeigte, daß der Zusammenhang von »Arbeit« und Geldform gar nicht begriffen wurde.

In den 90er Jahren kommt nun der große Katzenjammer. Nach dem staatssozialistischen Zusammenbruch, der ein Moment der neuen Weltkrise war, ist jede Grundsatzkritik des Konkurrenzsystems verstummt, während gleichzeitig der verdrängte Zusammenhang der kapitalistischen Kategorien zutage tritt: Die oberflächliche, konsumistische Kritik der »Arbeit« wird ersetzt durch den Schrei nach »Arbeitsplätzen« und eine hektische »Standort«-Debatte. Gegen die Globalisierung möchte gerade die Linke zurückflüchten in den längst obsoleten Keynesianismus, der an die nationalstaatliche Regulation gebunden ist. Diese keynesianische Nostalgie, die von der rechten Sozialdemokratie bis zu den Resten des Linksradikalismus reicht, will den fundamentalen Charakter der Krise nicht wahrhaben. Die Hoffnung, daß »Geld genug da« sei, richtet sich als irreale Forderung an den Staat, die entfesselten Finanzmärkte zurück in die nationale Gemeinschaft zu holen.

Gegen den Kasinokapitalismus eines historisch beispiellosen spekulativen Überbaus, wie er aus der strukturellen Überakkumulation des Kapitals hervorgegangen ist, werden hilflos »produktive Investitionen« eingeklagt. Auf dem Parteitag der SPD Anfang Dezember 1997 forderte der Vorsitzende Lafontaine, »gegen die Spekulanten« vorzugehen. In dieses Horn blasen in ganz Europa (und weltweit) Gewerkschaften, Grüne, Sozialisten, Kommunisten usw. Sie sind sicherlich (noch) keine Antisemiten, aber sie mobilisieren alle, aber auch wirklich alle Motive der »politischen Ökonomie des Antisemitismus«, statt vom untergegangenen schwachen Paradigma des Staatssozialismus zu einer aufhebenden emanzipatorischen Kritik der fetischistischen Realabstraktion zu gelangen.

Die keynesianische Nostalgie der Linken wird so zum unfreiwilligen Schrittmacher eines neuen, in seiner Erscheinungsform noch unklaren antisemitischen Schubs der phantasmatischen Krisendeutung. Am rechten Rand des Konservatismus, im rechtsradikalen Spektrum, bei Skinhead-Banden, in der Bundeswehr usw. blühen bereits offen die antisemitischen Parolen und »Vorfälle«. Niemals in den vergangenen fünfzig Jahren war es so deutlich wie heute, daß der Antisemitismus nur zusammen mit dem Kapitalismus verschwinden kann. In der Krise wird diese elementare Wahrheit abgerufen. Der »Schläfer« erwacht, die Dämonen kehren zurück.

Der Knall der Moderne

Innovation durch Feuerwaffen, Expansion durch Krieg: Ein Blick in die Urgeschichte der abstrakten Arbeit

Hartnäckig hält sich das aufklärerische Gerücht, das Waren produzierende System der Moderne habe seinen Ursprung in einem »Prozess der Zivilisation« (Norbert Elias), es sei im Gegensatz zur Totschlägerkultur des so genannten Mittelalters ein Produkt friedlichen Handels und Wandels, bürgerlichen Fleißes, wissenschaftlicher Neugierde, wohlfahrtssteigernder Erfindungen und wagemutiger Entdeckungen gewesen. Und als Träger all dieser schönen Dinge könne das moderne »autonome Subjekt« gelten, das sich aus ständisch-agrarischen Bindungen zur »Freiheit des Individuums« emanzipiert habe. Nur zu dumm, dass die aus einer solch geballten Ladung von schieren Tugenden und Fortschritten hervorgegangene Produktionsweise von Massenarmut und globaler Verelendung, Weltkriegen, Weltkrisen und Weltzerstörung gekennzeichnet ist.

Die wirklichen destruktiven und mörderischen Resultate der Modernisierung verweisen auf einen anderen Anfang als den offiziellen aus der ideologischen Kinderfibel. Seitdem Max Weber auf den geistigen Zusammenhang von Protestantismus und Kapitalismus hingewiesen hat, ist die Urgeschichte der Moderne erst sehr grob und keineswegs kritisch klassifiziert worden.

Mit einer gewissen »bürgerlichen Schläue« hat man die Motive und Entwicklungen, von denen die moderne Welt hervorgebracht wurde, weitgehend ausgeblendet, um die Morgenröte der bürgerlichen Freiheit und der Entfesselung des Waren produzierenden Systems in falscher Reinheit erstrahlen zu lassen.

Es gibt allerdings einen zum offiziellen Geschichtsbild konträren historischen Ansatz, der erkennen lässt, dass die wirklichen Ursprünge des Kapitalismus in der frühen Neuzeit keineswegs einer friedlichen Ausdehnung der Märkte geschuldet, sondern wesentlich kriegsökonomischer Natur waren. Tatsächlich gab es Geld und Warenbeziehungen, Fernhandel und Märkte schon seit der Antike in manchmal kleinerem, manchmal größerem Umfang, ohne dass daraus aber jemals ein totalitäres System von Markt- und Geldwirtschaft wie in der Moderne entstanden wäre. Es handelte sich dabei immer nur, wie Marx festgestellt hat, um eine ökonomische »Nischenform« am Rande agrarischer Naturalwirtschaften. Dass der eigentliche take off eines Systems, in dem das Geld als »automatisches Subjekt« (Marx) auf sich selbst rückgekoppelt wird, nicht allein in der ideellen Revolution des Protestantismus, sondern auch in der Feuerwaffen-Innovation des frühmodernen Militärwesens zu suchen sein könnte, erscheint als Faktum und Gedanke durchaus bis zu einem gewissen Grad auch in Max Webers Untersuchungen.

Aber Weber hatte als notorischer Ideologe des alten deutschen Imperialismus offensichtlich kein Interesse, diesen Gedanken zuzuspitzen und zu systematisieren. Schon 1913 hatte der Sozial- und Wirtschaftshistoriker Werner Sombart in seinem Werk »Krieg und Kapitalismus« explizit auf die kriegsökonomischen Wurzeln der Moderne aufmerksam gemacht. Aber auch er führte diesen Ansatz nicht weiter, weil er schon kurze Zeit später selbst zu den führenden Kriegsideologen gehörte und anschließend als dezidierter Antisemit zu den Nazis überging. Es dauerte mehr als ein halbes Jahrhundert, bis der Zusammenhang von kapitalistischer Genesis und »politischer Ökonomie der Feuerwaffen« erneut aufgegriffen wurde, so vom Ökonomen Karl Georg Zinn (»Kanonen und Pest«, 1989) im deutschen und vom Neuhistoriker Geoffrey Parker (»Die militärische Revolution«, 1990) im englischen Sprachraum. Allerdings sind auch diese Untersuchungen nicht frei von apologetischen Zügen, obwohl sie vernichtendes Material enthalten. Das seit der Aufklärung tradierte schönfärberische Weltbild der Modernisierung darf weiter die Köpfe verkleistern.

Defizite des historischen Materialismus

Man sollte meinen, dass die radikale Gesellschaftskritik Marxscher Provenienz dafür prädestiniert gewesen wäre, den von der bürgerlichen Theorie liegen gelassenen Ansatz aufzugreifen und weiterzuentwickeln. Schließlich war es Marx, der nicht nur die destruktive Funktionslogik des »automatischen Subjekts« und die darin eingeschlossene, von den Bedürfnissen losgelöste Tätigkeitsform der »abstrakten Arbeit« analysiert, sondern auch – etwa im Kapitel über die »so genannte ursprüngliche Akkumulation« – die alles andere als zivilisatorische Vorgeschichte des Kapitalismus ungeschminkt dargestellt hat.

Freilich bleibt auch in dieser Darstellung der kriegsökonomische Ursprung der Kapitallogik unterbelichtet. Und der Marxismus nach Marx hat diesen Ansatz nicht wieder aufgenommen; die vorindustrielle Konstitutionsgeschichte des Waren produzierenden Systems war ihm unheimlich, weil seltsam uneindeutig im Sinne der eigenen Doktrin.

Es gibt nämlich in der Marxschen Theorie selbst einen Grund, warum auch der Marxismus den für die bürgerlichen Apologeten unangenehmen Zusammenhang verdrängen musste. Denn ein wesentliches Moment im Konstrukt des historischen Materialismus besteht darin, die Geschichte als eine Abfolge von »notwendigen« Entwicklungsstufen zu deuten, in der auch dem Kapitalismus sein Platz und sogar eine »zivilisatorische Mission« (Marx) zugestanden wird. Zu diesem von der bürgerlichen Aufklärungsphilosophie und von Hegel geerbten Konstrukt, das bloß materialistisch gewendet und sozialistisch verlängert wurde, passt aber äußerst schlecht eine völlig antizivilisatorische Gründungsgeschichte, in der das Kapital – wie Marx sagt – »aus allen Poren blut- und schmutztriefend« zur Welt gekommen ist.

Erst recht widerspricht es dem historischen Materialismus, wenn die Verwertungslogik und die abstrakte Arbeit nicht durch Produktivkraftentwicklung »aus dem Schoß« der vormodernen Agrargesellschaft geboren wurden, sondern ganz im Gegenteil als schiere »Destruktivkraftentwicklung«, die sich äußerlich als fremdes Prinzip erstickend über die agrarische Naturalwirtschaft legte, statt diese über ihre Beschränktheit hinaus weiterzuentwickeln.

Um das metatheoretische, geschichtsphilosophische Schema zu retten, haben auch die Marxisten die Vor- und Urgeschichte der kapitalistischen Konstitution im Dunkeln gelassen bzw. kontrafaktisch klassifiziert. Offensichtlich war dabei die Angst bestimmend, womöglich einem reaktionären Denken Vorschub zu leisten. Aber das ist eine falsche Alternative, wie sie stets von neuem aus den Widersprüchen bürgerlicher Ideologie hervorgeht. Aufklärerische Fortschrittsmythologie einerseits, reaktionärer Kulturpessimismus und Agrarromantik andererseits sind nur die beiden Seiten derselben Medaille. Beiden Denkweisen liegt das Bedürfnis nach einer positiven Ontologie zugrunde.

Wenn aber der negatorische Impuls durchgehalten wird, »alle Verhältnisse umzuwerfen, in denen der Mensch ein erniedrigtes Wesen ist« (Marx), bedarf es keines ontologischen Konstrukts mehr. Daraus könnte gefolgert werden, dass die Essentials des historischen Materialismus im Grunde genommen nur für eine einzige Gesellschaftsformation gelten, nämlich die kapitalistische. Abgesehen davon stellt sich natürlich die Frage, wie eigentlich die kapitalistische Produktionsweise aus der »politischen Ökonomie der Feuerwaffen« hervorgegangen ist.

Unritterliche Waffen

Irgendwann im 14. Jahrhundert muss es irgendwo in einer südwestdeutschen Alchimistenküche einen gewaltigen Knall gegeben haben; eine unvorsichtig zusammengestellte Mischung aus Salpeter, Schwefel und anderen Chemikalien flog in die Luft. Der wissbegierige Mönch, der dieses Experiment veranstaltete, hieß Berthold Schwarz. Genaueres wissen wir nicht von ihm. Aber jene Explosion ist wahrscheinlich der eigentliche Urknall der Moderne gewesen. Die Chinesen kannten das Schießpulver übrigens schon lange vorher und nutzten es außer für prachtvolle Feuerwerke gelegentlich auch militärisch. Aber sie kamen nicht auf die Idee, mit Hilfe dieses Explosivstoffes weit tragende Distanzwaffen für Projektile herzustellen, deren Wirkung im wahrsten Sinne des Wortes durchschlagend war. Diese Anwendung blieb den frommen Christen Europas vorbehalten. Nachgewiesen ist der Einsatz eines Geschützes erstmals für das Jahr 1334, als Bischof Nikolaus I. von Konstanz damit die Stadt Meersburg verteidigen ließ.

Damit war die »Feuerwaffe« geboren, bis heute das allgemein gebräuchliche Mordwerkzeug. Diese Basisinnovation der Moderne zog zunächst jene »militärische Revolution« (Parker) nach sich, die den historischen Aufstieg des Westens kennzeichnen sollte. Schon im Mittelalter hatte man die Folgen von wirksamen Distanzwaffen für die traditionelle gesellschaftliche Ordnung geahnt. Einschlägige ideologische Vorbehalte wurden geltend gemacht, als um das Jahr 1000 aus dem Orient die Armbrust als neuartige Distanzwaffe auftauchte. Das zweite Lateranische Konzil verbot 1129 den Einsatz dieses Kriegsinstruments als »unritterliche Waffe«. Nicht umsonst wurde seither die Armbrust zur Hauptwaffe der Räuber, Outlaws und Rebellen.

Die Feuerwaffe machte das stolze gepanzerte Rittertum vollends militärisch lächerlich. Noch im Dreißigjährigen Krieg lässt Grimmelshausen seinen »Simplicissimus« über die eigene militärische Karriere vom Waldbauernkind zum Offizier sagen: »Aber diese Ursach macht mich so groß, dass jetziger Zeit der geringste Roßbub den allertapfersten Helden von der Welt totschießen kann, wäre aber das Pulver noch nit erfunden gewesen, so hätt ich die Pfeife wohl im Sack müssen stecken lassen.«

Allerdings befanden sich die »Feuerrohre« nicht mehr in den Händen von Außenseitern. Denn sobald sich die Möglichkeiten der neuen Waffentechnik abzeichneten, gab es kein Halten mehr. Aus Furcht, ins Hintertreffen zu geraten, rissen sich die großen und kleinen Herrscher um die explosiven Wunderwaffen. Da hätte kein Konzil mehr geholfen. Wie ein Lauffeuer verbreitete sich das know how der neuen Vernichtungsmaschinen. Besonders in den oberitalienischen Städten der Renaissance mit ihrer relativ fortgeschrittenen handwerklichen Kunstfertigkeit schritt auch die Technologie der Feuerwaffen rascher als anderswo voran. Alle Leistungen und Entdeckungen in dieser Geburtsepoche der modernen Welt wurden überlagert von der Kunst, Kanonen zu bauen und einzusetzen.

Am Anfang des 16. Jahrhunderts beschreibt der norditalienische Theoretiker Antonio Cornazano diese alles entscheidende Rolle der Feuerwaffen, er besingt die Kanone geradezu und bezeichnet sie recht persönlich als »Madama la bombarda, die zum Sohn das Gewehr hat. Diese teuflische Kunst hat alle anderen ausgeschaltet und öffnet den Feinden die befestigten Städte und macht mit ihrem Dröhnen ganze Armeen erzittern.« (Zit. nach: zur Lippe 1988, 37)

Immer bessere Gewehre wurden gebaut und vor allem immer größere Kanonen, die immer weiter schießen konnten. Die größten Feldgeschütze bekamen sogar Eigennamen. Im Gegenzug entwickelte sich die Technik des Festungsbaus. So war der erste Schub der Modernisierung identisch mit einem Rüstungswettlauf und dieser Vorgang hat sich bis heute geradezu als Wesensmerkmal der Moderne periodisch wiederholt. Je größer und technologisch ausgereifter aber die Kanonen und Bollwerke wurden, desto deutlicher trat auch der gesellschaftsverändernde Charakter der »militärischen Revolution« zutage.

Die herausgelöste Militärmaschine

Es stellte sich sehr schnell heraus, dass die Innovation der Feuerwaffen keineswegs bloß auf eine Veränderung der militärischen Technologie beschränkt blieb. Die daraus folgende Umwälzung in der Organisation und Logistik des Krieges schnitt noch viel tiefer in die Verhältnisse ein. Bis dahin waren in fast allen agrarischen Gesellschaften die bürgerliche und die militärische Organisationsform der Gesellschaft weitgehend identisch gewesen. In der Regel war jeder freie Vollbürger auch eine kriegspflichtige Militärperson. Ein Heer sammelte sich nur, wenn die jeweilige oberste Instanz in Gestalt von Kaiser, König, Herzog, Konsul usw. die Männer »zu den Waffen rief«, um einen Kriegszug zu führen. Zwischen diesen Gelegenheiten existierte normalerweise kein nennenswerter militärischer Apparat. Zwar hatten einige Großreiche wie das chinesische oder das spätrömische bereits mehr oder minder starke Armeen ständig unter Waffen. Aber so aufwendig diese militärische Dauerbelastung des Öfteren auch sein mochte, sie konnte doch die allgemeine Produktions- und Lebensweise nur äußerlich berühren.

Der entscheidende Unterschied liegt im Problem der

Ausrüstung. Der vormoderne Krieger brachte seine Waffen mit und trug sie auch im Alltag oder bewahrte sie zu Hause auf. Helm, Schild und Schwert konnten nahezu in jeder Dorfschmiede produziert werden. Und jeder Hirtenjunge wusste, wie man Pfeil und Bogen oder eine Schleuder herstellt. Auch die gesamte Logistik der Kriegführung konnte dezentral organisiert werden. Dies entsprach ganz den weitgehend dezentralen Verhältnissen in einer agrarischen Hochkultur. Die Zentralgewalt, selbst die despotische, war hier immer nur begrenzt wirksam, und ihr Arm reichte kaum in das alltägliche Leben hinein.

Damit war es nun für immer vorbei. Musketen und vor allem Kanonen konnte man nicht mehr in jedem Dorf herstellen und zu Hause aufbewahren oder sie gar gewohnheitsmäßig bei sich tragen. Das Mordwerkzeug war plötzlich überdimensional geworden und überstieg den Rahmen der menschlichen Verhältnisse. In der Kanone finden wir also gewissermaßen den Archetypus der Moderne, nämlich das Werkzeug, das seinen Schöpfer zu beherrschen beginnt. Es entstand eine neuartige Rüstungs- und Todesindustrie, die das Urbild oder die Matrix der späteren Industrialisierung bildete und deren Leichengeruch die modernen Gesellschaften einschließlich der Weltmarktdemokratien unserer Tage nie mehr losgeworden sind.

Der militärische Apparat begann, sich von der bürgerlichen Organisation der Gesellschaft loszulösen. Das Kriegshandwerk wurde zum spezialisierten Berufsstand und die Armee zu einer ständigen Einrichtung, die die übrige Gesellschaft zu dominieren begann, wie Geoffrey Parker in seiner Untersuchung zeigt: »Im Zusammenhang mit dieser Entwicklung nahm die Größe der Armeen in ganz Europa zu, die bewaffneten Streitkräfte einiger Staaten wuchsen zwischen 1500 und 1700 um das Zehnfache, und die Strategien für den Einsatz dieser größeren Armeen wurden ambitionierter und komplexer (...) Schließlich führte die militärische Revolution dazu, dass sich die Auswirkungen des Krieges auf die Gesellschaft in dramatischer Weise verschärften: Die Kosten stiegen, die Schäden mehrten sich und die größeren Armeen stellten höhere Anforderungen an die Verwaltung.« (Parker 1990, 20)

Auf diese Weise wurden die gesellschaftlichen Ressourcen in einem nie dagewesenen Umfang für militärische Zwecke umgeleitet. Sicherlich hatte es auch früher schon gelegentlich eine Art Vergeudungsmilitarismus gegeben, aber niemals derart dauerhaft und mit einem derart hohen Anteil am Sozialprodukt. Der neue Rüstungs- und Militärkomplex entwickelte sich rasch zum unersättlichen Moloch, der ungeheure Mittel verschlang und dem die besten gesellschaftlichen Möglichkeiten geopfert wurden. Trotz oder gerade wegen ihrer vielen Heldengesänge und ihres kriegerischen Habitus waren die vormodernen Kulturen in einem viel geringeren Ausmaß auf Rüstungskonsum zugeschnitten gewesen, und ihre Kriege könnten fast wie harmlose Raufereien erscheinen.

Karl Georg Zinn zieht in dieser Hinsicht einen für die Moderne wenig schmeichelhaften Vergleich: »Gemessen an der waffentechnischen Entwicklung vom 14. Jahrhundert an stellte das Mittelalter (...) eine relativ schwächliche Militärmacht bereit. Krieg und Rüstung belasteten die Gesellschaft im Mittelalter weitaus weniger als in der Neuzeit. Der Anteil des landwirtschaftlichen Mehrprodukts, der für die Vernichtungszwecke verbraucht wurde, blieb während des Mittelalters relativ gering, sonst hätten weder die für den agrartechnischen Fortschritt notwendigen Investitionen erfolgen können noch wären so viele Kathedralen, neue Städte und Stadtbefestigungen errichtet worden. Vor allem sticht aber beim Vergleich von Mittelalter und Neuzeit die grundlegend verschiedene Qualität des technischen Fortschritts hervor: landwirtschaftliche Neuerungen im Mittelalter und städtische Rüstungs- und Luxustechnik bei Vernachlässigung der Landwirtschaft in der Neuzeit.« (Zinn 1989, 58)

»Madama la bombarda« verschlang aber nicht nur einen unverhältnismäßig großen Teil des gesellschaftlichen Produkts, sondern sie gab auch der bis dahin sehr begrenzten Geldwirtschaft den entscheidenden Schub. Vermittels der steigenden landwirtschaftlichen und handwerklichen Produktivität allein wäre dieser Durchbruch des Geldes zur beherrschenden anonymen Macht niemals möglich gewesen. Über die Jahrtausende hinweg hat es zwar immer wieder technische Neuerungen gegeben. Aber in der Regel zogen es die Menschen vor, den Produktivitätsgewinn für Mußezeit und sinnliches Wohlleben statt für die Akkumulation von Geldkapital zu verwenden. Eine derart verrückte Form der Entwicklung von Produktivkräften konnte nur zwangsweise von außen durchgesetzt werden. Und die aus der Gesellschaft herausgelöste neue Rüstungs- und Militärmaschine bot die besten Voraussetzungen dafür.

Weil die Produktion der Feuerwaffen nicht mehr dezentral im Rahmen der agrarischen Haus- und Naturalwirtschaft zu betreiben war, musste sie gesellschaftlich konzentriert werden. Dasselbe galt für die stehenden Heere und Militärapparate, deren Angehörige nunmehr hauptberufliche Killer waren und sich aus keiner eigenen hauswirtschaftlichen Produktion mehr ernähren konnten. Das einzig mögliche Medium für die Reproduktion der herausgelösten Militärmaschine war das Geld. Der Abstraktion des Feuerwaffen-Apparats von den materiellen gesellschaftlichen Bedürfnissen entsprach die Abstraktionsform Geld als adäquates Medium. Die permanente Rüstungsökonomie der Kanonen und strukturell verselbständigten Großarmeen wurde also gesellschaftlich in eine entsprechende Ausdehnung der Geldvermittlung übersetzt. Sie speiste sich zwar aus verschiedenen Quellen, die aber allesamt den Konsequenzen der »militärischen Revolution« entsprangen.

Kriegsfinanziers, Condottieri und Landsknechte

Die frühmodernen Söldnerführer (Condottieri) ebenso wie ihre Untergebenen, die einfachen Kanoniere und Musketiere, waren die ersten ganz aus der agrarischen naturalen Reproduktion freigesetzten und also bindungslos gewordenen Subjekte. Damit bildete ihre Daseinsform den Prototyp der Subjektform überhaupt, die erst in der Moderne als Abstraktion der Tätigkeit von den Bedürfnissen zum allgemeinen gesellschaftlichen Prinzip werden sollte.

In den Analysen des Kulturhistorikers Rudolf zur Lippe wird deutlich, wie sich die neuen blutigen »Handwerker des Todes« in die Urformen der modernen Lohnarbeit und ihres Managements verwandelten: »Die Planung von Kriegshandlungen (...) war bereits unter dem Primat von Gewinnkalkulation gebändigt. Ritterliche Ehrenvorstellungen und standesgemäßes Draufgängertum waren dafür nicht gefragt. (...) Der nicht funktionalisierte Rest feudaler Haltung, das heißt unmittelbarer Bezüge auf Personen und Sachen, für die man kämpfte, verschwand von einer Generation ›letzter Ritter‹ zur nächsten immer mehr. (...) Tatsächlich hatte die Masse der Krieger sich in Soldaten, das heißt Soldempfänger, verwandelt und die Führer wurden aus den Kassen der Staaten und Kontore bezahlt. Die erste technische Erfindung, die von einschneidender praktischer Bedeutung war, wurde auf dem Gebiet eingeführt, in dem längst so etwas wie abstrakte Arbeit, beliebig auswechselbare Lohnempfänger existierten: Die Kanone entsprach technisch dem Ziel von Kriegen, in denen es um etwas so vergleichsweise Abstraktes wie die Akkumulationschancen des Handelskapitals ging. (...) Da die Anzahl von Landsknechten in einer Streitmacht nur noch repräsentierte, wie viele der Auftraggeber bezahlen konnte, war die abstrakte Zusammenfassung von Schlagkraft in der Vernichtungsmaschine Kanone die logische Konsequenz.« (zur Lippe 1988, 37)

Für den Zusammenhang von Feuerwaffen-Innovation und abstrakter Arbeit war freilich nicht das alte Handelskapital die logische causa prima, wie es hier noch im Sinne einer Ontologie des historischen Materialismus behauptet wird. Nicht die abstrakte Tötungsmaschine Kanone entsprach einem bereits abstrakten Akkumulationsinteresse des Handelskapitals, sondern umgekehrt war die Entstehung dieser Interessenform selbst der »militärischen Revolution« und ihren gesellschaftlichen Folgeprozessen geschuldet.

An diesem Punkt müsste der historische Materialismus an sich selber irre werden, denn seine Unterstellung einer »ökonomischen Basis«, in diesem Fall des frühmodernen Handelskapitals, geht dabei nicht konform mit einer Dialektik von »Produktivkräften und Produktionsverhältnissen«, die in Wahrheit erst ein spätes Resultat der kapitalistischen Produktionsweise war. Welches sollen denn die Produktivkräfte gewesen sein, die ihrerseits das abstrakte Akkumulationsinteresse des frühmodernen Handelskapitals hervorgebracht haben? Der Kompass vielleicht oder die Erfindung der Brille? Es gibt den unterstellten Kausalnexus hier noch gar nicht.

In Wahrheit konnte das abstrakte Akkumulationsinteresse und damit das freie Unternehmertum der modernen Geldwirtschaft gar nicht unmittelbar aus den mittelalterlichen städtischen Kaufleuten und Handwerkern hervorgehen. Denn diese Gruppen in den Nischen der Agrargesellschaft blieben durch Gilden und Zünfte in ein borniertes System wechselseitiger Verpflichtungen und Traditionen eingebunden. Die entsprechenden Märkte waren nicht durch freie Konkurrenz gekennzeichnet, ebenso wenig durch eine abstrakte Akkumulationslogik. Erst in dem Maße, wie Clans von Kaufleuten – z.B. die berüchtigten Fugger – zu Kriegsfinanziers der Feuerwaffen-Herrschaft aufstiegen, wurde das Interesse auf schiere Geldakkumulation umgeschaltet. Als Gläubiger der Fürsten waren diese Finanziers an einer möglichst exorbitanten, zu versilbernden Kriegsbeute interessiert. Dieses von allen gesellschaftlichen Bindungen losgelöste abstrakte Gewinnkalkül wiederholte sich bei den Söldnerführern. Die abstrakte Rationalität der modernen Betriebswirtschaft kam aus den Gewehrläufen und Kanonenrohren von berufsmäßigen Mordbrennern, nicht aus dem Interesse an gesellschaftlicher Wohlfahrt.

Die Betätigung der Musketen und Kanonen war gewissermaßen die Frühform der »abstrakten Arbeit«. Vor diesem Ausdruck stutzen noch heute die meisten Menschen, obwohl nicht schwer zu begreifen ist, was er sagen will. »Abstrakte Arbeit« ist eine Tätigkeit, die gegen Geld verrichtet wird und bei der das Geldinteresse entscheidend, also der Inhalt relativ gleichgültig geworden ist. In der Urform moderner Geldsubjektivität ging diese Gleichgültigkeit unmittelbar bis zur Vernichtung, wobei auch die eigene in Kauf genommen wurde. Die Objektivierung der Welt für eine gleichgültige Plusmacherei schloss die Selbstobjektivierung durch das Todesrisiko ein. Das identische Subjekt-Objekt der Geschichte waren prototypisch die Todesunternehmer und Todesarbeiter gleichermaßen, die Söldnerführer alias Manager ebenso wie die Soldaten alias Lohnarbeiter. Es ist gleichgültig, gegen wen und wofür man Krieg führt, in welchen Produktionszweig investiert wird, welche Art von Arbeit man verrichtet, Hauptsache, die Kohle stimmt, mag darüber auch die eine oder andere Welt zugrunde gehen.

Dieser Nihilismus des Geldes verkleidete sich zuerst noch in Bilder des bäuerlichen Lebens. Vor der »Kohle« war das »Heu« der Slang-Ausdruck für das abstrakte Geldinteresse. »Geld wie Heu« wollte man »machen«, sonst war alles egal, wie ein Lied der Landsknechte verrät:

Wir haben keine Sorgen
Wohl um das röm'sche Reich
Es sterb heut oder morgen,

Das gilt uns alles gleich.
Und ging es auch in Stücke,
Wenn nur das Heu gerät,
Draus drehen wir ein Stricke,
Der es zusammen näht.

Die einfachen Soldaten in den entstehenden Militärapparaten verrohten und wurden gleichzeitig mangels eigener Produktionsmittel sozial degradiert. Sie waren auch die Ersten, die arbeitslos werden konnten. Wenn kein Geld mehr in den Kassen der Kriegsherren war, schmolzen die Arbeitsplätze in den Armeen dahin. Viele Musketiere und Kanoniere wurden Opfer von Massenentlassungen; sie standen dann ohne jede Absicherung buchstäblich auf der Straße und waren gefürchtet als herumstromernde Bettler, Räuber und Gelegenheitstotschläger. Der Typus des entwurzelten und oft arbeitslosen Soldaten war eine Massenerscheinung.

Monetarisierung der Gesellschaft

Kriegsbeute und Verschuldung bei den handelskapitalistischen Kriegsfinanziers waren aber unzureichend, um die Militärmaschine am Laufen zu halten. In demselben Maße, wie diese Maschine gefüttert werden musste, wurde die gesamte gesellschaftliche Reproduktion für diesen Zweck abgeschöpft und eben deshalb gleichzeitig der Geldform unterworfen. Zunächst hieß das, die bisherigen naturalen Abgaben zu monetarisieren. War die naturalwirtschaftliche Steuer noch an den realen agrarischen Ertrag gebunden, so abstrahierte die Geldsteuer völlig von den natürlichen Bedingungen und übertrug damit die Logik des militärischen Apparats auf den lebensweltlichen Alltag.

Der unersättliche Geldhunger der Feuerwaffenherrschaft wurde zum bestimmenden Moment. Nach neueren

Berechnungen stieg die steuerliche Belastung zwischen dem 15. und dem 18. Jahrhundert um nicht weniger als 2200 Prozent. Dass dieses Aufzwingen der Geldform die Menschen demoralisierte, geht aus zahlreichen Zeugnissen hervor.

Noch Rousseau erzählt in seinen autobiographischen »Bekenntnissen«, wie er in seiner Jugend auf der Vagabondage durch Europa die Leiden der ausgepowerten Landbevölkerung kennen lernte:

»Nach mehreren Stunden (...) trat ich, müde und vor Hunger und Durst fast sterbend, bei einem Bauern ein. (...) Ich bat den Bauern, mir ein Mittagessen gegen Bezahlung zu geben. Er bot mir abgerahmte Milch und grobes Gerstenbrot an und sagte mir, das sei alles, was er habe. (...) Der Bauer, der mich ausfragte, schloss aus meinem Appetit auf die Wahrheit meiner Angaben. Nachdem er erklärt hatte, er sehe wohl, dass ich ein guter, ehrlicher junger Mann sei und nicht gekommen, um ihn zu betrügen, öffnete er eine kleine Falltür neben seiner Küche, stieg hinab und kam einen Augenblick danach mit einem (...) sehr einladenden Schinken und einer Flasche Wein zurück. (...) Dazu fügte er noch einen ziemlich dicken Eierkuchen. (...) Als es zum Bezahlen kam, erfasste ihn seine Unruhe und seine Furcht wieder, er wollte kein Geld, sondern wies es mit außerordentlicher Verlegenheit zurück, (...) und ich konnte mir nicht denken, wovor er sich fürchtete. Endlich stieß er schaudernd die schrecklichen Worte: ›Kommissar‹ und ›Kellerratten‹ hervor. Er gab mir zu verstehen, dass er seinen Wein wegen der Beamten, sein Brot wegen der Steuer verstecke und dass er ein verlorener Mann sei, wenn man den Verdacht hege, dass er nicht Hungers sterbe. (...) Ich verließ sein Haus, so entrüstet wie gerührt, und beklagte das Los dieser schönen Gegenden, an die die Natur ihre Gaben verschwendet hat, um sie zur Beute der barbarischen Steuerpächter zu machen.«

Diese Steuerpächter bildeten nach den Kriegsfinanziers

und Condottieri einen weiteren Prototypen des freien Unternehmertums, indem sie dem Staat gegen eine Pauschale das Recht zur Eintreibung des Geldes abkauften. Und wer nicht bezahlen konnte, dem wurde vom Gerichtsvollzieher notfalls die letzte Kuh oder das Handwerkszeug konfisziert, um daraus Geld zu machen.

Aber auch die Verwandlung der Naturalleistungen in Geldsteuern und deren exorbitante Erhöhung konnte den Geldhunger der Kriegsmaschinen nicht befriedigen. Die Militärdespotien der Modernisierung gingen dazu über, eigene Produktionsunternehmen außerhalb der Gilden und Zünfte zu gründen, deren Zweck nicht mehr Bedürfnisbefriedigung, sondern einzig und allein Geldbeschaffung war. Diese staatlichen Manufakturen und Plantagen produzierten erstmals für einen großräumigen anonymen Markt, der schließlich zur Voraussetzung der freien Konkurrenz werden sollte. Und weil sich niemand freiwillig für die billige Lohnarbeit hergab, setzte man Sträflinge, gefangen gehaltene Geisteskranke und in der Peripherie auch Sklaven ein. Es wurden sogar eigens Delikte erfunden, um massenhaft Zwangsarbeiter zu bekommen. Die Herren Direktoren der neuen Zucht- und Arbeitshäuser für den im Zuge der gesellschaftlichen Zwangsmonetarisierung entstehenden freien Markt vervollständigte die illustre Gesellschaft von Prototypen des freien Unternehmertums.

Krieg zur Staatsbildung

Die Condottieri, die sich und ihre Privatarmeen an den meistbietenden Stadt- oder Landesherrn verkauften, waren eine Übergangserscheinung. Bald nahmen die zunächst nur als Auftraggeber in Erscheinung tretenden fürstlichen Administrationen die Sache selbst in die Hand. Was später zum Entwicklungsgesetz der modernen Ökonomie werden sollte, setzte sich zuerst auf der Ebene der mit Feuerwaffen Krieg führenden Mächte durch; die großen Fische fraßen die kleinen.

Einmal durch die selbst tragende Dynamik der »militärischen Revolution« in Gang gesetzt, prallten die frisch gebackenen frühmodernen Staatsgebilde in einer Expansionsbewegung aufeinander. In bis dahin beispiellosen Blutbädern maßen sie ihre erstmals großtechnologisch fundierten Kräfte, um die Vorherrschaft in Europa neu auszukämpfen. Zutreffend hat der liberalkonservative Schweizer Historiker Jacob Burckhard vom »Staatsbildungskrieg« der frühen Neuzeit gesprochen, denn damals entstanden die Grundstrukturen der heute noch gültigen Machtgebilde und dessen, was wir – als Kehrseite der monetarisierten Reproduktion – Politik nennen.

Beschleunigt wurde diese Dynamik durch die Entdeckung Amerikas. In demselben Maße, wie die moderne Kriegstechnik ins Rollen kam, entwickelte sich aus dem Geldhunger der Militärmaschinen auch die koloniale Expansion in die beiden Teile Amerikas, die ohne Feuerwaffen undenkbar gewesen wäre. Bekanntlich metzelten Abenteurer wie Pizarro mit ein paar Kanonen und einer Hand voll Musketiere ganze Indianervölker nieder. Rüstungsökonomie und Kolonialismus schaukelten sich gegenseitig hoch. Der permanente Transit über den Atlantik erforderte riesige Flottenprogramme, die wiederum nur mit abstrakter Geldökonomie bewerkstelligt werden konnten. Der »Staatsbildungskrieg« nahm transkontinentale Dimensionen an. Hinter der Logik der Kanonen lauerte die Hybris der Weltherrschaft. So war der Siebenjährige Krieg von 1756 bis 1763 zwischen Preußen und England auf der einen und Österreich, Russland und Frankreich auf der anderen Seite der erste eigentliche Weltkrieg, weil er gleichzeitig in Europa und in den Kolonien der Neuen Welt stattfand.

Die Geschichte bestand nun aus einer immer rascheren Folge von militärischen Konflikten. Geoffrey Parker zufolge ist die Neuzeit sowohl hinsichtlich der Häufigkeit als auch der Dauer und des Ausmaßes der Kriege die am wenigsten friedliche in der gesamten Menschheitsgeschichte. Diese Verdichtung des Krieges und die Militarisierung der Ökonomie gingen notwendigerweise mit einer Zentralisierung der Gesellschaft einher. Nicht nur äußerlich, also im zwischenstaatlichen Bereich, fraßen die großen Fische die kleinen. Auch im Inneren der von der Kanone definierten Staatsgebilde wurde die Herrschaft neu formiert. Bis zum 16. Jahrhundert hatte es keine organisierte Verwaltung von oben nach unten gegeben. Die Leute mussten Abgaben leisten in Form von Naturalien oder Arbeitsdiensten, ansonsten blieben sie in ihrem Alltag sich selbst überlassen. Die meisten Angelegenheiten wurden von ebenso beschränkten wie autonomen Institutionen geregelt. Es existierten sogar große Regionen mit freien Bauern und Handwerkern, die selbständig bewaffnet waren und gar keinen Feudalismus kannten; der repressive Charakter der Strukturen bestand hier vor allem in der Enge der blutsverwandtschaftlichen Verhältnisse.

Modernisierung hieß zunächst nichts anderes, als diese Formen einer »bornierten Autonomie« von oben und außen gewaltsam zu zerstören, um die Menschen den Erfordernissen jener »politischen Ökonomie der Feuerwaffen« zu unterwerfen, also der monetären Besteuerung, und sie schließlich in direkte Verausgabungseinheiten von abstrakter Arbeit zwecks Geldvermehrung zu verwandeln. Von den Bauernkriegen des 15. und 16. Jahrhunderts bis zu den »Maschinenstürmern« des frühen 19. Jahrhunderts wehrten sich die unabhängigen Produzenten in verzweifelten Aufständen gegen ihre Zurichtung zum Funktionsmaterial der Kriegsmaschine und ihrer abstrakten Geldökonomie. Dieser Widerstand wurde blutig erstickt. Die auf der Basis der Feuerwaffen-Innovation entstandenen absolutistischen Staatsapparate setzten ihre Imperative gewaltsam durch.

Die herausgelöste Ökonomie

Hinter dem allgegenwärtigen modernen Zwang zum Geldverdienen steht letztlich die Logik der donnernden Kanone. Die davon ausgelöste Dynamik gesellschaftlicher Veränderungen begann im 18. Jahrhundert, ihre Väter zu fressen. Das System der »politischen Ökonomie« eines aus der Gesellschaft herausgelösten, nur noch mittels abstrakter Arbeit zu betreibenden Rüstungs- und Militärapparats verselbständigte sich von seinem ursprünglichen Zweck. Aus dem Geldhunger der frühmodernen Militärdespotien wurde das Prinzip der »Verwertung des Werts«, das seit dem frühen 19. Jahrhundert als Kapitalismus firmierte. Die starre Hülle des staatlich-militärischen Dirigismus wurde nur gesprengt, um die nunmehr verselbständigte Geldmaschine als puren Selbstzweck einer aus allen sozialen und kulturellen Bindungen »herausgelösten Ökonomie« (Karl Polanyi) weiterlaufen zu lassen und der anonymen Konkurrenz freie Bahn zu geben.

Dieser totalen Konkurrenz sind bis in ihren Begriffsapparat hinein die Kainsmale ihrer Abkunft aus dem totalen Krieg ins Gesicht geschrieben. Nicht umsonst hat Thomas Hobbes als Begründer der modernen liberalen Staatstheorie den »Krieg aller gegen alle« als den menschlichen Naturzustand bezeichnet. Es waren die Protagonisten der so genannten Aufklärung, die im 18. Jahrhundert die Imperative der »herausgelösten Ökonomie« in eine abstrakte philosophische Ontologie des »autonomen Subjekts« übersetzten, das doch immer schon als ein von der totalitären Wertform vordefiniertes gesetzt ist. Der Sozialismus andererseits machte sich nur die Staatsmetaphysik als den anderen Pol derselben bürgerlichen Ontologie zu Eigen und damit die kriegsökonomischen Ursprünge der modernen Welt. Nicht umsonst hat der Arbeiterbewegungsmarxismus ganz unbefangen und positiv von den »Armeen der Arbeit« gesprochen.

Für die heutigen Weltmarktdemokratien ist der »herausgelöste« Selbstzweck von Wertverwertung und abstrakter Arbeit als eine längst verinnerlichte Zumutung vollends selbstverständlich geworden. Sie haben nicht nur die Monetarisierung aller Lebensbereiche, sondern auch die dazugehörige bürokratische Menschenverwaltung auf die Spitze getrieben. Alle Rechte und Freiheiten, alle angebliche Selbstbestimmung und Eigenverantwortung, alle Politik und alle Parteiprogramme sind immer schon auf dieses stumme Apriori bezogen.

Radikale Kapitalismuskritik bleibt so lange blockiert, wie sie die ontologische Basis bürgerlicher Subjektivität teilt. Die meisten linken Kritiker der bürgerlichen Ontologen sind selber welche. Implizit oder sogar explizit wollen sie sich immer noch bei den ontologischen Konstrukten der bürgerlichen Aufklärung rückversichern und nehmen deshalb eine agnostische Haltung gegenüber den wirklichen Ursprüngen der Moderne ein, indem sie den Kapitalismus kontrafaktisch direkt aus der Agrargesellschaft hervorgehen lassen.

Eine emanzipatorische Antimoderne wird demgegenüber nicht etwa eine rückwärtsgewandte Ideologie pflegen, sondern mit der »negativen Dialektik« über Adorno und über den historischen Materialismus hinaus Ernst machen, d.h. mit der aufklärerischen Subjektontologie endgültig brechen. Und dazu gehört auch eine Neubewertung der Geschichte, von der die Abkunft der Moderne aus der »politischen Ökonomie der Feuerwaffen« nicht mehr ausgespart wird.

Literatur:

Norbert Elias: »Über den Prozess der Zivilisation. Soziogenetische und psychogenetische Untersuchungen«. Frankfurt/Main 1990, zuerst 1936.

Rudolf zur Lippe: »Vom Leib zum Körper. Naturbeherrschung am Menschen in der Renaissance«. Reinbek bei Hamburg 1988, zuerst 1974.

Karl Marx: »Das Kapital. Kritik der politischen Ökonomie«, Erster Band. Berlin 1965, zuerst 1867.

Geoffrey Parker: »Die militärische Revolution. Die Kriegskunst und der Aufstieg des Westens 1500-1800«. Frankfurt/Main 1990, zuerst 1988.

Karl Polanyi: »The Great Transformation. Politische und ökonomische Ursprünge von Gesellschaften und Wirtschaftssystemen«. Frankfurt/ Main 1995, zuerst 1944.

Werner Sombart: »Krieg und Kapitalismus«. München 1913.

Max Weber: »Die protestantische Ethik«. Tübingen 1984, zuerst 1920.

Max Weber: »Wirtschaft und Gesellschaft. Grundriss der verstehenden Soziologie«. Tübingen 1985, zuerst 1922.

Karl Georg Zinn: »Kanonen und Pest. Über die Ursprünge der Neuzeit im 15. und 16. Jahrhundert«. Opladen 1989.

WER IST
»BIG BROTHER«?

George Orwell und die Kritik der Moderne

In der Geschichte der Literatur hat es immer wieder bestimmte »Weltbücher« oder »Jahrhundertbücher« gegeben, die einer ganzen Epoche exemplarische Gestalt gaben und eine entsprechend große Wirkung erzielten, deren Echo bis heute nachhallt. Keineswegs zufällig ist die literarische Form solcher Werke immer wieder die Parabel. Diese Form erlaubt es, philosophische Grundgedanken so darzustellen, daß sie gleichzeitig als farbige und spannende Geschichte gelesen werden können. Eine solche Doppelnatur der Darstellung sagt dem theoretisch Gebildeten kognitiv etwas ganz anderes als dem Kind oder dem Jugendlichen, und doch können beide dasselbe Buch gleichermaßen begierig verschlingen. Gerade daraus speist sich der tief gehende Eindruck, den solche Werke im Bewußtsein der Welt hinterlassen; bis in die Topoi des Alltagsdenkens und der sozialen Imaginationen hinein.

Im 18. Jahrhundert waren es Daniel Defoe und Jonathan Swift, die mit ihren großen Parabeln der heraufdämmernden Welt der kapitalistischen Moderne literarische Paradigmen gaben. Defoes »Robinson« wurde zum Urbild des optimistischen, rationalen und weißen bürgerlichen Fleißmenschen, der in der »wilden« Insel der irdischen Welt als Haushalter seiner Seele und seiner ökonomischen Existenz planmäßig aus dem Nichts einen behagliche Platz schafft und nebenbei noch die farbigen

»unterentwickelten« Menschen durch »Arbeit« zu wunderbaren zivilisierten Verhaltensweisen läutert. Swifts »Gulliver« dagegen irrt durch bizarre und erschreckende Fabelwelten, in denen sich die kapitalistische Modernisierung als beißende Satire und als Parodie auf Defoes »Tugenden des bürgerlichen Menschen« spiegelt.

Man könnte Swifts »Gulliver« als erste ahnungsvolle Negativ-Utopie der Moderne verstehen. Während diese Gattung im positivistischen und fortschrittsgläubigen 19. Jahrhundert wieder von der literarischen Bildfläche verschwand, erlebte sie im 20. Jahrhundert eine ungeahnte Blüte. Ein früher Vorläufer war bereits der Roman »Die Zeitmaschine« von H.G. Wells (1866-1946) aus dem Jahr 1895. Bei Wells finden wir eine Verlängerung der viktorianischen Klassengesellschaft bis in das Stadium ihrer vollständigen Degeneration, in der die Nachkommen der einstigen Kapitalisten als schöne, aber dumme und verspielte Zwerge auf der Erdoberfläche leben, während die Nachkommen der einstigen Arbeiterklasse sich zu unterweltlichen Wesen entwickelt haben, die sich kannibalistisch an ihren Antipoden mästen.

Unter dem Eindruck von Weltkriegen, Weltwirtschaftskrise und industriellen Diktaturen nahm die Gattung der Negativ-Utopie nicht nur einen Aufschwung, sondern sie verlagerte auch ihren Inhalt von der Soziologie des Klassengegensatzes auf die Vision eines einheitlichen totalitären Systems. Die düsteren Parabeln von Franz Kafka gehören ebenso in diesen Zusammenhang wie die Werke einer populären negativen »Science fiction«. Berühmt geworden sind die Romane »Wir« von Jewgeni Samjatin (1884-1937), geschrieben 1920 und erst 1925 auf englisch erschienen, »Schöne neue Welt« von Aldous Huxley (1894-1963) aus dem Jahr 1932, vor allem aber die zwei Bücher von George Orwell (1903-1950), dessen Geburtstag sich nun zum hundersten Mal jährt: »Die Farm der Tiere«, erschienen 1945, und die vielleicht bekannteste aller Negativ-Utopien: »1984«, erschienen 1949.

Man kann sich leicht ausrechnen, auf welche Weise das Werk Orwells anläßlich dieses Jubiläums in der gegenwärtigen Welt eines globalisierten Kapitalismus von den konformistischen Lobrednern »gewürdigt« werden darf. Man wird Orwell bescheinigen, daß er ein großer demokratischer Mahner und Warner angesichts des totalitären Schreckens war, wie er sich in den Diktaturen Stalins und Hitlers manifestiert hatte. Und man wird ihm dankbar sein und behaupten, daß seine berühmten Parabeln dazu beigetragen hätten, die Menschheit in eine freiheitliche, marktwirtschaftlich-demokratische Zukunft zu führen, die heute fast schon erreicht sei. Schließlich wird man sagen, daß Orwells Werk uns dazu auffordere, vor den Versuchungen des Totalitarismus auf der Hut zu sein, wie sie immer wieder aus dem »Bösen« dieser Welt aufsteigen und die Menschheit heimsuchen könnten. Und man wird dabei auf den islamischen Fundamentalismus und auf Saddam Hussein oder Milosevic verweisen.

Auf einen Gedanken aber wird kaum einer der demokratischen Festredner zu Ehren Orwells kommen: Daß nämlich seine Negativ-Utopie längst Realität geworden ist und wir heute mitten im totalitärsten aller Systeme leben, dessen Zentrum der demokratische Westen selbst bildet. So hat sicherlich auch Orwell selbst nicht gedacht. Es liegt natürlich nahe, daß er aus der Perspektive der vierziger Jahre des vergangenen Jahrhunderts tatsächlich nichts anderes als die unmittelbare Erfahrung der Nazis und des Stalinismus im Auge hatte, als er seine Parabeln schrieb; ähnlich wie übrigens wenige Jahre später die Philosophin Hannah Arendt mit ihren Hauptwerken in den fünfziger Jahren. Große philosophische Werke und große literarische Parabeln haben es an sich, daß sie oft mehr sagen, als ihre Verfasser selber wußten, und daß sie ein überraschendes Licht auf spätere Verhältnisse werfen, die zur Zeit der Entstehung dieser Werke noch gar nicht in Betracht kommen konnten.

Schon die erste der Orwellschen Parabeln, die »Farm

der Tiere«, ist in dieser Hinsicht aufschlußreich. Oberflächlich betrachtet, handelt es sich um eine Fabel über die Vergeblichkeit aller sozialen Revolutionen, weil das Wesen der gesellschaftlichen Herrschaft, die Struktur der »Macht«, immer gleich bleibe. Dieses Motiv nimmt eine Grundidee des postmodernen Denkens von Foucault vorweg, der ja ganz ähnlich eine Art positivistische »Ontologie der Macht« voraussetzt. Insofern ist Orwell eher ein anthropologischer Pessimist als ein Hurra-Ideologe der herrschenden Ordnung, auch wenn er wie alle Pessimisten zuletzt die bestehende Gesellschaft, in seinem Fall die angelsächsische, als die beste aller möglichen verteidigt hat. Nicht umsonst ist Orwell oft mit Swift verglichen worden.

Als glänzende Parodie auf die Geschichte der russischen Revolution, mit den Schweinen als bürokratischer Elite und dem Oberschwein Napoleon in der Rolle Stalins, liefert die »Farm der Tiere« natürlich alle Klischees des bürgerlichen Denkens über die Nutzlosigkeit und den verbrecherischen Charakter der sozialen Emanzipation. Aber die Parabel enthält auch einen ganz anderen Subtext, der Orwell selbst offenbar nicht bewußt geworden ist. Zum einen kann sie so gelesen werden, daß nicht die Idee der Emanzipation selbst, sondern die »verratene Revolution« (Isaac Deutscher) das Problem ist, indem die Schweine unter Führung Napoleons die tierische Egalität verraten. Zum andern enthält auch dieser Subtext noch einmal einen weiteren Subtext, in dem es gar nicht dieser »Verrat« der Schweine an der Revolution der Tiere ist, der die Emanzipation scheitern läßt, sondern das falsche Verständnis der Unterdrückung selbst, das nicht aus der Form hergeleitet wird, in der die Farm organisiert ist, sondern bloß aus dem subjektiven Willen des menschlichen Farmers namens Jones zur Ausbeutung der Tiere. So ersticken die Schafe regelmäßig jede Diskussion über den Sinn des gemeinsamen Vorgehens mit einem viertelstündigen gewaltigen Blöken des Slogans: »Vierbeiner gut, Zweibeiner schlecht!«, der schließlich dadurch dementiert wird, daß sich die Schweine selber in »Zweibeiner« verwandeln.

Ungewollt gelangt Orwell so in seiner Parabel zu der impliziten Schlußfolgerung, daß nicht der soziologische Wechsel der Macht und ihrer Inhaber die Emanzipation ausmacht, sondern die Überwindung der gesellschaftlichen Form, also jenes modernen warenproduzierenden Systems, das den sozialen Klassen gemeinsam ist. Dabei schimmert sogar durch, daß die abstrakte »Arbeit« weder ein ontologisches Prinzip noch gar ein Prinzip der Emanzipation ist, sondern im Gegenteil das Prinzip der repressiven Macht, das die Tiere einem irrationalen Selbstzweck des »Produzierens um des Produzierens willen« unterwirft; symbolisiert in der Gestalt des ein wenig dummen Zugpferdes Boxer, einer Art Stachanow-Arbeiter, der alle Probleme mit der Devise »Ich will und werde noch härter arbeiten!« lösen will – nur um zuletzt von Napoleon an den Pferdemetzger verkauft zu werden, nachdem er sich verausgabt hat und nicht mehr arbeiten kann.

Noch deutlicher wird das jenseits des immanenten soziologischen »Klassenkampfs« liegende Problem der gemeinsamen Form des gesellschaftlichen Systemzusammenhangs in »1984«, ein Buch, das stark an Samjatins Roman »Wir« erinnert (und vielleicht davon beeinflußt wurde). Vordergründig gibt es sowohl bei Samjatin als auch bei Orwell eine übermächtige und überlebensgroße Führergestalt, im einen Fall schlicht »der Wohltäter« genannt, im andern Fall als »Big Brother« bezeichnet; natürlich beide den staatstotalitären politischen Diktaturen der Zwischenkriegszeit nachgezeichnet. Aber auch hier schimmert ein Subtext durch, der weit über die expliziten Aussagen hinausgeht. Hinter der personifizierten Macht erscheint der anonyme, »versachlichte« Charakter des Totalitarismus: Samjatins »Wohltäter« entpuppt sich tatsächlich als intelligente Maschine, und auch Orwells

»Big Brother« kann leicht als Metapher für eine anonyme Matrix systemischer Steuerung gelesen werden, die im heutigen ökonomischen Totalitarismus viel zwingender funktioniert als in den politischen Diktaturen der ersten Hälfte des 20. Jahrhunderts.

Schon in »1984« ist das Unheimliche weniger der äußere Zwang als vielmehr die Verinnerlichung dieses Zwangs, der schließlich als Imperativ des eigenen Selbst erscheint. Der irrationale Selbstzweck der endlosen »Verwertung des Werts« durch abstrakte »Arbeit« will den selbstregulativen Menschen, der sich selbst im Namen anonymer Systemgesetze unterdrückt. Das Ideal ist die Selbstbeobachtung und Selbstkontrolle des individuellen »Unternehmers seiner selbst« durch sein kapitalistisches Überich: Bin ich leistungsfähig genug, angepaßt genug? Liege ich im Trend, bin ich konkurrenzfähig? Die Stimme von »Big Brother« ist die Stimme des anonymen Weltmarkts; und die »Gedankenpolizei« der demokratischen Konkurrenz-Verhältnisse funktioniert viel raffinierter als der Zugriff aller Geheimpolizisten.

Das gilt auch für die berühmte »Orwellsche Sprache«, das »Neusprech« mit seiner Verkehrung der Bedeutungen, das im Grunde schon seit mehr als 200 Jahren die Sprache des ökonomistischen Liberalismus ist. Wenn es im Namen von »Big Brother« heißt: »Freiheit ist Sklaverei«, dann bedeutet das umgekehrt auch »Sklaverei ist Freiheit«, nämlich die freudige Selbstunterwerfung unter die angeblichen »Naturgesetze« der marktwirtschaftlichen Gesellschaftsphysik. Das gilt auch für die anderen Parolen des »Neusprech«: »Krieg bedeutet Frieden« – niemand weiß das besser als die NATO und die demokratische Weltmacht USA als selbsternannte Weltpolizei; und »Unwissenheit ist Stärke« – wer könnte diese Maxime besseren Gewissens unterschreiben als der demokratische Massenkonsument oder der betriebswirtschaftliche Manager, die beide für ihren Erfolg auf soziale Ignoranz angewiesen sind? Auch nur gedanklich die Kriterien dieses geschlossenen Wahnsystems der ökonomisch determinierten »Freiheit« in Frage zu stellen, heißt schon »out« zu sein, oder, wie es in »1984« heißt: »Das Gedankenverbrechen zieht nicht den Tod nach sich: Das Gedankenverbrechen ist der Tod«, nämlich der soziale Tod.

Aus einer politischen Sekte kann man austreten und im totalitären Staat kann man wenigstens in die »innere Emigration« gehen; aber aus dem totalitären Markt kann der selbstregulativ gewordene kapitalistische Mensch ebensowenig austreten wie aus seinem eigenen Ich, das zum »Humankapital« geworden ist. Das Bewußtsein ist rückgekoppelt auf den allgegenwärtigen Mechanismus der Konkurrenz, unablässig sich selbst als Instrument der Verwertung kalkulierend und gleichzeitig sich selbst in den Formeln des neoliberalen ökonomistischen »Neusprechs« betrügend: »Leistungswahn ist Selbsterfahrung«, »Selbstunterwerfung ist Selbstverwirklichung«, »soziale Angst ist Selbstbefreiung« usw., oder, wie es schon fast 100 Jahre zuvor Rimbaud unübertrefflich als die Schizo-Devise des modernen Menschen formuliert hatte: »Ich ist ein anderer«.

»Freiheit« bedeutet in dieser Welt nichts anderes, als zu wissen, was »Big Brother« oder »der Wohltäter«, nämlich der totalitäre Markt, von den Menschen wollen könnte, es vorauszuahnen und sich in bedingungslosem vorauseilenden Gehorsam danach zu richten – oder eben auf der Strecke zu bleiben, seine soziale Existenz zu verlieren und vorzeitig zu sterben. Damit diese Sanktionen für die »Verlierer« eintreten, bedarf es gar keines bürokratischen Überwachungssystems mehr. Das erledigt ganz von selbst die unheimlich anonyme Macht der gesellschaftlichen Maschine des Kapitals, das zum totalen Weltverhältnis geworden ist. Diese Macht blinder Systemgesetze, von der die natürlichen und menschlichen Ressourcen vergewaltigt werden, hat sich von jedem sozialen Willen emanzipiert – auch von der Subjektivität des Managements.

In gewisser Weise ist die ganze Welt zu einer einzigen gigantischen »Farm der Tiere« geworden, in der es egal ist, ob ein Farmer Jones oder das Oberschwein Napoleon kommandiert, weil die subjektiven Kommandeure sowieso bloß die ausführenden Organe eines verselbständigten Mechanismus sind, der nicht eher ruht, bis er die Welt durch »Arbeit« zur leblosen Wüste gemacht hat. Auf dieser automatischen Welt-Farm wird jede kritische Frage nach dem Sinn und Zweck der ganzen irrsinnigen Veranstaltung sofort dadurch erstickt, daß die demokratischen Schafe in ein Ohren betäubendes Blöken von »versachlichten« Parolen ausbrechen: »Arbeit gut, Arbeitslosigkeit schlecht«, »Konkurrenzfähigkeit gut, soziale Ansprüche schlecht« usw. Wenn wir die Orwellschen Parabeln ein wenig gegen den Strich bürsten, können wir uns selbst erkennen als die Gefangenen eines reif gewordenen Systems, dessen Totalitarismus die »Farm der Tiere« und »1984« fast als harmlos erscheinen läßt.

WEIBLICHE TUGENDEN

Die Krise des Feminismus und das postmoderne Management

Nach dem biblischen Schöpfungsmythos ist die Frau entstanden, indem Gott dem Mann eine Rippe entfernte. Dieses patriarchale Bild ist doppeldeutig: Einerseits erscheint die Frau als ein bloßes Derivat des Mannes; andererseits ist damit aber auch gesagt, daß der Mann durch die »Abspaltung« des Weiblichen selber verletzt wird und einen Verlust erleidet. Das Problem liegt natürlich nicht auf der Ebene der Anatomie. Der »kleine Unterschied«, den die Kinder frühzeitig an ihren Körpern entdecken, sagt grundsätzlich noch gar nichts darüber aus, in welcher Weise kulturelle und soziale Zuordnungen geschlechtlich verteilt werden. Die männliche Dominanz (Patriarchat) folgt nicht aus biologischen Merkmalen, sondern ist ein zentrales Moment der gesellschaftlichen Form und somit das Resultat historischer Prozesse.

Deshalb ist das Patriarchat auch keineswegs in allen Kulturen gleichermaßen zu beobachten. Es hat in der Geschichte immer wieder Gesellschaften gegeben, die ein eher egalitäres Verhältnis zwischen den Geschlechtern kannten. Und interkulturelle Vergleiche zeigen, daß auch jene sozialen oder psychischen »Eigenschaften«, die jeweils scheinbar selbstverständlich als »typisch weiblich« oder »typisch männlich« gelten, sich zu verschiedenen Zeiten, in verschiedenen gesellschaftlichen Strukturen und Produktionsweisen völlig gegensätzlich darstellen können.

Der abstrakte Universalismus moderner warenproduzierender Systeme hat immer den Eindruck erweckt, als
wäre er gewissermaßen geschlechtsneutral. Ware ist Ware und Geld ist Geld – wo soll da eine geschlechtliche
Bewertung eingeschrieben sein? Die Fortdauer patriar-
chaler Strukturen in Familie und Gesellschaft konnte daher bei oberflächlicher Betrachtung als ein bloßer Überrest vormoderner Vergangenheit erscheinen. In diesem
Sinne klagte der Feminismus schon seit der Französischen Revolution eine »Gleichberechtigung« ein, wie sie
die universelle Form der modernen Geldwirtschaft als
Versprechen suggerierte. Aus solcher Sicht war die mas-
kuline Reduktion der Parole »Freiheit, Gleichheit, Brü-
derlichkeit« eine reine Willkür subjektiver, aus der Vergangenheit überkommener Männerherrschaft und mußte
um die Dimension der »Schwesterlichkeit« erweitert
werden.

Bis heute ist der Feminismus als Politik nicht darüber
hinausgekommen, die weibliche Partizipation am Universalismus des modernen warenproduzierenden Systems
einzufordern. Der »abstrakte Mensch«, das individuelle
Gesellschaftsatom, soll ebensogut Frau wie Mann sein
können. Andererseits hat aber die feministische historische und soziologische Forschung längst herausgefunden,
daß die Benachteiligung und Minderbewertung der Frau
in der Moderne weder einen »Überrest« vormoderner
Verhältnisse noch einen bloß subjektiven männlichen
Machtanspruch darstellt, sondern tief in diesen modernen
Verhältnissen selbst wurzelt. Denn das moderne warenproduzierende System ist gar nicht so universell, wie es
zu sein scheint. Es hat gewissermaßen eine Rückseite, die
in der offiziellen Gesellschaftstheorie verdunkelt bleibt.
Das sind alle Bereiche und Momente des Lebens, die sich
nicht in Geld ausdrücken lassen. Und diese Kehrseite des
Systems ist alles andere als geschlechtsneutral, denn dafür wurden grundsätzlich die Frauen zuständig gemacht.

Es handelt sich dabei einerseits um bestimmte konkrete

Tätigkeiten, die innerhalb des privaten Haushalts jenseits der Warenproduktion stattfinden müssen: Essen kochen, waschen und putzen, Kinder betreuen usw. Andererseits geht diese als »weiblich« definierte Aufgabe über die bloß mechanische Tätigkeit hinaus; die Frau soll dabei auch noch eine angenehme und gemütvolle Atmosphäre schaffen, in der nicht der schneidende Ton der Konkurrenz herrscht wie »draußen im Leben« der kapitalistischen Öffentlichkeit von Ökonomie, Politik und Wissenschaft. Die Frau ist also auch zuständig für die »liebevolle Zuwendung«, gewissermaßen die »Liebesarbeit« am Mann und an den Kindern. In diesem Sinne gehört es zu den »weiblichen Tugenden«, ein Gespür für persönliche Beziehungen zu haben, emotional und »weich« zu sein; umgekehrt soll sich der Mann intellektuell, hart und konkurrenzstark darstellen. Dafür braucht er nicht schön zu sein, was wiederum die erste Pflicht der Frau ist.

Entgegen landläufigen Ansichten hat die Modernisierung das Patriarchat nicht gemildert, sondern verschärft. Es war erst die kapitalistische Ökonomie, die Mann und Frau derart extrem aufgespalten hat, als wären es Wesen verschiedener Planeten. In den vormodernen Gesellschaften gab es noch keine strikte Trennung zwischen der Güterproduktion und dem privaten Haushalt. Deshalb waren die geschlechtlichen Zuordnungen auch weniger einseitig; die Frauen hatten ihren eigenen Platz in der agrarischen und handwerklichen Produktion. Die moderne Marktwirtschaft dagegen verwandelte die Güterproduktion in eine ökonomisch verselbständigte Sphäre der abstrakten betriebswirtschaftlichen Gewinnmaximierung und damit in ein zentrales Moment der männlich dominierten bürgerlichen Öffentlichkeit. Kapitalisten und Manager sind bekanntlich ebenso wie Politiker in erster Linie Männer.

Diese neue und verschärfte Funktionsteilung der Geschlechter in der Moderne konnte gar nicht egalitär sein. Zwar sind die als »weiblich« definierten Tätigkeiten und

Verhaltensweisen für die Gesellschaft ebenso überlebensnotwendig wie die Güterproduktion, die in den »männlichen« Funktionsraum der Betriebswirtschaft ausgelagert wurde. Aber ihren Anteil an der sozialen Gesamtreproduktion hat man den Frauen nicht gedankt. Eben weil sie für alles zuständig gemacht wurden, was sich seiner Natur nach nicht in Geld ausdrücken läßt und damit nach kapitalistischen Kriterien »nichts wert« ist, galt die Frau samt ihren Tätigkeitsbereichen, ihren zugeschriebenen Eigenschaften und Tugenden erst recht als minderwertig und zweitrangig.

Natürlich waren Frauen in der Moderne schon immer auch in der bürgerlichen Öffentlichkeit anzutreffen, in der Erwerbstätigkeit der ökonomischen Sphäre ebenso wie in Politik, Kultur usw. Aber das Stigma ihrer geschlechtlichen Abwertung setzte sich auch in diesen Bereichen fort. Eine berufstätige oder politisch aktive Frau wird die sozialen Merkmale nicht los, die ihr von der männlichen Dominanzkultur zugeschrieben worden sind. Sie gilt weiterhin im Prinzip als zuständig für Küche, Kinder und »Liebe«, wird also ökonomisch und politisch nie ganz ernst genommen. Und das ist nicht bloß ein äußerlich aufgezwungenes Leitbild, sondern auch ein psychisch verinnerlichtes Moment, das durch eine weibliche Sozialisation erworben wurde. Bekanntlich sind Frauen bis heute in geringerer Zahl beruflich und öffentlich tätig als Männer; sie gelangen viel seltener in höhere Positionen und in der Regel werden sie auch schlechter bezahlt.

Hier wird das Dilemma der Frauenbewegung sichtbar: Um das Patriarchat wirklich zu überwinden, hätte sie die gesamte moderne Produktionsweise radikal in Frage stellen müssen; natürlich nicht im Sinne einer rückwärtsgewandten Idealisierung agrarischer Verhältnisse, sondern als Forderung nach einer grundsätzlich anderen Organisationsform der modernen Produktivkräfte. Solange die destruktive und »männliche« Rationalität der Betriebswirtschaft nicht gebrochen wird, bleiben auch die

als minderwertig definierten und in die Privatsphäre abgespaltenen »weiblichen« Tätigkeitsformen und Pseudo-
Eigenschaften erhalten. Erst jenseits der strukturellen
Aufspaltung in eine »Logik des Geldes« einerseits und
eine »Unlogik« von Haushalt, persönlicher Zuwendung
und Emotionalität andererseits könnte ein emanzipatori-
sches neues Verhältnis von Frauen und Männern gewon-
nen werden.

Ein Feminismus dagegen, der sich auf die Forderung
nach dem »gleichen Recht« innerhalb der herrschenden
Produktionsweise beschränkt, muß notwendigerweise im
Hinblick auf die gespaltene Form des gesellschaftlichen
Lebens hilflos bleiben. Ungehört verhallt der bloß mora-
lische Appell, die Männer sollten sich doch mit gleichen
Anteilen an den abgespaltenen Tätigkeiten und Verhaltensweisen im persönlichen und familiären Leben beteili-
gen. Umgekehrt verengt sich der feministische Blick selber zunehmend auf die ökonomisch-politische Sphäre.
Die weibliche Emanzipation wird nicht an der Veränderung der Männer im privaten Bereich gemessen, sondern
an der Veränderung der Frauen im öffentlichen Bereich.
Das postmoderne Leitbild ist nicht mehr das irrationale
Schmuseweibchen, sondern eher ein androgyner Typus
der »Karrierefrau«. Neben den lebenden Blondinenwitz,
den Vamp und das treusorgende Hausmütterchen tritt also die joggende und im Internet surfende Bankerin, die
als weiblicher Single wie ein Mann ihren von Leichen
gepflasterten Weg macht.

Dabei scheint es zumindest in den Metropolen des Finanzkapitals eine geradezu unheimliche Konvergenz zwischen den Geschlechtern und ihren Zuordnungen zu geben. Während nämlich die berufstätige Frau ein größeres
Maß an Härte und emotionsloser »Sachbezogenheit« an
den Tag legen muß, um Karriere machen zu können, hat
umgekehrt das postmoderne Management die sogenannte
»emotionale Intelligenz« für das betriebswirtschaftliche
Kalkül und die individuelle Erfolgsplanung im Konkur-

renzkampf entdeckt. In Büchern und auf Seminaren wird neuerdings ein »Gefühlsmanagement« als Trainingsprogramm angeboten. »Emotionsexperten« und »Emotionsforscher« melden sich in Scharen zu Wort. Von einer »Emotionskultur« ist ebenso die Rede wie von einem emotionalen »Streßmanagement«. Es geht also darum, das subjektive Empfinden und die eigenen Gefühle funktional zu manipulieren und zu regulieren. Die bisher in den privaten Bereich abgespaltene und an die Frau delegierte Emotionalität soll gewissermaßen kapitalistisch »in den Griff genommen« und in eine Erfolgstechnik verwandelt werden.

Die Perversität dieser Absicht wird besonders deutlich, wenn die »emotionale Technologie« als betriebswirtschaftliches oder politisches Personalmanagement erscheint. Der deutsche Ökonom Hans Haumer zum Beispiel spricht in diesem Sinne geradezu von einem »emotionalen Kapital«, das »genügend Ertrag« abwerfen müsse. Als Maß dafür gilt ein »emotionaler Kapitalkoeffizient«, der angeben soll, in welcher Größenordnung sich die »Humantechnologie« der persönlichen Zuwendung als betriebswirtschaftlicher Ertrag niederschlägt. Gemeint ist damit, daß die Anpassung der Lohnarbeiter an die Erfordernisse betriebswirtschaftlicher Flexibilität, die Akzeptanz von Zumutungen aller Art und die Stimulanz der individuellen Leistung gewissermaßen durch eine »emotionale Rationalisierung« gefördert werden sollen. Der »emotional intelligente« Chef vermeidet persönliche Friktionen und gibt den Mitarbeitern das Gefühl, daß sie geliebt und anerkannt werden, selbst wenn er sie faktisch als bloßes Menschenmaterial behandelt. Am effizientesten wäre der Einsatz des »emotionalen Kapitals«, wenn die Leute dem Management mit Tränen der Rührung in den Augen dafür danken, daß sie auf die Straße geworfen werden.

Ganz offensichtlich findet hier eine Reintegration der aufgespaltenen Lebensformen und Verhaltensweisen statt, aber in die falsche Richtung: Das verselbständigte ökonomische System beginnt damit, die bislang für den privaten Haushalt und die Intimität reservierten Normen, Leitbilder und »Eigenschaften« zu verschlingen, um sie im Sinne der Logik des Geldes zu instrumentalisieren. Nur insoweit werden die postmodernen Männer emotionaler als in der Vergangenheit, während die postmoderne Frau jetzt ihre ansozialisierten »weiblichen Tugenden« ökonomisch funktionell einsetzen kann. Was auf der medialen Ebene als Damenfußball, Männerstriptease oder Lesben- und Schwulenhochzeit Entspannung im Geschlechterkampf suggeriert, läuft in Wahrheit auf die ökonomisch funktionelle Reduktion des Gefühlshaushalts hinaus. Die Androgynität besteht darin, daß männliche und weibliche Individuen gleichermaßen »Gefühl und Härte« für die Konkurrenz mobilisieren und die Sachkompentenz mit der emotionalen Beziehungskompetenz verbinden, um damit das Geldmachen voranzutreiben.

War der emotionale Haushalt der kapitalistischen Gesellschaft in der Vergangenheit einseitig verteilt, so wird er jetzt nachhaltig gestört. Denn gerade in dieser Hinsicht gilt ironischerweise das Gesetz der Knappheit. Was an persönlicher Zuwendung und Gefühl betriebswirtschaftlich verbraucht worden ist, um die ökonomische Maschine optimal zu ölen, geht für den abgespaltenen Bereich des privaten Lebens und der Intimität verloren. Wenn die »weiblichen« Tätigkeiten und Verhaltensweisen als Kehrseite der Warenproduktion nicht zusammen mit der kapitalistischen Ökonomie aufgehoben werden, sondern eben diese Ökonomie sie bloß aufsaugt, dann kann das Resultat nur eine neue Dimension der Krise sein. Die notwendigen, aber nicht in der Geldform darstellbaren Momente des gesellschaftlichen Lebens werden auf diese Weise nicht von Männern und Frauen gemeinsam getragen, sondern sie verfallen zu Ruinen.

Tonangebend ist heute zwar das mediale Leitbild von der »Frau, die alles will«, die Karriere und Familie unter einen Hut bringt und sich außerdem noch tagtäglich schön macht und appetitlich herrichtet als »Objekt der Begierde«. Aber das ist für die Mehrheit einfach zu viel verlangt und gar nicht lebbar. Der Prozentsatz der Frauen, denen dieser Spagat mit Glanz und Gloria gelingt, ist verschwindend gering. Nur eine kleine Minderheit von »Karrierefrauen« kann sich eine derartige Illusion leisten, indem die Lasten des privaten Haushalts, der Betreuung von Kindern usw. an weibliche Domestiken (Migrantinnen, schwarze Frauen, Unterprivilegierte) delegiert werden, die dann keine Zeit mehr für ihre eigenen Kinder haben. Die große Masse der Frauen ist mit der Aufgabe hoffnungslos überfordert, gleichzeitig für Geld, Haushaltstätigkeiten und »Liebe« zuständig zu sein. In der Postmoderne verschwindet das Patriarchat nicht, sondern es »verwildert« und zersplittert in Formen der Barbarei, wie die deutsche Feministin Roswitha Scholz schreibt. Das ist eine Welt, die Kinder in Killer und Amokläufer verwandelt.

DAS LICHT DER AUFKLÄRUNG

Die Symbolik der Moderne und die Vertreibung der Nacht

Noch immer, nach mehr als zweihundert Jahren, sind wir vom schönen Schein der bürgerlichen Aufklärung geblendet. Die Geschichte der Modernisierung schwelgt in Metaphern des Lichts. Die strahlende Sonne der Vernunft soll die Finsternis des Aberglaubens durchdringen und die Unordnung der Welt sichtbar machen, um die Gesellschaft endlich nach rationalen Kriterien zu gestalten. Die Dunkelheit erscheint nicht als die andere Seite der Wahrheit, sondern als das negative Reich des Teufels. Schon die Humanisten der Renaissance polemisierten gegen ihre Feinde, indem sie diese als »Dunkelmänner« bezeichneten. »Mehr Licht!« soll Goethe 1832 auf dem Totenbett gerufen haben. Als Klassiker war er einen stilvollen Abgang schuldig.

Die Romantiker sträubten sich gegen dieses kalte Licht der Vernunft und wandten sich auf eine synthetische Weise wieder der Religion zu. Statt der abstrakten Rationalität propagierten sie einen nicht weniger abstrakten Irrationalismus. So schwelgten sie statt in Metaphern des Lichts in Metaphern der Dunkelheit. Novalis schrieb seine »Hymne an die Nacht«. Aber diese bloße Umkehrung der aufklärerischen Symbolik ging eigentlich am Problem vorbei. Die Romantiker konnten die verdächtige Einseitigkeit der Aufklärung nicht überwinden, sondern sie besetzten nur den anderen Pol der Modernisierung und wurden so wirklich zu »Dunkelmännern« einer reaktionären, klerikalen Denkweise.

Aber die Symbolik der Modernisierung kann auch genau umgekehrt kritisiert werden: als paradoxe Unvernunft der kapitalistischen Vernunft selbst. Denn merkwürdig: die aufklärerischen Metaphern des Lichts riechen geradezu nach angebranntem Mystizismus. Die Vorstellung einer überirdisch glänzenden Lichtquelle, wie sie die Idee der modernen Vernunft nahelegt, erinnert an die Beschreibungen der vom Glanz Gottes erhellten Reiche der Engel, und auch aus den religiösen Systemen des fernen Ostens kennen wir den Begriff der »Erleuchtung«. Obwohl das Licht der aufklärerischen Vernunft ein irdisches ist, hat es trotzdem einen seltsam transzendentalen Charakter angenommen. Der himmlische Glanz eines schlechthin unbegreifbaren Gottes hat sich nämlich bloß säkularisiert zur monströsen Banalität des kapitalistischen Selbstzwecks, dessen Kabbalistik der irdischen Materie in der sinnlosen Anhäufung des ökonomischen Werts besteht. Das ist nicht Vernunft, sondern höherer Irrsinn; und was da leuchtet, ist der Glanz der Absurdität, der weh tut und die Augen blendet.

Die irrationale Vernunft der Aufklärung will das Licht total machen. Dieses Licht ist aber keineswegs bloß ein Symbol im Reich des Gedankens, sondern es hat eine harte sozialökonomische Bedeutung. Gerade in dieser Hinsicht ist es fatal, daß der Marxismus und die historische Arbeiterbewegung sich als die wahren Erben der Aufklärung und ihrer gesellschaftlichen Metaphorik des Lichts verstanden haben. In der »Internationale«, der Hymne des Marxismus, heißt es über die wunderbare sozialistische Zukunft: »Dann scheint die Sonne ohn' Unterlaß.« Ein deutscher Karikaturist hat diese Zeile wörtlich genommen und zeigt im »Reich der Freiheit« schwitzende Menschen, die zur glühenden Sonne hinaufstarren und stöhnen: »Drei Jahre scheint sie jetzt schon und geht nicht mehr unter.«

Das ist nicht bloß ein Witz. In gewisser Weise hat die Modernisierung tatsächlich »die Nacht zum Tag gemacht«. In England, das bekanntlich Schrittmacher der Industrialisierung war, wurde die Gasbeleuchtung schon im frühen 19. Jahrhundert eingeführt und verbreitete sich bald über ganz Europa. Ende des 19. Jahrhunderts löste das elektrische Licht die Gaslampen ab. Es ist längst medizinisch nachgewiesen, daß die Verkehrung von Tag und Nacht durch das flächendeckende kalte Licht der künstlichen Sonnen den biologischen Rhythmus des Menschen stört und zu psychischen und körperlichen Schäden führt. Warum dann die gewaltige planetarische Beleuchtung, die heute den letzten Winkel erfaßt hat?

Karl Marx, selber ein Erbe der Aufklärung, hatte ganz richtig festgestellt, daß der rastlose Aktivismus der kapitalistischen Produktionsweise »maßlos« sei. Diese Maßlosigkeit kann aber im Prinzip keine Zeit dulden, die »dunkel« bleibt. Denn die Zeit des Dunkels ist auch die Zeit der Ruhe, der Passivität, der Kontemplation. Der Kapitalismus verlangt dagegen die Ausdehnung seiner Aktivität bis an die äußersten physikalischen und biologischen Grenzen. Zeitlich sind diese Grenzen bestimmt durch die Drehung der Erde um sich selbst, also durch die vollen 24 Stunden des astronomischen Tages, der eine helle (der Sonne zugewandte) und eine dunkle (von der Sonne abgewandte) Seite hat. Die Tendenz des Kapitalismus ist es, die aktive Sonnenseite total zu machen und den gesamten astronomischen Tag zu besetzen. Die Nachtseite stört diesen Drang. Die Produktion, Zirkulation und Distribution der Waren soll also »rund um die Uhr« laufen, denn »Zeit ist Geld«. Zum Begriff der »abstrakten Arbeit« in der modernen Warenproduktion gehört daher nicht nur ihre absolute Verlängerung, sondern auch ihre astronomische Abstraktifizierung. Dieser Vorgang ist analog zur Veränderung der Raummaße. Das metrische System wurde vom Regime der französischen Revolution 1795 eingeführt und verbreitete sich ähnlich schnell wie die Gasbeleuchtung. In Deutschland fand der Übergang zu diesem System 1872 statt. Die am menschlichen Körper orientierten Raummaße (Fuß, Elle usw.), die so vielfältig differenziert waren wie die menschlichen Kulturen, wurden vom abstrakten astronomischen Maß des Meters abgelöst, der dem vierzigmillionsten Teil des Erdumfangs entsprechen soll. Diese abstrakte Vereinheitlichung des Raummaßes entsprach dem mechanistischen Weltbild der Newton'schen Physik, das wiederum Vorbild wurde für die mechanistische Ökonomie der modernen Marktwirtschaft, wie sie Adam Smith (1723-1790), der Begründer der Nationalökonomie, analysiert und propagiert hatte. Das Bild des Weltalls und der Natur als einer einzigen großen Maschine befand sich in Koinzidenz mit der ökonomischen Weltmaschine des Kapitals, und eine gemeinsame Form der physikalischen und der ökonomischen Weltmaschine wurden die astronomischen Maße. Das gilt aber nicht nur für den Raum, sondern auch für die Zeit. Dem astronomischen Meter, dem Maß des abstrakten Raums, entspricht die astronomische Stunde, das Maß der abstrakten Zeit; und dies sind auch die Maße der kapitalistischen Warenproduktion.

Erst diese abstrakte Zeit machte es möglich, den Tag der »abstrakten Arbeit« in die Nacht hineinzuschieben und die Zeit der Ruhe aufzufressen. Die abstrakte Zeit konnte von den konkreten Dingen und Verhältnissen abgelöst werden. Die meisten alten Zeitmesser, z.B. Sand- oder Wasseruhren, zeigten nicht an, »wieviel Uhr es ist«, sondern sie waren auf konkrete Vorgänge geeicht, um deren »angemessene Zeit« zu zeigen. Man könnte sie vielleicht mit einer Eieruhr vergleichen, die durch einen summenden Ton angibt, wann ein Ei hart- oder weichgekocht ist. Die Quantität der Zeit ist hier nicht abstrakt, sondern auf eine bestimmte Qualität orientiert. Die astronomische Zeit der »abstrakten Arbeit« dagegen ist losgelöst von jeder Qualität. Der Unterschied wird auch deutlich, wenn wir z.B. in mittelalterlichen Urkunden lesen, daß die Arbeitszeit der Knechte auf großen Landgütern »von Sonnenaufgang bis Mittag« dauern sollte. Das bedeutet, daß die Arbeitszeit nicht nur absolut kürzer war als heute, sondern auch relativ, indem sie je nach Jahreszeit variierte und im Winter kürzer war als im Sommer. Die abstrakte astronomische Stunde dagegen erlaubte es, unabhängig von der Jahreszeit und den körperlichen Rhythmen einen Arbeitsbeginn »um 6 Uhr« festzusetzen.

Deswegen ist die Epoche des Kapitalismus auch die Zeit der »Wecker«, der Uhren also, die mit einem schrillen Signalton die Menschen aus dem Schlaf reißen, um sie an die künstlich erleuchteten »Arbeitsplätze« zu treiben. Und war erst einmal der Arbeitsbeginn in die Nacht vorverlegt, dann konnte umgekehrt auch das Arbeitsende nach hinten in die Nacht hineingeschoben werden. Diese Veränderung hat auch eine ästhetische Seite. Wie die Umwelt durch die abstrakte betriebswirtschaftliche Rationalität gewissermaßen »entstofflicht« wird, indem die Materie und ihre Zusammenhänge sich den Kriterien der Rentabilität unterwerfen müssen, so wird sie durch dieselbe Rationalität auch entdimensioniert und entproportionalisiert. Wenn uns alte Gebäude manchmal irgendwie schöner und behaglicher vorkommen als moderne, und wenn wir dann feststellen, daß sie gleichzeitig im Vergleich zu den heutigen »funktionalistischen« Gebäuden irgendwie unregelmäßig zu sein scheinen, dann ist das darauf zurückzuführen, daß ihre Maße Körpermaße und ihre Formen oft landschaftlich angepaßt sind. Die moderne Architektur dagegen verwendet astronomische Raummaße und »dekontextualisierte« Formen, »losgelöst« von der Umgebung. Das gilt aber ebenso für die Zeit. Auch die moderne Architektur der Zeit ist entproportionalisiert und dekontextualisiert. Nicht nur der Raum ist häßlich geworden, sondern auch die Zeit.

Im 18. und frühen 19. Jahrhundert wurde sowohl die absolute als auch die relative Verlängerung der Arbeitszeit durch die Einführung der abstrakten astronomischen

Stunde noch als Folter empfunden. Lange Zeit wehrten sich die Menschen verzweifelt gegen die mit der Industrialisierung verbundene Nachtarbeit. Vor Sonnenaufgang und nach Sonnenuntergang zu arbeiten, galt geradezu als unmoralisch. Wenn im Mittelalter Handwerker aus Termingründen einmal nachts arbeiten sollten, mußten sie üppig verpflegt und fürstlich entlohnt werden. Nachtarbeit war ein seltener Ausnahmefall. Und es gehört zu den »großen« Leistungen des Kapitalismus, daß es ihm gelungen ist, die Zeitfolter zum Normalmaß der menschlichen Tätigkeit zu machen.

Daran hat sich auch durch die Verkürzung der absoluten Arbeitszeit seit dem Frühkapitalismus nichts geändert. Im Gegenteil, die sogenannte Schichtarbeit hat sich im 20. Jahrhundert immer mehr ausgedehnt. Durch einen Zwei- oder sogar Dreischichtbetrieb sollen die Maschinen möglichst durchgehend laufen, unterbrochen nur durch kurze Pausen für Einstellung, Wartung und Reinigung. Auch die Öffnungszeiten der Läden und Kaufhäuser sollen möglichst dicht an die 24-Stunden-Grenze herangeschoben werden. In Deutschland hatten wir in diesem Jahr eine Auseinandersetzung um die gesetzliche Ladenschlußzeit, die bis dahin auf 18.30 Uhr festgesetzt war und seit dem 1. November 1996 auf 20 Uhr verlängert wurde. In vielen Ländern gibt es wie in den USA überhaupt keine gesetzlich festgelegte Ladenschlußzeit und an zahlreichen Geschäften prangt das Schild: »24 Stunden durchgehend geöffnet«. Seit die mikroelektronische Kommunikationstechnologie den Fluß des Geldes globalisiert hat, geht auch der Finanztag der einen Erdhälfte nahtlos in den der anderen über. »Die Finanzmärkte schlafen nie«, so sagt es die Werbung einer japanischen Bank.

Das Licht der Aufklärungs-Vernunft ist die Beleuchtung der Nachtschicht. In demselben Maße, wie die Konkurrenz total wird, verwandelt sich der äußere, gesellschaftliche Imperativ auch in einen inneren Zwang des

Individuums. Der Schlaf wird ebenso zum Feind wie die Nacht, denn solange man schläft, verpaßt man Chancen und ist den Angriffen der anderen hilflos preisgegeben. Der Schlaf des marktwirtschaftlichen Menschen wird daher kurz und flach wie der eines wilden Tieres, und zwar umso mehr, je »erfolgreicher« dieser Mensch sein will. Die fremdbestimmte Arbeitsqual der mechanischen Nachtschicht erscheint auf der Ebene des Managements als »freiwilliger« Verzicht auf Schlaf. Es gibt sogar schon Management-Seminare, auf denen Techniken der Schlaf-Minimierung geübt werden können. Allen Ernstes behaupten heute Schulen des Self-Managements: »Der ideale Business-Mann schläft nie«, genau wie die Finanzmärkte!

Die Unterwerfung der Menschen unter die »abstrakte Arbeit« und ihr astronomisches Zeitmaß ist aber nicht möglich ohne eine ebenso totale Kontrolle. Allseitige Kontrolle wiederum erfordert ebenso allseitige Beobachtung, und Beobachtung ist nur im Licht möglich: ungefähr so, wie die Polizei beim Verhör eine blendende Lampe auf das Gesicht des Delinquenten richtet. Nicht umsonst hat das Wort »Aufklärung« im Deutschen eine militärische Nebenbedeutung, nämlich »Auskundschaften des Feindes«. Und eine Gesellschaft, in der jeder dem anderen und sich selbst zum Feind wird, weil alle dem gleichen säkularisierten Gott des Kapitals dienen müssen, wird mit logischer Notwendigkeit zu einem System der totalen Beobachtung und Selbstbeobachtung.

In einem mechanischen Universum muß auch der Mensch eine Maschine sein und maschinell bearbeitet werden. Das Licht der Aufklärung hat ihn dafür zugerichtet und »durchsichtig« gemacht. Der französische Philosoph Michel Foucault zeigt in seinem Buch »Überwachen und Strafen« (1975), wie diese totale »Sichtbarkeit« zur historischen Falle geworden ist. Zu Beginn des 19. Jahrhunderts übte der Kapitalismus die totale Beobachtung noch durch eine »Pädagogik des Zuchthauses«

ein, wie sie der liberale »Nützlichkeits-Philosoph« Jeremy Bentham (1748-1832) als ein ausgeklügeltes System der Organisation, der Bestrafung und sogar der Architektur für Gefängnisse, Fabriken, Büros, Krankenhäuser, Schulen und Erziehungsheime entwickelt hat.

Die marktwirtschaftliche Öffentlichkeit ist keine Sphäre der freien Kommunikation, sondern eine Sphäre der Beobachtung und der Kontrolle. Das erinnert an die negative Utopie »1984« von George Orwell. War diese Kontrolle in den totalitären Diktaturen eine äußerliche durch den bürokratischen Staats- und Polizei-Apparat, so ist sie in der Demokratie zur verinnerlichten Selbstkontrolle geworden, ergänzt durch die kommerziellen Medien, in denen sich die Scheinwerfer der Konzentrationslager in die Lichter eines ungeheuren Rummelplatzes verwandelt haben. Hier wird nicht frei diskutiert, sondern gnadenlos ausgeleuchtet. In der kommerziellen Demokratie hat sich dieses System so verfeinert, daß die Individuen ganz von selber den kapitalistischen Imperativen gehorchen und gewohnheitsmäßig der eingeätzten Spur folgen wie programmierte Roboter.

Der Marxismus wurde im Gegensatz zu seinem eigenen sozialen Anspruch ein Protagonist der »abstrakten Arbeit«, indem er dem mechanistischen Denken der Aufklärung und ihrer perfiden Symbolik des Lichts verfiel. Alles, was am Marxismus despotisch war, entstammt dem aufklärerischen Liberalismus. Umgekehrt verbündeten sich die Romantiker, die der dunklen Seite der Wahrheit zu ihrem Recht verhelfen wollten, nicht mit der sozialen Emanzipation, sondern mit der politischen Reaktion. Nur wenn Nacht, Schlaf und Traum aus dieser reaktionären Gefangenschaft befreit werden, können sie zu Parolen einer emanzipatorischen Gesellschaftskritik werden. Widerstand gegen den totalen Markt beginnt vielleicht dort, wo die Menschen sich rücksichtslos das Recht nehmen, erst einmal gründlich auszuschlafen.

ENTEIGNUNG UND ANEIGNUNG

Zur Debatte um das jüngste Zauberwort einer zu kurz greifenden Kapitalismuskritik

1. Teil

Je desorientierter die radikale Linke wird, desto schneller durchläuft sie die Konjunkturen des Ausheckens von Konzepten, die ebenso rasch wieder verwelken. Es geht zu wie bei der Modellpolitik von VW. Derzeit macht ein neues Schlagwort die Runde:»Aneignung«. So neu ist das eigentlich nicht. Aber Recycling gehört sowieso zum Geschäft, wenn einem nichts Neues mehr einfällt. Das scheint nicht nur für den Krisenkapitalismus zu gelten, sondern auch für die Kapitalismuskritik in der Krise. Plötzlich rastet eine bestimmte Sprachregelung ein, und alle linken Stamm- und Frühstückstische haben ihr Thema, wie die modebewußten Youngsters plötzlich auf Kommando alle superenge oder extrem breite Hosen tragen. Und jetzt ist eben die»Aneignung« dran. Die Berliner Bewegungszeitschrift *Arranca!* hat dem Thema zwei Ausgaben gewidmet, die Bundeskoordination Internationalismus (Buko) hat es bei ihrem Kongreß 2004 unter dem Titel»Das Ende der Bescheidenheit« ins Zentrum gestellt. Immer mehr Gruppen und Initiativen fahren darauf ab. Geht es jetzt wirklich los?

Eine Geschichte der Enteignung

Aneignung, daran soll kein Zweifel bestehen, kann ein wichtiger Begriff emanzipatorischer Kritik und Bewegung sein. Aber Begriffe sind dehnbar, und sie können auch von ganz und gar anti-emanzipatorischen Ideologien und Tendenzen »angeeignet« werden. Im Kampf um Begriffe gilt es, diese erst zu besetzen, statt sie inflationär im Stil von Werbekampagnen oder von Aufbruch-Simulationen der politischen Klasse herunterzuwirtschaften, bis sie von rechts übernommen werden.

Aneignung verhält sich komplementär zu Enteignung. Kapitalismus ist wesentlich eine Geschichte der Enteignung und Enterbung der Menschheit. Marx hat im Kapitel über die »ursprüngliche Akkumulation« gezeigt, wie die gewaltsame Enteignung der unmittelbaren (bäuerlichen und handwerklichen) Produzenten von ihren Produktionsmitteln sowie von Grund und Boden eine Voraussetzung der kapitalistischen Produktionsweise bildete.

Heute scheint ein zweiter, sekundärer Enteignungsprozeß ähnlicher Größenordnung abzulaufen. Zumindest wird es massenhaft so empfunden und inzwischen auch theoretisch reflektiert. Pünktlich zur Aneignungs-Konjunktur erschien 2004 im Verlag Westfälisches Dampfboot der Sammelband »Die globale Enteignungsökonomie«. Der Herausgeber Christian Zeller versucht in seinem einleitenden Beitrag eine Bestimmung dieses Phänomens zu geben: »Die Besetzung des Irak und seine Umwandlung in ein neokoloniales Protektorat der USA..., die weltweite Privatisierung öffentlicher Einrichtungen sowie die private Aneignung von Erfindungen und sogar von Lebewesen sind unterschiedliche Vorgänge, die aber dennoch etwas gemeinsam haben: Sie sind Ausdruck der imperialistischen und kapitalistischen Enteignungsökonomie...« (S. 9).

Nachdem der Kapitalismus ursprünglich die Menschen von ihren Produktionsmitteln enteignet und sie der »abstrakten Arbeit« (Marx) unterworfen hat, enteignet er sie nun in beispiellosem Ausmaß von den Bedingungen dieser Existenz, von Einkommen, öffentlichen Diensten und Absicherungen. Immer größere Massen werden ausgegrenzt und gewissermaßen vom Warenkonsum enterbt, die nicht mehr Zahlungsfähigen von der medizinischen Versorgung usw. ausgeschlossen, die Arbeitslosen um ihre Leistungsansprüche gebracht und ganze Länder und Weltregionen von ihrer eigenständigen, aus der Rentabilität herausfallenden Reproduktionsbasis abgekoppelt.

Die Frage ist allerdings, welcher Begriff von Aneignung dieser zweiten historischen Enteignungswelle entgegengesetzt werden soll. Geht es bloß um die Wiederaneignung des bisherigen Lebens, das ja schon auf einer ersten, ursprünglichen Enteignung beruhte? Die globalisierungskritische Bewegung ist nicht gerade durch radikale Kritik aufgefallen, sondern eher durch keynesianische Nostalgie. Wird nun das Schlagwort der Aneignung in die verkürzte Kapitalismuskritik eingemeindet oder führt es darüber hinaus?

Her mit dem schönen Leben!

In gewisser Weise ist Aneignung längst massenhafte spontane Praxis als Reaktion auf die kapitalistischen Enteignungsprozesse. Schwarzfahren, Stromabzapfen und Klauen gehören samt Risiko für viele zum Alltag. Es handelt sich um soziale Notwehr, der man nicht aus theoretischer Besserwisserei mangelnde Perspektive vorwerfen kann. Solche zunächst individuellen Praxen können sich durchaus zu Bewegungsmomenten steigern. Einige Polizeibehörden befürchten im Zuge der Hartz-Reformen bereits Zusammenrottungen und Plünderungen im größeren Maßstab. Radikale Kritik darf sich solcher Spontaneität keinesfalls verweigern. Es gilt vielmehr, die »kriminelle Energie« des Lebenswillens von sozial Enterbten in emanzipatorische Bahnen zu lenken. Das geht durchaus nicht von selbst, denn die spontane Aneignung dieser Art hat keine scharfe Grenze zur Plünderungsökonomie. Sie kann auch barbarisch und rassistisch besetzt werden.

Als neuer Trend ist die linke Aneignungsdebatte offenbar bis jetzt nicht darüber hinausgekommen, die spontanen Aneignungsformen aufzulisten und organisatorisch zu verlängern. In einigen Großstädten (Berlin, Hamburg, Dresden) sind »Umsonst«-Kampagnen entstanden: »Das reicht von Aktionen für kostenlosen Zugang zu den Berliner Schwimmbädern (›Was ist cool? Reclaim the pool!‹) über die Nutzung von öffentlichen Verkehrsmitteln ohne zu zahlen, Besetzungen von Zügen, um zu Demonstrationen zu gelangen, Aktionen im öffentlichen Raum bis hin zu Besetzungen von sozialen Zentren« (*Arranca!* 28). Soweit, so gut. Nicht zu unterschätzen sind auch die Reminiszenz an die Hausbesetzerbewegung und der Hinweis auf die Landbesetzerbewegungen in der kapitalistischen Peripherie. Solche Aktionsformen der sozialen Aneignung werden im Fortschreiten der Weltkrise an Brisanz gewinnen.

Aber das allein gibt keine Perspektive der Umwälzung. Auf den ersten Blick ist erkennbar, daß sich die Aneignungspraxis auf den Warenkonsum ohne Geld beschränkt. »Nimm dir, was du brauchst!«, das klingt zwar radikal, verläßt aber inhaltlich den alten sozialdemokratischen Verteilungsgesichtspunkt nicht. Wenn die Linke bloß die spontane Praxis ideologisiert, kann sie es gleich bleiben lassen. Die Umsonst-Parole »Her mit dem schönen Leben!« drückt zwar einen berechtigten Impuls gegen die kapitalistische Opfermentalität aus, aber die Notwehr sollte nicht zur Tugend der Emanzipation verklärt werden.

Es ist kein gutes Zeichen, wenn die für ihre pubertäre Albernheit ebenso wie für ihren redaktionellen proimperialen Bellizismus bekannte Wochenzeitung *Jungle World* sich des Themas bemächtigt und es durch Titel wie »Her mit dem Plunder!« (Nr. 22/2004) in typischer Manier verblödelt.

Kapitalismus geht nicht als schiere Enteignungsökonomie

Die Frage nach der Perspektive der Aneignung ist auch die Frage, wie tief die Krise wirklich geht. Wenn es sich allein um eine willentlich durch kapitalistische Ansprüche erzeugte soziale Krise handelt und die Kapitalakkumulation selbst davon gar nicht berührt (oder sogar genährt) wird, kann die Frage der Aneignung tatsächlich auf die kapitalistischen Gesellschaftsformen (Warenproduktion, Warenkonsum) verkürzt bleiben. Es geht dann bloß um das altbekannte »Kräfteverhältnis« und dessen Veränderung auf dem Boden dieser Produktions- und Lebensweise, um die Teilhabe am Markt usw. Die spontane Praxis von Aneignung im Sinne eines illegalen Waren- und Dienstleistungskonsums wird so gewollt oder ungewollt theoretisch auf das Programm vergattert, diesen Konsum zu relegalisieren, ohne das warenproduzierende System als solches in Frage zu stellen.

Wenn es sich dagegen um eine historische innere Schranke der Akkumulation als solcher handelt, muß die Perspektive der Aneignung sehr viel weiter gehen und den gesamten gesellschaftlichen Reproduktionszusammenhang erfassen. Es geht dann um die Überwindung des warenproduzierenden Systems selbst, also der verinnerlichten gesellschaftlichen Form des Reichtums.

Diese Hürde erscheint dem linken Normalbewußtsein als zu hoch. Man möchte irgendwie in der gewohnten Weise weitermachen. Christian Zeller etwa beschränkt die »Perspektive der gesellschaftlichen Aneignung« wie gehabt auf die Frage des juristischen Eigentums und dessen »Demokratisierung«, während das eigentliche Problem einer Überwindung der Warenform ausgeblendet bleibt. Deshalb muß Zeller dem Weltkapitalismus unterstellen, daß er seine »grundlegenden Verwertungsschwierigkeiten« durch die neue Enteignungsökonomie bewältigen könne: »Akkumulation existiert auch ohne Investitionen (!) im Sinne der Schaffung erweiterter Produktionskapazitäten. Akkumulation kann in gewissen Teilen des Systems zu Lasten anderer Teile geschehen ... Sie spiegelt die Vormachtstellung einer Form sozialer Herrschaft, in der die räuberische Aneignung von Werten beziehungsweise die Aneignung in Form von Renten dank einer Ausweitung der Eigentumsverhältnisse gegenüber der Erzeugung von Werten bedeutender wurde« (Die globale Enteignungsökonomie, S. 14).

Hier liegen einige grobe Denkfehler vor. Kapitalakkumulation ist ein gesamtgesellschaftlicher Prozeß. Als Produktionsweise kann das Kapital nur durch rentable erweiterte Investitionen akkumulieren, nicht dadurch, daß »große Konzerne andere Unternehmen enteignen« (S. 9), und schon gar nicht durch »Raub«. Zeller nimmt hier die Froschperspektive des betrieblichen Einzelkapitals oder des einzelnen Wirtschaftssubjekts ein, ganz wie die herrschende mikroökonomische Richtung der VWL.

Gesamtgesellschaftlich aber schafft der kapitalistische Autokannibalismus natürlich keinen erweiterten Akkumulationsspielraum, ebensowenig die Enteignung von sozialen Ansprüchen. Dasselbe gilt für Renten aus der Patentierung von Genen, Lebewesen, Software usw. Das patentierte Wissen als solches bildet keine eigene Basis von Akkumulation, und Renten sind wie Zinsen abgeleitete Bestandteile des (gesellschaftlichen) Mehrwerts, die von diesem abgeschöpft werden müssen. Nachdem sich die kapitalproduktiven Optionen der Dienstleistungsgesellschaft, der Computerisierung, Informationstechnologie und New Economy als Träger eines neuen historischen Akkumulationsmodells allesamt als Flops erwiesen, hat es schon etwas Verzweifeltes an sich, nunmehr dem Kapitalismus die weitere Akkumulationsfähigkeit

durch Enteignung, Raub usw. attestieren zu wollen. Diese
Fähigkeit ergibt sich entweder aus den inneren Produkti-
onsbedingungen des Gesamtkapitals oder gar nicht.

Ziemliche Probleme des Klassenkampfs

Die linke Aneignungsdebatte hat bis jetzt weniger mit einem neuen Paradigma der Kapitalismuskritik zu tun als
vielmehr mit dem Versuch, sich um die Überwindung des
alten herumzudrücken. Aneignung als Modewort soll
klammheimlich die defizitäre Interpretation der Wirklichkeit von sozialer Krise und sozialen Kämpfen unter
dem Label des Klassenkampfs notdürftig abstützen. Nun
war aber zumindest der orthodoxe Begriff des Klassenkampfs stets mit dem Anspruch eines Zugriffs auf die
Produktionsweise über den bloßen Verteilungskampf
hinaus verbunden. Die Klasse war definiert durch die
»Stellung im Produktionsprozeß«, nämlich die Schöp-
fung des Mehrwerts mittels »abstrakter Arbeit«. Sozialismus sollte in der Ergreifung der politischen Macht
durch diese Klasse bestehen, um die Wertschöpfung
mittels einer »arbeiterstaatlich« geplanten Warenproduktion von der Ausbeutung durch den privat angeeigneten
Mehrwert zu befreien. Eine Reformpolitik in diese Richtung setzte sich die »Demokratisierung« der Warenproduktion zum Ziel.

Mit alledem ist es nicht mehr weit her. In der 3. industriellen Revolution besteht das Kapital wesentlich aus
verwissenschaftlichtem Sachkapital. Die menschliche
Arbeit wird zunehmend aus dem Produktionsprozeß her-
ausgenommen, die mehrwertschöpfende Klasse zur Minderheit. Darin besteht gerade die Krise nicht nur der sozialen Reproduktion, sondern der Akkumulation selbst,
deren Substanz ja laut Marx die Arbeit bildet. Die Menschen werden nicht mehr wie in der ersten historischen
Enteignungswelle der »ursprünglichen Akkumulation«

durch das »Hineinfoltern« (Marx) in die Arbeit, sondern nunmehr sekundär von dieser Arbeit selbst als Einkommensquelle enteignet. Die Masse der sozial Enterbten besteht nicht aus Mehrwertproduzenten, sondern aus Menschen, die von Transferleistungen abhängig sind oder aus prekarisierten Scheinselbständigen, Elendsunternehmern, Gelegenheitsjobbern usw. außerhalb des schrumpfenden kapitalproduktiven Kerns. Und die Politik wird durch die mit dieser Entwicklung einhergehende transnationale Globalisierung des Kapitals ausgehöhlt.

Damit entfallen alle traditionellen Begriffsbestimmungen des Klassenkampfs, der sich als immanente Bewegung in der gemeinsamen Hülle der Warenform entpuppt. Arbeit und Politik werden als Basis und Aktionsform obsolet. Von diesem »Standpunkt« aus ist kein Blumentopf der Emanzipation mehr zu gewinnen. Nötig wird eine soziale Massenbewegung, die nicht mehr durch die »Stellung im Produktionsprozeß« definiert ist. Und das Ziel kann nicht die politisch geplante Wertschöpfung sein, die in Wahrheit zusammen mit der Mehrwertproduktion verfällt, sondern die Befreiung von der fetischistischen und zunehmend »entsubstantialisierten« Wertform selbst.

Aneignung hieße dann, den gesamten Stoffwechselprozeß der Gesellschaft mit der Natur ebenso wie mit sich selbst aufzurollen und die Produktion tiefer gehend umzuwälzen als bloß durch die äußerliche Umdefinierung des juristischen Eigentums, wie es etwa Christian Zeller immer noch als »Demokratisierung« der öffentlichen Dienste vorschwebt. Das ist eine Leerformel geworden. Alle Versuche, der spontanen Praxis illegalen Warenkonsums ausgerechnet mit den alten Klassenkampfformeln von Arbeit, Politik und juristischer Eigentumsfrage eine Perspektive zu geben, sind zum Scheitern verurteilt.

ANEIGNUNG ALS KAPITULATION DER KRITIK?

Zur Debatte über ein neues linkes Schlagwort

2. Teil

Wenn man genauer hinhört, ist zu merken, wie sehr die gegenwärtige Aneignungsdebatte damit zu tun hat, daß die radikale Linke selber von der sozialen Krise ereilt wird. Vorbei die Zeiten, als es noch ein gut gepolstertes lustiges Studentenleben gab und man sich ohne große Sorgen um Miete und Essen nächtelang die Köpfe über den tendenziellen Fall der Profitrate oder den Marxschen Fetischbegriff heiß reden konnte. Wenn es existentiell wird, scheint der Spatz der verkürzten Praxisvorstellung in der Hand mehr zu gelten als die Taube der kritischen Theorie auf dem Dach. Das Unmittelbare ist die Ware, die man nicht mehr kaufen kann. Da werden die Standards kritischer Reflexion plötzlich heruntertransformiert und lax gehandhabt. In diesem unkoscheren Sinne taugt der unreflektierte Aneignungsbegriff wunderbar dazu, sich über das eigene Ausweichen vor dem zu knackenden Problemzusammenhang hinwegzulügen.

Am Ende mit der radikalen Kritik?

Das Schlagwort der Aneignung, indem es unvermittelt mit dem ebenso unreflektierten alten Klassenkampfbegriff kurzgeschlossen wird, fällt in Wahrheit hinter den traditionellen Marxismus zurück statt über ihn hinauszugehen. An die Stelle der verkürzten, immanenten Vorstellung über die Umwälzung der Produktionsweise tritt nicht eine radikale Neuformulierung, sondern der Verzicht auf die Fragestellung als solche. Das Steckenbleiben der linken Aneignungsdebatte in der bloß scheinradikal aufgemotzten Verteilungsfrage von Waren kommt jenem konsumistischen Bewußtsein entgegen, das sich um die Reproduktionsbedingungen seiner Existenz nichts mehr scheren möchte. Das vom Buko-Kongreß 2004 ausgerufene »Ende der Bescheidenheit« entpuppt sich so selber als eine gelinde gesagt ziemlich bescheidene Angelegenheit.

Wie so oft scheint die Kapitulation der radikalen Kritik in der Maske der Militanz daherzukommen. Aber gelegentlich ist man durchaus geständig, ohne es überhaupt noch zu merken: »Das Politbarometer sagt: Beleidigt am Zaun stehen und über die Verhältnisse meckern: Out – Sich nehmen, was uns sowieso zusteht: In« (*Arranca!* 28). Der Selbstauslieferung an die Schwankungen des Szene-»Politbarometers« entspricht die Verkürzung der Perspektive auf die eigene Nase. Aneignung wird hier dem »Meckern über die Verhältnisse«, sprich: der über die vermeintlich direkt greifbare Umsetzung des Gedankens hinausgehenden radikalen Kritik, salopp gegenübergestellt. Im Klartext: »Her mit dem Plunder!«, was soll uns noch die brotlose Reflexion über Warenform und ähnliche Esoterik.

Es läßt in diesem Sinne an Offenherzigkeit nichts zu wünschen übrig, wenn etwa Dario Azzellini erklärt: »Es geht darum, die langjährige linksradikale ›Strategie der Opposition‹ ... durch eine ›Strategie der Konstruktion einer neuen Ordnung‹ zu ersetzen« (*iz3w* 277). Und noch deutlicher: »Die Zeiten des ›radikalen Bruchs‹ sind vorbei« (ebda). Sicherlich war die Idee des radikalen Bruchs oft genug kaum mehr als eine Pose. Aber sobald die Aneignungsmilitanz brav konstruktiv wird, ist zu vermuten, daß die »neue Ordnung« mangels Reichweite ihrer »Konstruktion« aus dem Bauch heraus so ziemlich die alte sein wird. Es geht ja keineswegs darum, gegenwärtig notwendig begrenzte Praxisansätze abzukanzeln und sich etwa über »das Recht, sich auf öffentlichen Plätzen und in Parks aufhalten zu dürfen« (Azzellini) lustig zu machen, um die gegenwärtig ebenso notwendig abstrakte Radikalität theoretischer Kritik dagegen auszuspielen. Aber Azzellini verfährt nicht besser, wenn er bloß umgekehrt die über (illegalen) Warenkonsum und bürgerliche Rechtsform nicht hinauskommende unmittelbare Aneignungspraxis gegen die radikale theoretische Reflexion ausspielt.

Was dann noch an Ideen für eine Umwälzung der Produktionsweise übrig bleibt, ist nicht mehr als ein homöopathischer Aufguß uralter abgestandener Konzepte. Daß etwa aus Venezuela über »Spielräume für den Aufbau einer anderen Arbeitsweise« und »Modelle der Mitverwaltung« mit dem Ziel einer »vollständigen ArbeiterInnenkontrolle der Kernindustrien« (Azzellini) berichtet wird, zeigt die Stagnation der Theorie trotz Fabrikbesetzungen. Wo zwischen 50 und 90 Prozent der Bevölkerung zu den Herausgefallenen gehören, wie in der Weltmarkt-Peripherie inzwischen üblich, wird die »ArbeiterInnenkontrolle der Kernindustrien« sozial gegenstandslos und führt ohne Kritik des warenproduzierenden Systems bestenfalls zur Selbstausbeutung, schlimmstenfalls zum Schicksal der jugoslawischen Arbeiterselbstverwaltung, die zum Vehikel des Bürgerkriegs wurde. Daß keine »Modelle« in Sicht sind, spricht nicht gegen, sondern für die theoretische Ausarbeitung der Kritik, die nichts mit »Modellen« zu tun hat. Der spontanen Praxis nur das zurückzuspiegeln, was sie ohnehin schon selber ist und weiß, ist der sicherste Weg, sie zugrunde zu richten. Dann bekommt man am Ende nicht einmal den Plunder.

Verbalradikalismus gegen Arbeit und Geld

Es gibt allerdings auch den entgegengesetzten Weg, die erst in Grundzügen ausformulierte theoretische Kritik von Warenform, Geld, Arbeit und Politik gewaltsam herunterzubrechen auf das Niveau der aktuellen Aneignungsdebatte, um in dieser bewegungsopportunistisch mitzumischen. So macht es nach dem Motto »Dabeisein ist alles« zusammen mit den Wiener Streifzügen jene Gruppe, die das Label der ehemaligen Theoriezeitschrift *Krisis* usurpiert hat. Das Resultat ist so ziemlich dasselbe, nämlich das Steckenbleiben in einer Ideologisierung der spontanen Aneignungspraxis von Waren, während die Kritik des warenproduzierenden Systems zur verbalradikalen Phrase verkommt.

So kraftmeiert etwa Karl-Heinz Lewed in der *Jungle World* (ein Publikationsort, an dem man sich auch Sorgen über das Wohlergehen der US-Administration im Irak macht und der so an sich schon den Anspruch emanzipatorischen Denkens dementiert): »Eine Kritik an den kapitalistischen Zumutungen muß ... jenseits der Warenform erfolgen ... Es gilt, sich die stofflichen Ressourcen direkt anzueignen« (Nr. 28/2004). Die Kritik an kapitalistischen Zumutungen darf also erst sein, wenn man sich schon jenseits der Warenform befindet? Entweder spricht Lewed aus dem Jenseits zu uns, oder er hat es nicht so mit der sprachlichen Logik.

Genauere Aufschlüsse über das direkte Aneignen des stofflichen Reichtums gibt uns der Wiener Jenseitsspezialist Franz Schandl: »Was ist von einer Gesellschaft zu halten, wo es genug Autos und Getreide, Gummistiefel und Medikamente, Bücher und Dächer gibt, diese aber nicht die Menschen erreichen, weil sie sich immer weniger leisten können? Da stellt sich ... dringender denn je die Frage direkter Aneignung dieser Produkte« (*Streifzüge* 30). Wenn die Dächer die Menschen nicht mehr »erreichen«, dann müssen die Menschen eben die Gummistiefel anziehen, ein paar Medikamente einwerfen und sich die Dächer »direkt aneigenen«, um dann glücklich mit ihren Dächern nach Hause zu gehen. Dem Aneigner ist nichts zu schwer. Die willkürliche, absurde Auflistung verrät, daß wir es hier in gar keiner Weise mit einer konkretisierten Kritik des warenproduzierenden Systems zu tun haben. Vielleicht sollte sich Schandl doch lieber beruflich mit Dächern abgeben, statt die Bewegungspraktiker und Prekarisierten mit seinen Stilblüten zu belästigen.

Und Autos, gilt es die auch »direkt anzueignen«? Autoknacker aller Länder, vereinigt euch! Wenn die öffentlichen Verkehrsmittel stillgelegt oder unbezahlbar werden, muß man zwangsweise auf das Auto zurückgreifen oder wird ganz immobil, sobald man sich auch das nicht mehr leisten kann. Aber deswegen ist es noch lange keine kritische Einsicht, darauf zu verweisen, daß »genug Autos da« wären. Die Kritik am kapitalistischen Individualverkehr ist nicht preiszugeben, weil es sozial eng wird und das »Politbarometer« der Szene auf »Aneignung« zeigt. Überhaupt ist ja das Problem des »abstrakten Reichtums« (Marx) nicht nur, daß er für viele unerreichbar wird. Vielmehr geht es auch darum, daß lebensnotwendige Bereiche stillgelegt und gleichzeitig gemeingefährliche Schrott-Produktionen forciert werden. Mit dem verkürzten Aneignungsbegriff von Schandl & Co. ist dem System der »abstrakten Arbeit« nicht beizukommen.

Freie Software, Copyleft & Co.: Das richtige Leben im falschen?

Wenn es mit dem Aneignen von Waren nicht so klappt, gibt es immer noch das Selbermachen. Aber Subsistenzwirtschaft auf dem Rübenacker hält niemand lange durch; und die Alternativunternehmen sind entweder bankrott oder haben sich kapitalistisch professionalisiert. Trotzdem können Formen gegenseitiger Hilfe und der Betrieb von gemeinsamen Einrichtungen in der sozialen Krise eine Rolle spielen. Ein wichtiges Kriterium wäre hier, daß solche Einrichtungen nicht wieder an den Markt gehen, sondern der direkten Nutzung dienen. Das kann nur im Rahmen sozialer Bewegungen organisiert werden, nicht in Gestalt isolierter Projekte. Von Aneignung wäre hier nicht im Sinne des kapitalistischen Reichtums zu sprechen, sondern im Sinne sozialer Räume jenseits von Markt und Staat. Eben deshalb kann es sich der Sache nach nur um einen Teilaspekt sozialer Umwälzung handeln, nicht um ein »Modell« für das Ganze der gesellschaftlichen Reproduktion.

Genau diese Illusion pflegt das Konzept »freier Software«, das aktuell in der verkürzten Aneignungsdebatte hoch im Kurs steht. Die unentgeltliche Entwicklung von Software nach dem Linux-Muster bleibt aber nicht nur äußerst begrenzt; es ist auch zweifelhaft, ob hier überhaupt ein emanzipativer sozialer Raum eröffnet wird, weil das Konzept bloß auf dem anonymen Agieren abstrakter Individuen im virtuellen Raum beruht. Eine Sozialküche, gemeinsame Kinderbetreuung oder eine Widerstandsaktion gegen das Sozialamt kann man auf diese Weise ebensowenig organisieren wie etwa ein Stahlwerk oder die Energieversorgung.

Wie schräg das Konzept ist, zeigt sich an seiner Ausweitung auf journalistische und theoretische Texte nach dem so genannten Copyleft-Prinzip. Da heißt es dann im Impressum einschlägiger Blätter: »Alle Artikel der Streifzüge unterliegen ... dem Copyleft-Prinzip: Sie dürfen frei verwendet, kopiert und weiterverbreitet werden unter Angabe von Autor/in, Titel und Quelle des Originals sowie Erhalt des Copylefts« (*Streifzüge* 30). Das ist nicht Aneignung, sondern freiwillige Selbstenteignung von Autoren. Dem Kapitalismus wird damit nicht das Geringste weggenommen. Das »Prinzip« als rein formales verläßt das bürgerliche Recht nicht; und wenn sie sich daran halten, können z.B. bürgerliche Presse oder Neonazi-Querfront-Postillen auf diese Weise linke Texte »aneignen« (zur rechtstheoretischen Kritik vgl. den Artikel »Copyright und Copyleft« von Petra Haarmann in der Theoriezeitschrift *EXIT!* Nr. 1).

Daß Texte »prinzipiell« nichts mehr kosten sollen, geht natürlich auf Kosten der Autoren. Die Gewerkschaft Verdi ist wenigstens noch darauf bedacht, daß die Schreiber nicht zu Billigarbeitern gemacht oder ganz enteignet werden (wie die Wissenschaftler in den Konzernen). Copyleft stellt die Enteignungs-Aneignungsdebatte geradezu auf den Kopf. Die Unterbietung des gewerkschaftlichen Standpunkts wird als transzendierende Entkoppelung zurechtgelogen, um sich bei einer für solche Mätzchen anfälligen Szene einzuschmeicheln. Eine stumme Voraussetzung bleibt dabei natürlich ungenannt, nämlich daß die Autoren dann ihr Geld von woanders her beziehen müssen, etwa aus akademischen Jobs oder durch das Sponsoring mittels Beiträgen einer Vereinsmitgliedschaft etc. Es handelt sich bei Copyleft um eine unredliche, völlig leere Scheinpraxis eines vorgegaukelten »richtigen Lebens im falschen«, nicht um emanzipatorische Aneignung.

Eine Kapitulation vor Agenda 2010 und Hartz-Reformen?

Der schnellschüssige Aneignungsbegriff, dem jede gesellschaftliche Tiefendimension fehlt, wird dennoch als Masterplan verkauft. »Aneignung ist ein Zauberwort«, tönt Felix Klopotek in der *Jungle World*: »Aneignung ist das, was über die ›traditionellen‹ sozialen Forderungen – mehr Lohn, Verringerung der Arbeitszeit – hinausgeht, ist Verheißung und Fluchtpunkt einer zersplitterten Linken« (Nr. 22/2004). Und die Jenseitsstimme von Karl-Heinz Lewed behauptet, »daß es eine Partizipation am gesellschaftlichen Reichtum nur jenseits von Arbeit und

Geld geben kann« (Nr. 28/2004). Kein Wunder, daß Hartz-Reformen, Agenda 2010 und finanzielle Restriktionen im Bildungs- und Gesundheitswesen nur noch am Rande vorkommen. Da geht es eben um Geld. Der hochtrabende Aneignungsdiskurs enthält in Wahrheit nicht nur den Verzicht auf den »radikalen Bruch«, sondern läuft auch auf eine Kapitulation vor den Maßnahmen der kapitalistischen Krisenverwaltung hinaus.

Trotz Lippenbekenntnissen zur Notwendigkeit des »immanenten Kampfes« wird die »direkte Aneignung« den Auseinandersetzungen um finanzielle Ansprüche, Sozialtransfers etc. alternativ gegenübergestellt. Das ist eine verheerende Fehlleistung. Die mögliche Konstitution sozialer Kämpfe verläuft heute genau an der Frontlinie der finanziellen Kahlschläge. Praxen direkter Aneignung und selbstbestimmter Reproduktionseinrichtungen können solche Kämpfe anreichern, aber sie nicht ersetzen.

Und die Kritik von »abstrakter Arbeit« und Warenform? Sie muß theoretisch erarbeitet und konkretisiert, als gesellschaftlicher Diskurs entwickelt und verbreitert werden. Die unvermeidliche Spannung zur aktuell möglichen Praxis ist auszuhalten, nicht wegzulügen. Weil der Weg eben nicht das Ziel ist, wie es die alten Reformisten behauptet haben, besteht die Perspektive nicht im Blick auf das, was man unmittelbar machen, sondern genau umgekehrt im Blick auf das, was man gerade nicht unmittelbar machen kann. Soziale Aneignung in einem umfassenden, Produktion und Reproduktion übergreifenden Sinne ist eine wichtige Bestimmung für ein neues, nichtbürokratisches Sozialismusverständnis. Ein solcher Aneignungsbegriff kann nicht nur die Kritik des warenproduzierenden Systems konkretisieren, sondern auch einen Bezugsrahmen geben, um heute schon in immanenten Kämpfen die Konkurrenz im weiter reichenden Interesse einer gemeinsamen gesellschaftlichen Zielsetzung zu überwinden. Dazu bedarf es eines langen Atems, den der jetzige Modediskurs offensichtlich nicht hat.

ZWEITER ABSCHIED VON DER UTOPIE

Die Bewegung der Kritik ist etwas anderes als das Aushecken von Billigrezepten für den sozialen Schnellkochtopf: Wenn die »falsche Unmittelbarkeit« Programm wird, geht erst recht nichts mehr

Die Utopien zu Beginn des 19. Jahrhunderts waren die Kinderschuhe des Sozialismus. Gegen die miserable frühkapitalistische Wirklichkeit wurden andere Prinzipien ausgeheckt, soziale Formeln für ein ideales Zusammenleben erfunden, »Grundriß und Aufriß« (Marx) einer ganz anderen Gesellschaft gezeichnet, und zwar unbekümmert um die reale historische Entwicklung und deren innere Widersprüche. Der Marxismus beanspruchte demgegenüber, den Sozialismus »von der Utopie zur Wissenschaft« (Engels) fortentwickelt zu haben. Sozialer Befreiung sollte die Einsicht in die »Gesetzmäßigkeiten« des Kapitalismus und der Geschichte zu Grunde liegen. Daraus entstand die Idee einer staatlichen Regulation der Arbeit. Der Sozialismus wurde politisch.

In dieser Hinsicht geht heute gar nichts mehr. Der östliche Staatssozialismus ist ebenso tot wie die mildere westliche Version einer keynesianischen Steuerung der Ökonomie. Unter dem Druck der 3. industriellen Revolution und der transnationalen Globalisierung des Kapitals schrumpft die Arbeit dramatisch und die Politik wird zum Auslaufmodell. Das ist die Stunde der Aktualität für den »anderen«, vom Arbeiterbewegungs-Marxismus weitgehend unterschlagenen Marx. Dieser verstand seine Kritik der politischen Ökonomie nicht als positives politisches

Anwendungs- und Regulationsprogramm, sondern als radikale Kritik des aller Politik zu Grunde liegenden modernen warenproduzierenden Systems selbst. »Die Welt ist keine Ware«, diese scheinbar griffige Parole der momentan gängigen Globalisierungskritik zielt aber keineswegs im Sinne einer zu Ende geführten Kritik der politischen Ökonomie auf eine Gesellschaft jenseits von Markt, Staat und »abstrakter Arbeit« (Marx), sondern will die Warenwelt bloß moralisch aufrüsten.

Praktischer Ausgangspunkt für eine neue, zugespitzte Gesellschaftskritik kann nur der Widerstand gegen die parteiübergreifende kapitalistische Krisenverwaltung sein. Aber dieser Widerstand erscheint zunächst selber noch als ein Interessenkampf in den Formen von Ware und Geld. Damit ist schon immer die Konkurrenz verbunden. Deshalb besteht die gesellschaftliche Transformation nicht, wie der alte politische Sozialismus dachte, in einer bloßen Verwirklichung dieses immanenten Interesses durch staatliche Regulation. Vielmehr geht es heute angesichts einer Weltkrise des warenproduzierenden Systems um die Perspektive eines Bruchs mit der herrschenden Produktions- und Lebensweise, die sich für die Individuen als verinnerlichter Zusammenhang von Lohnarbeit-Geldeinkommen-Warenkonsum darstellt.

Die Schwierigkeit dieser neuen Perspektive kann allerdings dazu verführen, in der Kritik des warenproduzierenden Systems auf eine utopistische Konzepttheckerei zurückzufallen. Traurige Beispiele dafür sind in der Freitag-Debatte »Utopie konkret« die Beiträge von Franz Schandl (*Freitag* 25 vom 11. Juni), Stefan Meretz (*Freitag* 26 vom 18. Juni) und Ulrich Weiß (*Freitag* 28 vom 2. Juli). Statt das Problem der Interessenform zu benennen, wird es durchgestrichen und der immanente Interessenkampf kurzerhand überhaupt für obsolet erklärt. »Alle sprechen unreflektiert von Interessensdurchsetzung, was in letzter Konsequenz nur heißen kann: Wie setze ich mich in Wert und wie entwerte ich andere?«, behauptet

Schandl. »Die eigenen Interessen durchzusetzen, bedeutet, sie gegen andere Interessen durchzusetzen ... Behaupte dich auf Kosten anderer ... Das Denken in ›Interessen‹ ist immer (!) auch ein Denken in ›Personen‹. Die Guten und die Bösen ... Personalisierendes Denken hat keine Haltelinie zum Rassismus«, sekundiert Meretz. Da verschlägt es einem die Sprache. Der Kampf gegen unbezahlte Mehrarbeit, Hartz-Gegenreformen und Agenda 2010 – ein einziger Irrtum, per se (»immer«) »personalisierend« und rassistisch?

In Wirklichkeit ist der soziale Interessenkampf nicht einfach identisch mit der individuellen und betriebswirtschaftlichen Konkurrenz. Die Kämpfe um Lohn, Sozialtransfers und öffentliche Dienste besetzen zwar eine bestimmte Ebene der Konkurrenz gegenüber den Institutionen von Kapital und Staat, aber sie gehen darin nicht auf. Vielmehr sind sie überhaupt nur möglich, wenn gleichzeitig die Konkurrenz der Betroffenen untereinander ausgesetzt wird. Gegenwärtig gelingt dies immer weniger; stattdessen nimmt die Atomisierung und Entsolidarisierung der Individuen überhand. Die Krisenwirklichkeit allein führt eben nicht von selbst zu einer Resolidarisierung. Erst wenn die Idee einer grundsätzlich anderen Gesellschaft im Raum steht, kann auch für begrenzte Ziele im Bestehenden die Konkurrenz durchbrochen werden. Nach dem Ende des politischen Sozialismus fehlt ein entsprechendes Paradigma. Die sozialen Bewegungen wagen es bis jetzt nicht, die Überwindung des Zwangssystems von Warenproduktion und Geldform ins Auge zu fassen. Ein solches Ziel ist natürlich nicht sofort praktisch greifbar. Aber allein schon durch seine ernsthafte Formulierung als gesellschaftlicher Diskussionsgegenstand kann es als eine Art Katalysator wirken, um dem zunächst immanenten sozialen Interessenkampf wieder einen Bezugsrahmen zu geben.

Schandl und Meretz verwechseln die radikal zu kritisierende gesellschaftliche Form von Ware und Geld, in der sich Sozialhilfeempfänger ebenso wie Manager befinden, mit dem zunächst nur in dieser Form erscheinenden Inhalt der Lebensinteressen. Auch wenn es kein Zurück zum traditionellen Klassenkampf geben kann, sind deshalb noch lange nicht alle Katzen des Interesses grau. Jeder von den kapitalistischen Gesellschaftsformen konstituierte Interessenkampf kann allerdings in personalisierendes Denken und in rassistische Ausgrenzungskonkurrenz umschlagen; diese stets präsente Gefahr erfordert die Anstrengung der Ideologiekritik gegenüber den sozialen Bewegungen. Zu meinen, sich diese Kritik ausgerechnet durch Propaganda des Interessenverzichts sparen zu können, heißt aus Angst vor dem Tod Selbstmord begehen.

Das Geheimnis der ganzen vermeintlich »konkret utopischen« Veranstaltung plaudert Ulrich Weiß aus, wenn er »das unmittelbare (!) Begründen ... eines Lebens jenseits von Klasse, Staat, Verwertung« fordert. In dieser Welt ist jedoch alles vermittelt, das heißt durch historisches Gewordensein bestimmt, und die Idee der Unmittelbarkeit immer eine falsche. Der Bruch mit der kapitalistischen Interessenform, die man nicht ablegen kann wie ein Hemd, ist nur möglich durch eine Transformation des sozialen Interessenkampfes selbst, nicht durch dessen abstrakte Negation. Es bedarf einer komplexen historischen Gegenvermittlung, um die in Jahrhunderten ausentwikkelte destruktive Reproduktionsform der »Verwertung des Werts« (Marx) aufzurollen. Dazu gehört, daß soziale Bewegungen nicht mehr den aussichtslos gewordenen politischen Dienstweg gehen, sondern sich außerparlamentarisch formieren. Notwendig ist es auch, den immanenten sozialen Interessenkampf und Widerstand gegen die kapitalistische Krisenverwaltung mit Momenten eines Lebens jenseits von »abstrakter Arbeit«, Warenform und Geld anzureichern. Das wäre herauszufinden. Die Komplexität einer solchen Gegenvermittlung ist allerdings die Sache eines Hau-ruck-Theoretikers wie Franz Schandl nicht. Eine Welt »ohne Geld und Markt, ohne Arbeit und

Wert«, wie geht das? Schandl: »Denken wir sie uns weg!« Wegdenken statt Nachdenken – das ist ein wenig zu kurz gedacht.

Ein Aspekt bei der Transformation des sozialen Interessenkampfes kann unter den neuen Krisenbedingungen in der sozialen Aneignung von bestimmten sachlichen Ressourcen bestehen. Darunter fallen Aktionsformen wie etwa Haus- und Landbesetzungen oder organisiertes Schwarzfahren als Protest gegen die kommunale Verkehrspolitik. Solche Erfahrungen kritisch aufzuarbeiten ist freilich nichts für Unmittelbarkeitsdenker, die weglos zum Ziel kommen wollen. »Die ketzerische Frage lautet: Warum soll man kaufen müssen?«, so Schandl. Er ist für »die freie Entnahme«. Da kann er sich des Beifalls sämtlicher Konsum-Youngsters sicher sein, der bloß wenig mit emanzipatorischer Kritik zu tun hat. Die Idee eines Warenkonsums ohne Geld (Zahlungsfähigkeit) verläßt die Logik der Warenform und ihres »abstrakten Reichtums« (Marx) nicht. Schandl geht es gar nicht um die Analyse realer Ansätze von Aneignung, er fragt rhetorisch: »Warum soll Mehl gekauft werden? ... Und Mähdrescher? ... Es ist von alledem genug da.« Warum ausgerechnet Mehl und Mähdrescher? Weil beides mit »M« anfängt? Die Willkür und Beliebigkeit verrät, daß hier nichts durchdacht, sondern eben von der Sache weggedacht wurde. Das ist keine Konkretisierung, sondern im schlechtesten Sinne abstrakt. Und übrigens um keinen Deut besser als die ähnlich unreflektierte Parole der blauäugigen Rest-Linkskeynesianer von Attac, daß »genug Geld da« sei. Es hat einfach etwas Urkomisches, sich den nur allzu politischen Journalisten Franz Schandl beim Aneignen eines Mähdreschers vorzustellen (»Imagine!«).

»Keimformen« nicht-warenförmiger Reproduktion sind ja durchaus möglich, allerdings nur im Kontext sozialer Widerstandsbewegungen; so etwa gemeinsame Einrichtungen, die im Unterschied zu den gescheiterten Alternativ-Unternehmen nicht an den Markt gehen, sondern deren Betrieb im Gebrauch erlischt (Versammlungsräume, Bibliotheken, Kantinen usw.). Die viel beschworene freie Software ist in dieser Hinsicht allerdings mit Vorsicht zu genießen. Erstens kann diese Nischen-Aktivität nicht auf die materielle und soziale Reproduktion übertragen werden; so ist zum Beispiel sauberes Trinkwasser für alle nicht algorithmisch darstellbar und kann nicht »heruntergeladen« werden. Zweitens steht hier nicht etwa eine andere soziale Organisationsform zur Debatte, sondern die »unentgeltliche« Softwareentwicklung als »Selbstentfaltung« (Meretz) anonymer Individuen. Ein virtueller Sozialismus als Ansammlung von Chatrooms? Das riecht eher nach einer Spätfolge der abgestürzten New Economy als nach sozialer Emanzipation.

Vollends verdorben wird das Konzept, wenn sich die angebliche »freie Springquelle wirklichen menschlichen Reichtums« (Ulrich Weiß) im sozialen Nahbereich mit klassisch reaktionären Ideen auflädt. Weiß möchte »einst konservative, traditionelle Lebensweisen« in »Momente einer neuen postkapitalistischen Vergesellschaftung« umdefinieren. Sich ausgerechnet mit solcher Akzentsetzung »zu Kindern bekennen« (Weiß) ist eine Option für die Familienideologie von Edmund Stoiber. Auffallen muß in diesem Zusammenhang, daß die Utopien von Schandl, Meretz und Weiß ohne den leisesten Verweis darauf auskommen, daß im warenproduzierenden System bestimmte Lebensbereiche, die nicht in der »abstrakten Arbeit« aufgehen, an den weiblichen Teil der Menschheit delegiert wurden (vgl. Roswitha Scholz, »Das Geschlecht des Kapitalismus«, Bad Honnef 2000). Dreimal darf man raten, wer sich hier vermittels freier Software der »Selbstentfaltung« hingeben darf (soweit man nicht gerade mit der Aneignung von Mähdreschern beschäftigt ist) und wer letzten Endes wieder für die »Liebe« und das Hinternwischen zuständig sein wird.

Wenn Ulrich Weiß die Melange aus High-tech-Individualismus und Familienidylle auch noch ohne jede Sensibilität für einen unseligen deutschen Zungenschlag mit Hölderlin als »Hoffnung auf lebendige Gemeinschaft« verkauft und darauf setzt, daß das »Volk« die Unmenschlichkeit der Geldwirtschaft »ahnt«, geht die Reise verdächtig nach rechts ins romantisch-lebensphilosophische Fahrwasser. Die Behauptung von Weiß, daß zwischen dem Ist-Zustand und einer Welt ohne Waren nur »Scharen von Anwälten« stehen, was ist sie anderes als eine »Personalisierung« der krudesten Art, die auf Sündenböcke aus ist statt auf emanzipatorische Systemkritik?

Natürlich hat dieses verkürzte Denken eine soziale Basis. Daß jemand »Hausmann und Ich-AGist« ist (so die Selbstbeschreibung von Ulrich Weiß), gehört heute zum Massenschicksal. Aber die Ideologisierung der berüchtigten unmittelbaren Betroffenheit führt nicht zur Emanzipation, sondern verkleidet bloß ein nicht offen gelegtes, selber immanentes Interesse. Der »hausfrauisierte Mann« – wie ihn Claudia v. Werlhof nennt – möchte irgendwie obenauf bleiben, indem er die notwendige Auseinandersetzung um »abstrakte Arbeit« und Warenform auf seine unreflektierten lebensweltlichen Bedürfnisse einer Art virtuellen, flexibilisierten Neo-Kleinbürgerlichkeit herunterbricht. An die Stelle gesellschaftlicher Konfliktführung soll nur noch das kleinteilige Selbermachen treten. Wenn etwa Meretz ausschließlich darauf setzt, »die vielen Inseln« von Nischenexistenz »zu vernetzen«, geht er systematisch am Problem der großen gesellschaftlichen Aggregierungen (Infrastrukturen etc.) vorbei.

Der Maßstab gesamtgesellschaftlicher Bewegung wird ausgeblendet, konkrete Analyse und Ideologiekritik durch das Pathos des abstrakten Menschen ersetzt, das nur eine idealisierte Version des Bestehenden darstellt. Für Meretz geht es allen Ernstes »um die individuelle Wiederaneignung von ›einfach nur Mensch sein‹ ...«. Der Begriff der Aneignung wird so zum Kitsch fürs soziale Poesiealbum heruntertransformiert. Dazu paßt die falsche Versöhnungsparole: »Den inneren Kampfhund abschaffen, den Beißreflex zurücknehmen« (Meretz). Am Interessenkampf stört anscheinend weniger das (Konkurrenz-) Interesse, das man selber klammheimlich hat, als vielmehr der Kampf. Aber vorläufig wird der Beißreflex noch gebraucht, und zwar kräftig. Eine kampflose Emanzipation von der Warenform ist bloß illusionär.

Schandl, Meretz und Weiß sind selber schwere Fälle für Ideologiekritik, weil sie hinter den Arbeiterbewegungs-Marxismus zurückfallen statt über ihn hinauszukommen. Angesagt ist der zweite Abschied von der Utopie, nicht deren Wiederbelebung. Die historische Bewegung der Kritik ist etwas anderes als das Aushecken von Billigrezepten für den sozialen Schnellkochtopf. Theoretische Reflexion der Warenform in der Absicht ihrer Überwindung taugt nicht als billiger Jakob auf dem Markt der Meinungen. Wenn die falsche Unmittelbarkeit zum Programm wird, geht erst recht nichts mehr.

Der Alptraum der Freiheit

Die Grundlagen der »westlichen Werte« und die Hilflosigkeit der Kritik

Bekanntlich bilden die Begriffe von Freiheit und Gleichheit die zentralen Schlagworte der Aufklärung. Diese Ideale hat allerdings der Liberalismus nicht für sich gepachtet. Paradoxerweise spielten sie im Marxismus und Anarchismus eine ebenso große Rolle. Und auch für die heutigen sozialen Bewegungen haben sie einen hohen ideologischen Stellenwert. Die Linke starrt auf die Idole von Freiheit und Gleichheit wie das Kaninchen auf die Schlange. Um nicht vom Glanz dieser Idole geblendet zu werden, empfiehlt es sich, den Blick auf ihre gesellschaftliche Grundlage zu richten. Marx hat diese Grundlage schon vor mehr als 100 Jahren aufgedeckt: Es ist die Sphäre des Marktes, der kapitalistischen Zirkulation, des Warentauschs, des universellen Kaufens und Verkaufens.

In dieser Sphäre herrscht eine ganz bestimmte Art von Freiheit und Gleichheit, die sich einzig und allein darauf bezieht, zu verkaufen, was man will – vorausgesetzt, es findet sich ein Käufer; und zu kaufen, was man will – vorausgesetzt, man ist zahlungsfähig. Und nur in diesem Sinne herrscht auch Gleichheit, nämlich die Gleichheit von Waren- und Geldbesitzern. Es kommt bei dieser Gleichheit nicht auf die Quantität an, sondern auf die gemeinsame gesellschaftliche Form. Für den Cent ist nicht dasselbe zu kaufen wie für den Dollar; aber egal ob Cent oder Dollar, der Qualität nach herrscht die Gleichheit der Geldform. Beim Kaufen und Verkaufen gibt es keine Herren und keine Knechte, keinen Befehl und keinen Gehorsam, sondern nur freie und gleiche Personen des Rechts. Egal ob Mann oder Frau oder Kind, egal ob weiß oder schwarz oder braun – der Kunde ist unter allen Umständen willkommen. Die Sphäre des Warentauschs ist die Sphäre des gegenseitigen Respekts. Wo ein Händewechsel von Ware und Geld stattfindet, gibt es keine Gewalt. Das bürgerliche Lächeln ist immer ein Verkäuferlächeln.

Der Sarkasmus von Marx bezieht sich darauf, dass diese Sphäre des Marktes nur einen kleinen Bruchteil des modernen gesellschaftlichen Lebens ausmacht. Der Warentausch oder die Zirkulation hat eine ganz andere Sphäre zur Voraussetzung, nämlich die kapitalistische Produktion, den Funktionsraum der Betriebswirtschaft oder der »abstrakten Arbeit« (Marx). Hier gelten ganz andere Gesetze als in der Zirkulation der Waren, hier gefriert das Verkäuferlächeln zur zynischen Grimasse des Sklaventreibers oder Gefängniswärters. In der Arbeit, so schrieb schon der junge Marx, ist der Arbeiter »nicht bei sich, sondern außer sich«. Die Freiheit in der Warenproduktion ist so gering, dass noch nicht einmal über Inhalt, Sinn und Zweck dessen bestimmt werden kann, was da produziert wird. Auch die Kapitaleigentümer und Manager haben diese Freiheit nicht, weil sie unter dem Druck der Konkurrenz stehen. Deshalb folgt die Produktion ganz den Prinzipien von Befehl und Gehorsam. Wo das Regime der Betriebswirtschaft besonders »effizient« ist, dürfen die Arbeiterinnen und Arbeiter nicht einmal selbständig pinkeln gehen. Gerade der Neoliberalismus liebt diese produktive Strenge ganz außerordentlich.

Nur scheinbar widersprechen sich die Freiheit und Gleichheit der Zirkulation und die Diktatur der betriebswirtschaftlichen Produktion. Rein formell sind die Arbeiterinnen und Arbeiter in der Produktion gerade deswegen unfrei, weil sie vorher auf dem Markt ihre Freiheit

als Warenbesitzer betätigt, nämlich ihre Arbeitskraft verkauft haben. Natürlich ist diese Freiheit, die eigene Arbeitskraft zu verkaufen, selber einem Zwang geschuldet,
also einer Unfreiheit: Es wurden historisch durch die
Modernisierung Verhältnisse geschaffen, in denen es keine andere Möglichkeit mehr gibt, sich am Leben zu erhalten. Man muß entweder Arbeitskraft kaufen und für
den Selbstzweck der Kapitalverwertung anwenden, oder
man muß seine eigene Arbeitskraft verkaufen und sich
für diesen Selbstzweck anwenden lassen. Solange es
noch unabhängige (bäuerliche und handwerkliche) Produzenten gab, gab es gar keinen universellen Markt, sondern der größte Teil der sozialen Beziehungen spielte
sich in anderen Formen ab. Der Aufstieg des universellen
Marktes ging einher mit dem Abstieg der unabhängigen
Produzenten. Nur weil es den Arbeitsmarkt gibt, weil also die menschliche Arbeitskraft Warenform angenommen
hat, werden auch alle anderen Güter als Waren gehandelt.
Die Sphäre der Freiheit und Gleichheit in der Zirkulation
existiert also überhaupt nur, weil sich die Sphäre der Unfreiheit in der Produktion herausgebildet hat. Deshalb
findet die universelle Freiheit auch in der Form der universellen Konkurrenz statt.

Dieses Problem setzt sich fort im Bereich der persönlichen Reproduktion oder der Privatheit, wo die Waren
konsumiert werden und die intimen sozialen Beziehungen ihren Ort haben. Hier gibt es viele Tätigkeiten und
Momente des Lebens, die nicht in der Warenproduktion
aufgehen (Haushalt, Kindererziehung, »Liebe« usw.). Für
diese Aspekte wurden materiell, soziopsychisch und
kulturell-symbolisch im Prozeß der Modernisierung die
Frauen zuständig gemacht und eben deswegen sozial ab-
gewertet: es handelt sich um Momente des gesellschaftlichen Lebens, die kein »Geld wert«, also im Sinne der
Kapitalverwertung zweitrangig und minderwertig sind.
Diese »Abspaltung« (Roswitha Scholz) beschränkt sich
nicht auf eine abgrenzbare sekundäre Sphäre, sondern sie

durchdringt den gesamten gesellschaftlichen Lebensprozeß. So werden Frauen innerhalb der Warenproduktion in der Regel schlechter bezahlt und gelangen relativ selten in Führungspositionen. In den persönlichen Beziehungen herrscht ein bestimmter Code der Geschlechter, der für Frauen ein strukturelles Abhängigkeitsverhältnis impliziert, auch wenn dieses in der Postmoderne vielfach gebrochen und modifiziert ist. Ganz ähnlich wird der nichtweiße, nicht-westliche Teil der Menschheit einer schon in der Aufklärung rassistisch formulierten strukturellen Unterordnung ausgeliefert.

Einzig und allein in der Sphäre der Zirkulation, des Marktes, scheinen alle Verhältnisse einer »Herrschaft des Menschen über den Menschen« ausgelöscht. Diese gleisnerische Sphäre der Freiheit und Gleichheit beruht jedoch nicht nur auf Strukturen der Abhängigkeit, sondern sie bildet auch in einem unmittelbaren Sinne eine bloße Funktion für den Selbstzweck der Kapitalverwertung. Denn der universelle Markt dient im krassen Gegensatz zum Austausch voneinander unabhängiger Produzenten nicht der wechselseitigen Befriedigung von Bedürfnissen, sondern er ist nur ein Aggregatzustand oder ein Durchgangsstadium des Kapitals selbst. Im Verkauf »realisiert« sich der abstrakte Wert als Geld, und genau darin besteht die Funktion des scheinbar freien Austauschs. Das ursprüngliche Geldkapital, das sich durch die Produktion in Waren verwandelt hat, kehrt um den Profit vermehrt zu seiner Geldgestalt zurück. Darin äußert sich gerade der Charakter des Kapitals als Selbstzweck, nämlich aus Geld mehr Geld zu machen und somit »abstrakten Reichtum« (Marx) in einem unendlichen Progress aufzuhäufen. Indem die Menschen also ihre Freiheit und Gleichheit in der Sphäre der Zirkulation betätigen, tun sie nichts anderes, als die »Selbstvermittlung« des Kapitals zu bewirken, nämlich den produzierten Mehrwert oder Profit aus der Warenform in die Geldform zurück zu verwandeln. Freiheit und Gleichheit der Zirkulation sind daher nichts anderes als ein Räderwerk für den Zweck der »Realisation« des Kapitals. Jeder Akt der Freiheit muss eine Art Pumpleistung vollbringen, um Kapital aus dem Aggregatzustand der Ware in den Aggregatzustand des Geldes zu versetzen.

Die moderne bürgerliche Freiheit hat also einen seltsamen Charakter; sie ist identisch mit einer höheren, abstrakten und anonymen Form der Knechtschaft. Soziale Emanzipation wäre Befreiung von dieser Art der Freiheit, statt sie zu »verwirklichen«. Nicht besser steht es mit dem Begriff der Gleichheit, der geradezu eine Drohung impliziert, nämlich die Individuen in ein und dieselbe Form zu pressen. Die Modernisierung hat die Menschheit gewissermaßen in die Einheits-Uniform von Subjekten des Geldes gesteckt. Dahinter aber verbergen sich strukturelle Abhängigkeitsverhältnisse. In Wirklichkeit sind die Bedürfnisse, die Geschmäcker, die kulturellen Interessen und die persönlichen Ziele der Individuen niemals »gleich«; sie sind nur der Gleichheit der Warenform unterworfen worden. Emanzipatorisch wäre es daher, wie Adorno sagte, endlich »in Frieden ungleich« sein zu können.

Die Gleichheit hat ihren falschen Nimbus durch einen argumentativen Taschenspielertrick der bürgerlichen Ideologen seit der Aufklärung erhalten. Die Bedeutung des Begriffs der Ungleichheit wurde verschoben von der schlichten Verschiedenheit der Individuen auf die Unterordnung der einen Individuen unter die anderen. Was an sich bloß Ausdruck der individuellen Eigenart ist, nämlich die Ungleichheit, erscheint plötzlich als Ausdruck der Abhängigkeit. Und umgekehrt: Was an sich Ausdruck des uniformen Zwangs ist, nämlich die Gleichheit, erscheint plötzlich als Ausdruck der Befreiung von Abhängigkeit. Wir haben es hier mit einem typischen Fall der Orwellschen Sprache in der modernen Ideologie zu tun. In Wirklichkeit hat Ungleichheit nichts mit Herrschaft und Gleichheit nichts mit Selbstbestimmung zu tun. Eher im Gegenteil: Die Gleichheit in der Moderne ist selber ein Herrschaftsverhältnis.

Das Resultat ist ein permanenter Widerspruch in der modernen Ideologie. Einerseits wird die Sphäre der Zirkulation aus dem Gesamtzusammenhang der kapitalistischen Reproduktion herausgelöst und zum Ideal erhoben. Andererseits werden die faktische Diktatur in der Produktion und die strukturelle Abwertung des Weiblichen zum unüberschreitbaren »sachlichen Naturgesetz« erklärt. Beständig muss die eine gegen die andere Seite ausgespielt werden; und gerade dadurch befestigt sich das gesellschaftliche Verhältnis in den Köpfen. Freiheit und Gleichheit stellen so genau das dar, was Adorno als »Verblendungszusammenhang« bezeichnet hat. Und die Linke hat diese Verblendung zusammen mit ihrem begrifflichen Apparat von der Aufklärung geerbt. Besonders die Utopisten, die demokratischen und libertären Sozialisten, die Anarchisten und die Dissidenten in den Ländern des Staatssozialismus beriefen sich stets auf die Ideale von Freiheit und Gleichheit, ohne deren Beschränkung auf die Sphäre der Zirkulation zu erkennen und ohne den inneren Zusammenhang von Freiheit und Unfreiheit in der Moderne zu durchschauen.

Heute scheint die Gesellschaftskritik mehr denn je auf die Ideale der Zirkulation zurückzufallen. Das hat strukturelle Ursachen. Die Weltkrise der dritten industriellen Revolution hat eine wachsende Zahl von Menschen aus der eigentlichen Produktion verdrängt und sie zwangsweise zu Agenten der Zirkulation gemacht. Als billige Dienstleister aller Art, als Verkäufer, Straßenhändler und sogar als Bettler erleben sie nun die Sphäre der Freiheit und Gleichheit selber paradoxerweise als Joch einer sekundären Arbeit; die Diktatur der Produktion dehnt sich auf die zunehmenden Tätigkeiten in der Zirkulation bis hin zum Elends-Unternehmertum aus. Freiheit und Unfreiheit fallen dabei unmittelbar zusammen; aber ideologisch verarbeitet wird dieses Paradoxon umso mehr in

Begriffen der zirkulativen Ideale. Indem die Individuen sich als Kleinbürger ihrer selbst und als eine Art Teppichhändler ihres weitgehend zirkulativen »Humankapitals« erleben, kehrt nach dem Ende des Arbeits-Sozialismus der Utopismus des Warentauschs in einer neo-kleinbürgerlichen Version zurück. In einer Gesellschaft, in der alle allen permanent irgend etwas andrehen wollen und die sozialen Beziehungen sich in einen universellen Basar auflösen, werden die zunehmenden Krisenerscheinungen durch das Raster der Zirkulations-Existenz wahrgenommen. Geradezu zwanghaft interpretiert eine Intelligentsia von Selbstverkäufern die Probleme der dritten industriellen Revolution nach dem Muster des Zirkulations-Verhältnisses: »Ein Warenbesitzer trifft den anderen.« Sogar noch die Überwindung der Warenproduktion wird in Kategorien des »ewigen Tauschens« gedacht.

Die in ihrer gesellschaftlichen Verfaßtheit nicht kritisch reflektierten, nur scheinbar in der Sphäre der Zirkulation »voneinander unabhängigen« Individuen sollen sich wechselseitig ihre »Gunst« schenken und einander »etwas gönnen«, statt miteinander zu konkurrieren; ganz so, als läge das Problem nicht auf der Ebene der gesellschaftlichen Produktions- und Lebensweise, sondern auf der Ebene einer individuell darstellbaren »Pathologie«, die durch pädagogische und therapeutische Maßnahmen »geheilt« werden könnte. Das Grinsen der Verkäufer wird zum Idealismus eines netten, nicht mehr von Konkurrenz geprägten Umgangs miteinander stilisiert, als wäre eine gesellschaftliche Transformation an der substantiellen Produktions- und Lebensweise vorbei durch utopische Konstrukte des persönlichen Verhaltens machbar, die allesamt ihre Wurzel in der idealisierten Sphäre der Zirkulation haben – wobei die neo-kleinbürgerlichen Utopisten sich selbst zu »Ärzten am Krankenbett des Subjekts« ernennen.

Die in vielen Ländern verbreitete Ideologie der Tauschringe stellt praktisch kaum mehr als eine Hobby-Ökonomie dar; wo sie in großem Maßstab praktiziert wurde, wie zuletzt in der argentinischen Krise, ist sie grandios gescheitert. Noch dürftiger erscheint der Versuch, in Anlehnung an die Untersuchungen des französischen Ethnologen Marcel Mauss und dessen Hauptwerk »Die Gabe« (erschienen 1950), das »ewige Tauschen« nach dem Muster sogenannter archaischer Gesellschaften vermeintlich von der Konkurrenz zu erlösen und in ein wechselseitiges Austauschen von Geschenken, also in eine Art permanentes Weihnachten zu verwandeln. Diese Vorstellung einer »Geschenk-Ökonomie« kann ihrem Wesen nach die Reichweite unmittelbar persönlicher Beziehungen nicht überschreiten; sie verfehlt daher den Maßstab gesellschaftlicher Produktivkräfte und hoch organisierter sozialer Zusammenhänge. Es wäre lächerlich, wenn das eine abstrakte Individuum zum anderen sagt: »Schenkst« du mir eine Nieren-Transplantation, dann »schenke« ich dir, wenn du schön brav bist, einen Mähdrescher. Das Problem ist nicht, dass man sich gegenseitig individuell etwas »gönnt«, sondern dass die gesellschaftlichen Potenzen (Infrastrukturen, Systeme der Bildung und Wissenschaft, Systeme der industriellen und der immateriellen Produktion) sinnvoll statt destruktiv eingesetzt werden.

Die Utopien der Zirkulation dagegen suchen eine Lösung immer primär auf der Ebene der individuellen Verhaltensweisen. Das heißt das Pferd vom Schwanz aufzäumen. Statt durch eine gesellschaftliche Umwälzung der Produktion und der Lebensweise die Zirkulation von Waren und die damit verbundene Konkurrenz auf den Märkten überflüssig zu machen, soll umgekehrt das isolierte Subjekt der Zirkulation selbst die vermeintliche Ontologie des Tauschens in einer geläuterten Form vollziehen. Die Konkurrenz soll »wegmoralisiert« werden. Soziale Emanzipation erscheint dann als bloße Folge einer angeblich »verwirklichten« Utopie von Freiheit und Gleichheit des Zirkulationssubjekts in kleinen Gruppen.

Die Frage der praktischen Solidarität in gesellschaftskritischen sozialen Zusammenhängen wird ideologisiert zu einem verlogenen pädagogischen und oft geradezu psychotherapeutischen Idealismus, der nur in den Terror der Nettigkeit und der wechselseitigen sozialen Kontrolle (etwa nach dem Muster religiöser Sekten) umschlagen kann. Dieser neo-kleinbürgerliche Utopismus des zirkulativen Humankapitals ist ebenso zum Scheitern verurteilt wie alle früheren Utopien.

DER MOLEKULARE AUSNAHMEZUSTAND

Krisenbewußtsein und »theological turn« der Postmoderne

Die Postmoderne ist am Ende. Der Begriff war ohnehin schon immer eine Mogelpackung: Er sollte etwas gesellschaftlich Neues suggerieren und konnte doch gar keinen eigenen Inhalt angeben. Die Hohlheit der Selbstbenennung verweist darauf, daß die Postmoderne nichts anderes als der begriffslos gewordene moderne Kapitalismus in einer Spätform eitler Selbstbespiegelung war. Das entleerte Subjekt gefiel sich in einem Kult der Medialität und des »anything goes«. Gesellschaftlich entsprachen dieser Virtualisierung seit den 80er Jahren einerseits in technologischer Hinsicht der Personalcomputer, die neuen Medien und Kommunikationstechnologien (insbesondere das Internet), andererseits in ökonomischer Hinsicht die spekulativen Finanzblasen auf den Aktien- und Immobilienmärkten.

Aber der harte Kern des Kapitalismus kann letzten Endes nicht simulativ weich gemacht werden. Zentral in diesem System ist die Kategorie der »Arbeit«, die von ihrer Wurzel her als »männlich, weiß und westlich« bestimmt ist. Damit verbunden ist eine Abwertung der Frauen, an die alle von der »Arbeit« abgespaltenen, darin nicht aufgehenden Momente der sozialen Reproduktion delegiert wurden. Gleichzeitig ist in den Code der Disziplinierung für die Zumutungen der »Arbeit« eine Abwertung nicht-weißer Menschen als Urbilder der mangelnden Unterwerfung unter die Vernunft der Moderne eingeschrieben, während die inneren Krisen des Systems stets einer fremden subjektiven Macht zugeschrieben wurden, als die im Kontext der europäischen Geschichte »die Juden« identifiziert wurden. Sexismus, Rassismus und Antisemitismus sind daher schon seit der Aufklärung mit der Positivierung der »Arbeit« vermittelt, die in der Verwertung des Kapitals die Substanz bildet und nichts anderes als die von Marx negativ aufgefaßte »abstrakte Arbeit« darstellt. Alle anderen Kategorien der modernen warenproduzierenden Gesellschaft (Markt, Staat, Nation, Politik etc.) sind von diesem wesentlichen Zusammenhang bestimmt. Indem der traditionelle Marxismus sich auf einen »Kampf um Anerkennung« im »eisernen Gehäuse« (Max Weber) dieser Kategorien beschränkte, mußte er seinerseits die »abstrakte Arbeit« samt ihrer Disziplinierung anerkennen und zu einer transhistorischen »Ontologie der Arbeit« ideologisch überhöhen.

Aber durch die dritte industrielle Revolution macht der Kapitalismus erstmals selber die »Arbeit« obsolet. Diese historische innere Schranke der Verwertung wurde durch die Finanzblasenökonomie der 90er Jahre überspielt, und in diesem Klima konnte der simulative Postmodernismus zu einer Mainstreamideologie aufsteigen. Die postmoderne Linke wollte sich dem Problem einer kategorialen Kritik an den gesellschaftlichen Formen des modernen warenproduzierenden Systems (einschließlich einer Kritik der »Arbeit«) nicht stellen; deshalb blieb sie auch unfähig, die historischen und strukturellen Tiefendimensionen von Sexismus, Rassismus und Antisemitismus zu erfassen. Diese Linke ging nicht über den alten sozialen und nationalen »Kampf um Anerkennung« innerhalb der bürgerlichen Welt hinaus, sondern sie mogelte sich bloß am traditionellen Marxismus vorbei. Im Kontext der allgemeinen ökonomischen und kulturellen Virtualisierung machte sie mit bei der ideologischen Entwirklichung der Welt; auch die Kritik der politischen Ökonomie sollte

»immaterialisiert« werden. Antonio Negri und Michael Hardt gaben dieser Tendenz mit dem Begriff der »immateriellen Arbeit« zuletzt einen scheinbar eleganten Ausdruck. Überhaupt wurden die Begriffe der gesellschaftlichen Analyse und Kritik nicht erneuert und weiterentwickelt, sondern bloß virtualisiert.

Die einst realen, längst Geschichte gewordenen Klassen- und Unabhängigkeitskämpfe reproduzierten sich als Simulationsprogramm. Die medial sozialisierte Linke begann zu glauben, sie würde gesellschaftliche Veränderungen bewirken, wenn ihre Inszenierungen im Fernsehen als bewegte Bilder erscheinen. Auf der Basis »immaterieller Arbeit« schien das Kapital unbegrenzt fiktiv per Finanzblasen akkumulieren zu können, wie es Jean Baudrillard in schwammiger philosophischer Terminologie schon Ende der 70er Jahre behauptet hatte; und die postmodernisierte Linke gefiel sich dementsprechend darin, ebenso fiktive und rein symbolische »Kämpfe« zu proben wie ein Schülertheater. Der Kapitalismus, so schien es, war auch nur eine Art »Film«.

Mit dem Zusammenbruch der New Economy 2000/2001 hat sich das Konzept der »immateriellen Arbeit« blamiert. »Arbeit«, auch so genannte geistige, ist immer materielle »Verausgabung von Nerv, Muskel, Hirn« (Marx). Die »abstrakte Arbeit« im Kapitalismus ist kein bloßes Gedankending, sondern es ist gerade die Abstraktion der Ökonomie vom konkreten Inhalt, die eine Reduktion auf die Auspressung menschlicher Energie als irrationalen Selbstzweck vornimmt. Nicht durch Blaupausen, »kreative« Ideen oder gar Maus-Clicks wird das Kapital verwertet, sondern nur durch reale Massen tagtäglich repetitiv angewendeter »abstrakter Arbeit«. Die viel beschworene Wissensgesellschaft, in der die Menschen neben den Produktionsprozeß treten, wie Marx es vorausgesagt hat, ist in kapitalistischer Form nicht möglich.

Der Zusammenbruch ganzer Nationalökonomien seit Beginn der 90er Jahre, das Platzen der Finanzblasen in

Asien und die Finanzkrisen in vielen Ländern haben dort in sozialer Hinsicht »verbrannte Erde« zurückgelassen. Die simulative Ökonomie des fiktiven Kapitals schien dennoch in den Metropolen weiter blühen zu können; in Kontinentaleuropa fühlte man sich durch den Welfare-Staat immer noch abgesichert; und überall wähnten sich die qualifizierten Schichten insbesondere der IT- und High-Tech-Branchen auf der sicheren Seite. Das Elend der »anderen« war für das postmoderne Bewußtsein auch nur ein »Film«. Aber das Platzen der New-Economy-Blase hat eine große Anzahl von postmodernen »Wissenden« ruiniert und ihr Wissen entwertet. Die auch in den Metropolen um sich greifende Krise zerfrißt den europäischen Welfare-Staat mit unglaublicher Geschwindigkeit. Die neue Mittelklasse stürzt ab; plötzlich gibt es für viele einen Filmriß im eigenen realen Leben. Die Simulanten ihrer selbst werden damit konfrontiert, daß das Geld nicht auf den Bäumen wächst und daß man aus dem Internet kein Manna herunterladen kann.

Der Einbruch der negativen Realität in den virtuellen Raum der Simulation wird jedoch nicht kritisch, sondern regressiv verarbeitet. Angesichts der Härte der Ökonomie, von der es nun ereilt wird, scheint sich das kulturalistisch reduzierte Bewußtsein einer Art apokalyptischen Wende hinzugeben. Der transzendentale Nihilismus des Kapitals und seiner »leeren Form« wird mit großer Geste an die Wand gemalt, aber ohne analytische Vermittlung. Wie die Postmoderne generell dazu neigt, die Kontingenz überzustrapazieren und die Differenz zwischen Kritik und Affirmation verschwimmen zu lassen, so wird auch hier offen gelassen, was eigentlich gemeint ist. Die Entdeckung des nihilistischen Charakters der Ökonomie kann daher auch bedeuten: Die Postmoderne verliebt sich ins Nichts. Wenn schon sozial untergehen, dann stilvoll. Der realmetaphysische Charakter kapitalistischer Kategorien erscheint in der Reflexion nur als Gespenst. Die Benennung des »Mysteriums der Ökonomie« als »theologisch-ökonomisches Paradigma« bei dem italienischen Philosophen Georgio Agamben etwa bleibt so kryptisch, daß sie selber zur Mystifikation wird, statt die Demystifikation auf den Weg zu bringen. Das quasi-religiöse Moment des Kapitalismus, wie es Marx mit seinem Begriff des Warenfetischs angedeutet hat, wird nicht über Marx hinaus kritisiert, sondern theologisiert. Schon ist die Rede vom »theological turn« der Postmoderne.

Wenn Agamben, sein französischer Kollege Alain Badiou oder der slowenische Allround-Postmoderne Slavoj Žižek dabei allen Ernstes den Apostel Paulus als eine Art Lenin entdecken, so hat dies durchaus Methode. Natürlich gehen sie als gelernte Atheisten nicht brav in die Sonntagsschule von Papst Benedikt. Der 13. Apostel wird vielmehr gebraucht als Paradigma für die angeblich erfolgreiche Haltung, in der Krise einer Welt sich selbst allein durch die »unerhörte Geste« zum Kreator einer neuen Welt zu machen. Paulus habe die Methode entdeckt, mittels einer sich selbst setzenden »Wahrheitspolitik« das »alte Gesetz« aufzulösen, indem er das banale Sterben Jesu zum »Christusereignis« machte. Diese »Wahrheit« sei begründungslos, sie habe nichts mit Gesetzmäßigkeiten, Bedingungen und gesellschaftlichen Entwicklungen zu tun. Und so soll auch heute die gesellschaftliche Lebenspraxis durch eine begründungslose Wahrheits- und Ereignispolitik aufgebrochen werden. Unter Mißbrauch einiger Formulierungen Walter Benjamins verselbständigt sich gewissermaßen ein »messianisches« Moment des traditionellen Marxismus.

Natürlich ist das alles nicht mehr ganz neu. Die von den Postmodernen aufgenommenen Motive aus Heideggers Existentialismus werden nun in der real erlebten Krise ereignisphilosophisch zur »politischen Theologie« aufgerüstet. Die Vermittlungen werden endgültig durchgestrichen, an ihre Stelle soll der sich selbst zeugende Akt treten. Schon die Situationisten um Guy Debord wollten ihr Unbehagen an »abstrakter Arbeit« und Warenfetisch nicht theoretisch und praktisch konkretisieren, sondern »Situationen« erfinden, um die etablierte Ordnung überraschend wenigstens für Augenblicke außer Kraft zu setzen. Adorno bezeichnete solche Denk- und Vorgehensweisen als »falsche Unmittelbarkeit«. In Wirklichkeit ist das Subjekt selber kapitalistisch vermittelt, und gerade deshalb kann es nicht begründungs- und bedingungslos eine andere Wahrheit setzen. Auch Paulus war zu seiner Zeit historisch-gesellschaftlich bedingt und kein Erfinder einer autopoietischen Wahrheitspolitik.

Es bedarf heute einer bewußten und zähen Gegenvermittlung, um die Geschichte der kapitalistischen Konstitution kritisch aufzurollen, die moderne Realmetaphysik als inneren Zusammenhang der politisch-ökonomischen Formen zu dechiffrieren und die eigene Verfaßtheit als bürgerliches Subjekt negativ in ihrem Gewordensein zu begreifen. Das gilt auch für die Praxis sozialen Widerstands; selbst die kleinste gewerkschaftliche Aktion kann nur durch einen komplexen Vermittlungsprozeß wirksam werden. Die »unerhörte Geste« als Ersatz für die kritische Gegenvermittlung ist ein miserabler Mythos, mit dem die Postmodernen ebenso billig wie großspurig davonzukommen hoffen. Am liebsten möchte das simulative Bewußtsein auch noch den sozialen Weltuntergang als Event konsumieren, um hinterher angeregt nach Hause zu gehen. Da aber die eigene reale Verarmung und soziale Degradierung nicht virtualisiert werden kann, nimmt die Theologisierung des Kapitalismus einen bösartigen Verlauf.

Agamben hatte in seinem Buch »Homo sacer« die Geburt und den Prozeß der Moderne mit dem Begriff des Ausnahmezustands erklärt und damit einen bedeutenden Beitrag zu einer neuen historischen Kritik geleistet. Indem er sich aber weigert, diese Erkenntnis mit einer konkreten kategorialen Kritik der politischen Ökonomie zu verbinden und die Moderne in dem Essay »Profanierungen« stattdessen rein assoziativ theologisiert, wird sein

Denken offen für eine obskure und barbarische Interpretation. Die Umdeutung der sozialen Befreiung in die Ereignisphilosophie eines profanisierten eschatologischen Heilsgeschehens erweist sich als kompatibel mit der »politischen Theologie« des Rechtstheoretikers Carl Schmitt, der Hitlers Nationalsozialismus nahe gestanden hatte. »Souverän ist, wer über den Ausnahmezustand entscheidet«, diese berüchtigte Formulierung Schmitts ist durchaus verwandt mit dem postmodernen »theological turn«. Konnte Agamben in »Homo sacer« noch als kritisch gegenüber Schmitt verstanden werden, so macht sich nun eine unheimliche Konvergenz bemerkbar. Das Gemeinsame ist die ausdrückliche Begründungslosigkeit der »Entscheidung«. Auch die soziale Befreiung bedarf des entschiedenen Willens, aber diese Entscheidung kann immer nur aus bewußten Begründungen und kritisch analysierten Bedingungen heraus gedacht werden.

Wenn das männlich-weiße, westliche Subjekt noch in seinem Verfall seine eigene Verfaßtheit in der Bedingung durch die gesellschaftlichen Formen und durch die Abspaltung des Weiblichen nicht wahrhaben will, sondern mit dem »Blitz der Entscheidung« begründungslose »Ereignisse« wahrheitspolitisch gesetzt werden sollen, dann kann sich in der Krise nur die kapitalistische Determiniertheit qualvoll reproduzieren. An den Grenzen des Systems der »abstrakten Arbeit« fehlt aber schon die Kraft zur gesamtgesellschaftlichen Verallgemeinerung. Während die staatliche Krisenverwaltung den sozialen Zusammenhang abwickelt, verfällt die fragmentierte Gesellschaft in den »molekularen Bürgerkrieg« (Hans Magnus Enzensberger). Die postmoderne Theologisierung des Kapitalismus arbeitet mit ihren Mystifizierungen der Barbarei zu; sie schlägt um in den destruktiven leeren »Willen, der sich selber will« (Hegel).

Die neo-existentialistische oder neo-situationistische Antwort auf den Nihilismus der Moderne entpuppt sich so als eine selber nihilistische. Die postmoderne »Individualisierung« (Ulrich Beck), die in den USA und in Deutschland am meisten fortgeschritten ist, wird schon wieder obsolet. Aber die atomisierten Individuen, die als Könige ihrer selbst im Reich des persönlichen Warenkonsums abdanken müssen, sind zunächst einmal nicht wieder gesellschaftsfähig. Das Resultat ist die kasuelle Zusammenrottung zum Mob. Nicht allein die rassistische und antisemitische Hetze hat unter den Krisenbedingungen der Globalisierung weltweit neue Konjunktur in vielfältigen Erscheinungsformen. Überall formieren sich diejenigen, die sich zu kurz gekommen fühlen, die ihren Ehrgeiz nicht mehr befriedigen können und die nicht mehr konkurrenzfähig sind; aber sie formieren sich nicht zur Solidarität, sondern zur ebenso unverbindlichen wie militanten Selbstbehauptung in mafiotischen Zusammenhängen, und zwar ganz unabhängig von jedem Inhalt.

Die Gesetze des kriminellen Milieus verallgemeinern sich in allen gesellschaftlichen Gruppen und Institutionen. Das ist mehr als bloß die traditionelle Korruption. Im Management, in den politischen Parteien, im Wissenschaftsbetrieb und sogar in linken Theoriezirkeln sind die Personalisierung der Probleme, die Intrige, die gegenseitige Pathologisierung und der inszenierte Skandal an der Tagesordnung. Auf der Ebene des Alltags schlägt der Krieg aller gegen alle um in den »molekularen Ausnahmezustand«: Das »Ereignis« erscheint nicht als Aktion der Befreiung, sondern als Putsch und als Coup, um auf sozialen Terrains vom Format der Disney-World eine desperate, schon im Ansatz haltlose »Souveränität« aufzurichten. Im Zerfall der Moderne wiederholt sich ihre Gründungsgeschichte als Farce im mikrologischen Maßstab.

Die Krise männlicher Identität im Kapitalismus der dritten industriellen Revolution äußert sich als »Rache der kleinen Männer« an den »Prominenten«, die zu Fall gebracht werden sollen; sie erscheint aber auch als neuer Sexismus. Nicht umsonst war der heilige Paulus, der angebliche Erfinder der Wahrheitspolitik, auch derjenige, der die Parole ausgegeben hat, daß die Frauen in der Gemeinde zu schweigen hätten. Jetzt wollen die entwerteten postmodernen Männer paradoxerweise sogar noch die besseren Frauen sein. Weibliche Positionen und Kreationen in der Gesellschaft sollen enteignet werden, um die männliche Suprematie zu retten. Paulus als »Lenin«, das ist ein Paradigma der Selbstwertprobleme männlich-weißer, westlicher Subjekte in der Krise der »abstrakten Arbeit«, die sich auch noch das abgespaltene Weibliche als »kulturelles Kapital« (Pierre Bourdieu) unter den Nagel reißen wollen. Das Karussell des »molekularen Ausnahmezustands« dreht sich in der begründungslosen Selbstbegründung deformierter Subjekte, die ihre Perspektivlosigkeit zur Ereignisphilosophie stilisieren. Abgerufen wird so die inhaltslose Heideggersche »Entschlossenheit«: Sie sind immer entschlossen, wissen aber nicht, wozu.

DIE UNIVERSELLE
HARRY-POTTER-MASCHINE

Das Konzept der »immateriellen Arbeit« und der technologisch reduzierte Neo-Utopismus

Ein Aspekt des weltweiten Erfolgs von »Harry Potter« besteht vielleicht darin, daß eine infantile Sehnsucht geweckt wird: Statt der langwierigen Auseinandersetzung mit der ewig störrischen Materie wünscht man sich die Fähigkeit, durch eine magische Formel das Mittagessen auf den Tisch und den Erfolg ins Leben rufen zu können. Und in Zeiten der Krise wäre es doch höchst angenehm, die Probleme mit dem Zauberstab in Nichts aufzulösen. So ist es erklärlich, warum die Märchen der Joanne Rowling auch von der schon etwas angegrauten postmodernen Jugend verschlungen werden. Die Turbo-Konsumenten der 90er Jahre, denen inzwischen leider das Geld ausgegangen ist, befinden sich auf der Suche nach ideologischen Phantasien, mit deren Hilfe sie sich aus der brenzlig gewordenen gesellschaftlichen Realität hinausmogeln können.

Nach der Misere des faulen Zaubers an den Börsen tritt nun an die Stelle des »fiktiven Kapitals« eine Art »fiktive Arbeit«, deren Protagonisten sich ebenso jenseits von allen materiellen Bedingungen wähnen. Der von Antonio Negri und Michael Hardt kreierte Begriff der »immateriellen Arbeit« ist zum Stichwort dieses neuen virtuellen Produktivismus geworden. Die »Ontologie der Arbeit« bei den traditionellen Marxisten wird in eine postmoderne Seifenblasen-Sprache übersetzt. Informations- und

Kommunikationstechnologie, Symbolanalytik, Medien usw. sollen das alte industrielle Paradigma ablösen. Die abschmelzende traditionelle Arbeiterklasse ersetzen Hardt/Negri kurzerhand durch die so genannte »Multitude«, eine diffuse postmoderne Menge oder Masse, deren Basis angeblich die »immaterielle Arbeit« bildet.

Oberflächlich betrachtet scheint es sich bei diesem Konstrukt um eine »entmaterialisierte« Harry-Potter-Version des angestaubten marxistischen Begriffs vom Klassenkampf zu handeln. Solche Vorstellungen gehen in jeder Hinsicht an der globalen Realität vorbei. Erstens ist keine Arbeit »immateriell«, auch nicht in den Sektoren der Information und des »Wissens«; stets handelt es sich um die Verbrennung menschlicher Energie. Immateriell sind großenteils die Produkte dieser Arbeit, aber eben deshalb können diese Sektoren nicht die gesellschaftliche Reproduktion tragen, deren Basis der »Stoffwechselprozeß mit der Natur« (Marx) und damit materiell bleibt.

Zweitens sind aus demselben Grund die mit der Handhabung von Symbolen und Information kommerziell beschäftigten Menschen keineswegs eine »Multitude«, sondern eine kleine Minderheit. Das liegt daran, dass die Mikroelektronik, von der die frühere industrielle Arbeit überflüssig gemacht wird, keine neue kapitalistische Mas hervorbringt. Hinter die Modelle der Informationsverarbeitung, Kommunikation und Symbolanalytik sind nicht mehr Millionen von sekundären, ausführenden Arbeiten geschaltet wie früher in den fordistischen Industrien, sondern selbsttätige technologische Prozesse, Kommunikationsmaschinen und Medien, die Menschen nur noch als Konsumenten benötigen. Hardt/Negri umgehen das Problem, indem sie ihre »Multitude« auffüllen mit anderen sozialen Gruppen wie Migranten, Arbeitslosen, Dienstboten, prekarisierten Humandienstleistern usw., die großenteils gar nichts mit der Arbeit in den von ihnen genannten Sektoren zu tun haben.

Drittens schließlich ist auf dieser Basis auch die Rhetorik des Klassenkampfs hohl. Hardt/Negri bestimmen den Charakter ihrer »Multitude« nämlich gar nicht durch das abhängige Verhältnis der Lohnarbeit, sondern durch die angebliche neue Selbständigkeit in den Sektoren des »Wissens«, der Information und ihrer Netzwerke. In diesem Sinne geißeln sie den »parasitären« Charakter der Finanzkonzerne, die sich als »Vampire« an der schöpferischen Kraft der »Multitude« versündigen würden. Hier wird deutlich, dass in Wirklichkeit an die Stelle des ehemaligen Klassenkampfs der industriellen Lohnarbeit eine neo-kleinbürgerliche Vision tritt. Hardt/Negri wollen die obsolet gewordene Warenproduktion fortsetzen und verewigen durch eine unabhängige Vernetzung von kleinen informationellen Kollektiven der »Selbstverwertung«.

Kein Wunder, dass dieses Konzept bei den Schiffbrüchigen der Postmoderne großen Anklang findet. Der soziale Kern dieser Ideologie wird tatsächlich nicht von einer neuen lohnabhängigen »Arbeiterklasse« gebildet, sondern von Scheinselbständigen, Betroffenen des »Outsourcing« und neuen Elendsunternehmern in den Bereichen der High-Tech-Produktion, der Medien und der Informationsverarbeitung bis hin zu depravierten Akademikern, Lehrern usw. in den privatisierten Institutionen der Ausbildung, die als intellektuelle »Subunternehmer« ihre Sozialversicherung selbst bezahlen müssen. Diese »Klasse«, wenn man sie so nennen will, hat ihren grandiosen Mißerfolg im Kasinokapitalismus bloß kompensatorisch verarbeitet als Beschimpfung des angeblich betrügerischen großen Finanzkapitals. Das ist die klassische Matrix einer kleinbürgerlichen Kapitalismuskritik; nicht frei von antisemitischen Untertönen. Es hat schon etwas Peinliches, wie hier das unreflektierte gesellschaftliche Sein der sozial abstürzenden kleinen »Wissens«- und Informationsproduzenten als ideologisches Bewußtsein wiedererscheint.

Das Konzept der »immateriellen Arbeit« hat sich auch im neuen Utopismus der internationalen Bewegung »Free

Software« niedergeschlagen. Die »Selbstverwertung« von kleinen postmodernen Warenproduzenten wird hier verbunden mit der Vorstellung einer »Überwindung des Geldes«, wie sie auch schon in den Utopien des 19. Jahrhunderts virulent war. Aber diese Kritik des Geldes bezieht sich im Unterschied zu derjenigen von Marx nicht auf die gesamte Produktionsweise, sondern allein auf die Sphäre der Zirkulation. Es soll ein »Geben und Nehmen« ohne Dazwischenkunft des Geldes stattfinden, während die zu Grunde liegende Logik des »abstrakten Reichtums« (Marx) außerhalb der Kritik bleibt.

Dieser Neo-Utopismus meint sein Dorado in der »immateriellen Arbeit« der Informationsproduktion gefunden zu haben. Vor allem das Internet wird als das zentrale Feld für die Verwirklichung dieser Idee verstanden. Nun ist das Internet zweifellos eine technologische Kreation, die an die inneren Grenzen des Kapitalismus heranführt. Es hat sich als unmöglich erwiesen, dieses universelle Medium zum Terrain einer neuen Ära der Kapitalakkumulation zu machen. Gerade daran ist ja die New Economy gescheitert. Der Kapitalismus kann aus der Informationsverarbeitung keinen realen Mehrwert schöpfen. Deshalb muß er versuchen, durch formale juristische Lizenzen den informationellen Produkten Preise in der Geldform zu geben. Es ist die Simulation von Profit in der rein zirkulativen Sphäre, ganz ähnlich wie bei den »Finanzprodukten« des fiktiven Kapitals.

Die als »Free Software« firmierende Bewegung mißversteht diesen immanenten Widerspruch der kapitalistischen Entwicklung, indem sie so tut, als gäbe es hier schon eine Art »befreites Gebiet« jenseits des Geldes zu besetzen. Aber die Kritik an der Bereicherung der Medienkonzerne durch juristische Lizenzen für Software und andere Produkte der »Information« bleibt oberflächlich, weil sie das gesellschaftliche Produktionsverhältnis nicht berührt. Ein sekundärer Aspekt der Krise in einem kleinen Bereich wird überbetont und die Frage der

Emanzipation darauf verengt. Die Gesellschaft soll nicht durch eine große soziale Bewegung gegen die Zumutungen der Krisenverwaltung umgewälzt werden, sondern durch ein alternatives »Modell« aus der virtuellen Sphäre, das nur noch ausgedehnt werden müsse. An »Free Software« soll die Welt genesen. Wieder einmal geht es darum, ohne gesamtgesellschaftliche Vermittlung eine vermeintliche Modellwelt zur Allgemeinheit aufzublasen.

Diese Utopie scheitert aber gerade am tatsächlich immateriellen Charakter der Inhalte, die über das Internet transportiert werden. Wenn der materielle Aspekt der »abstrakten Arbeit« in den Informationsflüssen des Internet nicht dargestellt werden kann, so die wirklichen Gegenstände des Bedürfnisses großenteils erst recht nicht. Man kann kein Brot, keinen Wein und keine Hose »herunterladen«, geschweige denn Walzstahl oder Baumaterialien; und noch nicht einmal ein Buch, wie jeder erfahren muß, der versucht, ein größeres literarisches Werk am Bildschirm zu lesen oder als Papierflut auszudrucken. Schon deshalb kann allein aus dem Internet kein »Modell« jenseits des warenproduzierenden Systems für die gesellschaftliche Reproduktion gezogen werden. Die Neo-Utopisten wollen sich über diese Schranke ihrer einseitigen Idee hinwegtäuschen, indem sie das Problem als ein bloß vorläufiges deklarieren, das durch zukünftige technologische Entwicklung gelöst werden könne.

Der britische Ingenieur Adrian Bowyer (Universität Bath) will in diesem Sinne eine »universelle Maschine« konstruieren, die im Unterschied zum Computer Gegenstände nicht mehr bloß virtuell, sondern materiell reproduziert. Diese »Rapid-Prototyping-Maschine« (RepRap) in der Größe eines Kühlschranks soll sich selbst replizieren und zusätzlich nahezu beliebige andere Gegenstände nach Modell-Datensätzen herstellen. Funktionieren soll sie nach dem Prinzip von Kopiermaschinen, wie sie beim Industrie-Design für die Modellierung von Prototypen eingesetzt werden. Faktisch handelt es sich um Drucker, die mit Materialien wie Maisstärke, Plastik oder leicht schmelzbaren Legierungen dreidimensionale Objekte hervorbringen. Die Internet-Freaks erhoffen sich, daß diese »universelle Maschine« nach einer »darwinistischen Evolution« ihrer Selbst-Replikation alles und jedes herstellen kann, von der Digitalkamera bis zum Brötchen. Ausgemalt wird eine Zukunft, in der die Menschen sich mühelos alle überhaupt denkbaren Güter »herunterladen« können. Das ist keine »Marx-Maschine«, wie behauptet wird, sondern eher eine Harry-Potter-Maschine.

Diese groteske Idee verweist auf den technizistisch verkürzten Charakter des ganzen Konstrukts. Das Ziel sind nicht andere soziale Beziehungen und ein anderer Umgang mit der Natur jenseits des warenproduzierenden Systems, um der jeweils eigenen Qualität verschiedener Lebensbereiche Rechnung zu tragen. Ganz im Gegenteil soll erst recht die gesamte Gesellschaft unter eine einzige »funktionale Logik« subsumiert werden. Die »abstrakte Arbeit« mit ihrem destruktiven, negativ-universalistischen Zugriff auf die Welt wird nicht überwunden, sondern als Phantasma eines vollautomatischen kybernetischen Aggregats fortgesetzt. Der Held ist der von allen materiellen Bedingungen losgelöste Warenkonsument als »wahrer Mensch«. Galt in den Halluzinationen der postmodernen Linken der 90er Jahre der Konsument als »Dissident«, so gilt er nun als dissidenter »immaterieller Produzent«.

In Wirklichkeit ist das Internet ein zwar universelles, aber rein zirkulatives Medium, das in jeder Hinsicht Produktion anderswo voraussetzt. Selbst Software muß erst einmal entwickelt werden, bevor sie in die mediale Zirkulation eingespeist werden kann. Mag der spielerische Konsum von »Usern« im speziellen Fall von Computer-Programmen eine begrenzte Weiterentwicklung ermöglichen, so ist derselbe anonyme Kollektivismus von »produzierenden Konsumenten« bei kulturellen Gegenständen eine völlige Illusion. Denn Kultur im weitesten Sinne folgt ihrem Wesen nach nicht dem Schema der Logik von »0« und »1«; sie kann sich nicht als bloße Kombination von informationellen Modulen entwickeln.

Besonders deutlich wird deshalb das Defizit dieser Idee, wenn das geldlose »Geben und Nehmen« als Pseudo-Produktion von der Software auf künstlerische und theoretische Inhalte übertragen werden soll. Das geht weniger auf Kosten der Medienkonzerne als vielmehr auf Kosten der unmittelbaren kulturellen Produzenten, die ja unter kapitalistischen Bedingungen nicht ohne Geldeinkommen leben können. Davon abgesehen entstehen anspruchsvolle literarische und theoretische Texte aber nur durch individuelles Durchdenken und Verarbeiten von gesellschaftlichen Erfahrungen. Dabei vollziehen sich der Austausch mit anderen und die Weiterentwicklung nicht durch »Herunterladen« und mechanische Neu-Konfiguration. Wie die erträumte »universelle Maschine« in materieller Hinsicht nur universellen Schrott produzieren kann, so kann das erträumte universelle wissenschaftliche und kulturelle Aggregat von »produzierenden Konsumenten«, die lediglich formal »angeeignete« Text- und Symbolbausteine kombinieren, nichts als universellen Unsinn hervorbringen.

Wenn befreiendes Denken ausgerechnet darin bestehen soll, dass sich die Individuen nur noch als »Schaltstellen im Intertext« verstehen, wie es der deutsche Philosoph Peter Sloterdijk ausdrückt, dann wird die abstrakte Individualität des Kapitalismus nicht überwunden, sondern radikalisiert. »Die Geste des Downloading«, so Sloterdijk, sei »die Befreiung von der Zumutung, Erfahrungen zu machen«. Der postmoderne Philosoph meint das nicht kritisch; für ihn ist diese Entwicklung »fast ohne Einschränkung zu begrüßen«. An die Stelle der Marxschen Idee eines »Vereins freier Individuen« tritt ein entmaterialisierter und zirkulativer Kollektivismus im virtuellen Raum. Das ist keine Antwort auf die soziale und intellektuelle Krise der emanzipatorischen Bewegung.

DER SCHWARZE FRÜHLING DES ANTIIMPERIALISMUS

Eine unheilige Allianz von Irrläufern der Modernisierung

Es kann weltbewegend sein, einen Traum von morgen zu träumen. Aber einige Träume sind bloß die Gespenster der abgestorbenen Welt von gestern. Große Teile der Linken haben heute keine Orientierung auf die Zukunft mehr; überall in der Welt möchte die Linke am liebsten zurück zu den Paradigmen traditioneller Politik auf der Basis von Nationalstaaten. Deshalb wird die reale Globalisierung entweder verleugnet und ignoriert oder verteufelt. Und die Kritik entzündet sich nicht an den historisch obsolet gewordenen basalen Kategorien von »abstrakter Arbeit«, Warenform, »Verwertung des Werts« und kapitalistischem Geschlechterverhältnis in der neuen Weltgesellschaft, sondern sie bezieht sich nur oberflächlich auf »das Finanzkapital« und die äußere imperiale Macht der USA. Unter den neuen Bedingungen entsteht auf diese Weise eine Konvergenz von linken und rechten Positionen mit einem antisemitischen Akzent; denn das spekulative Geld wurde von den irrationalen Ideologien in der modernen Geschichte stets mit »den Juden« identifiziert.

In diesem Klima einer rückwärts gewandten Beschwörung von historisch verfallenden Formen der Politik erlebt auch der Antiimperialismus einen schwarzen Frühling, der nichts mehr zu tun hat mit den nationalrevolutionären Hoffnungen der Vergangenheit. Gegen den westlichen Sicherheitsimperialismus und Krisenkolonialismus unter Führung der USA propagiert die politisch versteinerte Linke zunehmend ein ganz äußerliches Gegengewicht von Regimes, die im globalen Krisenprozeß scheinbar die alte nationale Souveränität beleben. Der Charakter dieser Regimes wird dabei ausgeblendet; es handelt sich um ein rein machtpolitisches Konzept ohne Rücksicht auf den sozialhistorischen und ideologischen Inhalt. Das ist ein entscheidender Unterschied zum alten Antiimperialismus, der zwar auch den Rahmen des modernen warenproduzierenden Systems und damit des Weltmarkts nicht in Frage stellen konnte, aber trotz dieser Reduktion noch einen ideellen Anspruch der Emanzipation vertreten hatte. Voraussetzung dafür waren Spielräume einer nationalen Entwicklung im Zuge der kapitalistischen Expansion. Davon ist unter den Bedingungen der neuen Weltkrise nichts übrig geblieben.

Im Sinne der Reformulierung eines von den früheren inhaltlichen Ansprüchen entkoppelten, auf eine leere Hülse reduzierten Antiimperialismus hat Venezuelas Präsident Hugo Chávez, der als neuer Hoffnungsträger der lateinamerikanischen Linken gilt, den Iran, Rußland und China als »Dreieck der Stärke« belobigt, um eine Art Allianz gegen den Neoliberalismus und gegen die selber perspektivlose, im Irak bereits gescheiterte US-Politik der Weltordnungskriege anzuvisieren. Aber dabei manifestiert sich keine eigenständige Gegenposition mehr, die eine innere Logik von Entwicklung und Befreiung tragen könnte, sondern es zeigt sich nur die andere Seite der globalen Krise. Die als Gegner oder Rivalen der USA und der westlichen Interventionspolitik bezeichneten Regimes sind selber Bestandteil eines Prozesses der Destabilisierung und insofern in den Zerfall der bürgerlichen Vernunft eingeschlossen. Der gemeinsame Rahmen des Weltmarkts, der in der Geschichte der Modernisierung den Gegensatz von imperialer Macht und antiimperialistischem »Kampf um Anerkennung« hervorgetrieben hatte, ist mit dem Erlöschen der Potenz der Modernisierung zum alle staatlichen Akteure übergreifenden Kraftfeld einer Tendenz zur Barbarei geworden.

Es ist eher eine unheilige Allianz von Irrläufern der an ihr Ende gekommenen Modernisierung, die den neuen nationalstaatlichen Antiimperialismus tragen soll. Vor allem handelt es sich nicht um die Revitalisierung eines nationalökonomischen Programms gegen die Globalisierung, sondern um Nebeneffekte der Globalisierung selbst. Grundlage der vermeintlichen »Stärke« bei den Ölförderländern Rußland, Iran und Venezuela ist nicht eine eigene welthistorische Perspektive über das moderne warenproduzierende System hinaus, sondern ganz banal die Verdoppelung des Ölpreises, die Milliarden von Dollars in die jeweiligen Kassen gespült hat. Der Ölpreis ist aber nun wahrhaftig kein Indikator für eine gesellschaftliche Transformation, sondern nichts als eine Funktion in der Bewegung des Weltmarkts. Gleichzeitig handelt es sich nicht um eine selbsttragende gesellschaftliche Reproduktion, sondern eher um ein selber bloß spekulatives, ganz unsicheres Moment im Kontext der Krise des Weltsystems.

Deshalb schlägt sich der unverhoffte Segen der Ölmilliarden auch nicht in nachhaltigen Entwicklungsprogrammen nieder. Das Putin-Regime in Rußland stellt nur die Ruine einer ehemaligen Weltmacht der gescheiterten »nachholenden Modernisierung« dar; die zum Staat gewordenen Geheimdienste verwalten mit sozialer und politischer Repression ein verzweifeltes Massenelend, um auf reduziertem Terrain den Alptraum eines peripheren Imperiums zu reproduzieren, der nun mit den Petrodollars gefüttert wird. Das ebenfalls auf Basis der Petrodollars nach Atomwaffen strebende Mullah-Regime verwüstet den Iran durch religiösen Terror und repräsentiert ein frauenfeindliches Neo-Patriarchat. Dissidenten und Linke werden zu Tausenden ermordet; der neue Präsident Ahmadinedschad hat die Auslöschung Israels zum Programm gemacht und die Vernichtung der europäischen

Juden durch die Nazis als »westlichen Mythos« bezeichnet. Es zeugt von geistiger Demoralisierung, wenn Chávez den antisemitischen Wahn in Kauf nimmt und Ahmadinedschad als »Bruder« tituliert. Aber auch der messianische Caudillismus von Chávez selbst hat zweifelhafte Züge; die »bolivarische Revolution«, die auf der Basis einer begrenzten nationalistischen Ideologie zum Paradigma für Lateinamerika werden soll, steht und fällt mit seiner Person. Die parastaatlich organisierten Sozialreformen kommen zwar zweifellos unmittelbar den Armen zugute, aber im Sinne einer eigenständigen gesellschaftlichen Reproduktion bleiben sie hohl und ungewiß, solange sie einzig auf einer undurchsichtigen Subventionierung durch Petrodollars beruhen. Und im Kontext einer »Verbrüderung« mit einem Regime wie dem iranischen verdunkelt sich der ideologische Horizont dieser Bemühungen.

Die angebliche »Stärke« Chinas andererseits steht in einem prekären reziproken Verhältnis zum spekulativen neuen Ölreichtum der Förderländer. Denn es ist ja gerade die chinesische Exportindustrialisierung, die wesentlich zur Explosion des Ölpreises beigetragen hat. Innerhalb weniger Jahre ist China zum zweitgrößten Ölverbraucher nach den USA geworden. Aber was als chinesische Exportoffensive erscheint, ist erst recht keine Funktion eines nationalen Entwicklungsprogramms, sondern der bislang größte Nebeneffekt der Globalisierung. Dieser Exportstrom beruht großenteils auf den Investitionen westlicher Konzerne (in erster Linie der USA und der EU), die im Zuge ihres globalen Outsourcing China zur Plattform und Drehscheibe von transnationalen Wertschöpfungsketten gemacht haben. Deshalb hat China inzwischen auch den zweitgrößten Zufluß von ausländischen Direktinvestitionen nach den USA zu verzeichnen. Keine Spur von nationaler Eigenständigkeit also, sondern ein Resultat des extremen Billiglohns und der Rechtlosigkeit meist junger, oft geradezu kasernierter Arbeitssklavinnen in den chinesischen Exportwirtschaftszonen. Gleichzeitig bleiben diese Investitionen insular; der gesellschaftlichen Reproduktion in der großen Fläche droht durch dieselbe Entwicklung der Zusammenbruch. In China hat sich so die Paradoxie eines entfesselten transnationalen Minderheitskapitalismus unter dem politischen Dach des paternalistischen altkommunistischen Machtapparats herausgebildet; die das Land zerreißenden sozialen Widersprüche werden von einer korrupten Bürokratie nur noch mühsam durch Polizei- und Militäreinsätze befriedet.

Unter diesen Bedingungen ist das vage Projekt einer antiimperialistischen Allianz der Ölförderländer mit China eine Chimäre. Wahrscheinlich kommt eine solche Allianz gar nicht zustande, denn die jeweiligen Positionen auf dem Weltmarkt sind ganz unterschiedlich und sogar gegensätzlich. In demselben Maße, wie China zum neuen Eldorado für das Outsourcing transnationaler Konzerne geworden ist, vermindern sich die Direktinvestitionen in Lateinamerika. Mexiko, das noch in den 90er Jahren im Rahmen der Nafta ein bevorzugtes Investitionsgebiet für US-Konzerne war, ist in dieser Hinsicht bereits ausgetrocknet. Die Nähe zu den USA zahlt sich nicht mehr aus, weil die chinesische Arbeit eben noch viel billiger ist. Ein ähnliches Schicksal droht nun den übrigen lateinamerikanischen Ländern. Auch die Hoffnungen auf chinesische Großinvestitionen in Argentinien und Brasilien sind rasch enttäuscht worden.

Stattdessen überschwemmen inzwischen billige chinesische Industriewaren (in Wirklichkeit Produkte des transnationalen Outsourcing von US- und EU-Konzernen) die lateinamerikanischen Märkte. Zwar konnten auch die lateinamerikanischen Exporte nach China gesteigert werden. Aber erstens handelt es sich dabei fast nur um Rohstoffe. Damit reproduziert sich via Globalisierung nur das alte Verhältnis der Abhängigkeit zwischen Zentrum und Peripherie in neuer Konfiguration. Zweitens sind die Exporte nach und die Importe aus China völlig ungleichgewichtig. 2005 stiegen die Exporte Brasiliens nach China um 9 Prozent, die Importe dagegen um 50 Prozent. Der zunehmende Importüberschuß aus den transnationalen Exportwirtschaftszonen Chinas reicht von Feuerwerkskörpern, Spielzeugen, Textilien und Schuhen bis zu Elektronik, Autos, Flugzeugen, Stahl und Chemieprodukten. Lateinamerika droht auf diese Weise eine neue Deindustrialisierung.

Als vollends brüchig erweist sich das Projekt einer anti-imperialistischen Allianz von Ölförderländern, »bolivarischer Revolution« und China, wenn das letzte Glied des globalen Verkettungszusammenhangs in die Analyse einbezogen wird. Wie der neue Ölreichtum von der transnationalen Exportindustrialisierung Chinas abhängt, so hängt diese vom Konsum der USA ab. Hier schließt sich der Kreis. Es ist allein der völlig einseitige Exportstrom über den Pazifik, der den vermeintlichen Aufschwung trägt. Die Überschwemmung der lateinamerikanischen Märkte ist nur ein Nebeneffekt der Überschwemmung des US-Marktes mit Waren aus China. Der US-Konsum wiederum beruht wesentlich auf dem Zustrom von transnationalem Geldkapital, also auf Verschuldung. Die USA sind längst das Land mit der größten Außenverschuldung der Welt. Die Bonität dieser Verschuldung wird aber gerade durch die Position der USA als letzte Weltmacht garantiert, vor allem aufgrund der konkurrenzlosen Militärmaschine.

Die mit Petrodollars subventionierte Sozial- und Außenpolitik der Ölförderländer ist also in letzter Instanz ausgerechnet auf die Konjunktur, die Bonität und die Militärmacht des imperialen Gegners selbst angewiesen. Was für ein Widerspruch! Chávez muß eigentlich beten, daß die böse Macht der USA erhalten bleibt, weil sonst das Kartenhaus der diffusen politischen Träume zusammenkracht. Es ist wahrscheinlich das zutiefst irrationale Moment dieser Konstellation, das die ideologische Verfinsterung des vermeintlichen neuen Antiimperialismus bewirkt; bis hin zu antisemitischen Affekten. Das beweist einmal mehr, daß der Kampf für die soziale Emanzipation nur durch eine transnationale Bewegung von unten ohne nationale machtpolitische Rückversicherung zu führen ist. Das antiimperialistische Charisma auf nationalistischer Basis in den unsicheren ökonomischen Nischen der Globalisierung kann keine Nachhaltigkeit beanspruchen.

UNRENTABLE MENSCHEN

Ein Essay über den Zusammenhang von Modernisierungsgeschichte, Krise und neoliberalem Sozialdarwinismus

Es ist unübersehbar: Die soziale Spaltung der Gesellschaft vertieft sich und nimmt dramatische Ausmaße an; gleichzeitig werden die Institutionen, die das Soziale bearbeiten und verwalten sollen, durch finanzielle Restriktionen ausgedünnt und paralysiert. Je nach der ökonomischen Situiertheit am Weltmarkt, den nationalen Traditionen und Strukturverhältnissen erscheint das Problem in den einzelnen Ländern aktuell unterschiedlich ausgeprägt; aber die Grundtendenz ist überall dieselbe. Wenn eine Gesellschaftsordnung den Katalog ihrer Anforderungen permanent verschärft und immer mehr Menschen ausgrenzt, ist dies ein Indiz dafür, daß sie in ihrer grundsätzlichen Verfaßtheit als Produktions- und Lebensweise an immanente Grenzen stößt. Es handelt sich also um eine strukturelle Krise der basalen Formen ihrer Reproduktion, die normalerweise blind vorausgesetzt werden. Deshalb kann diese Krise als gesamtgesellschaftliches Problem von keinem einzelnen Standpunkt einer spezifischen Tätigkeit, eines besonderen Interesses oder einer partikularen Institution aus erklärt und bewältigt werden. Es bedarf gewissermaßen der gesellschaftskritischen Vogelperspektive, um in der »neuen Unübersichtlichkeit« (Habermas) eine Orientierung zu finden.

Zunächst haben wir es mit einer großen Irritation nach dem Zusammenbruch des Sozialismus zu tun. Das Ende des Systemkonflikts und des Kalten Krieges wurde als endgültiger Sieg des westlichen Kapitalismus interpretiert; man versprach sich ein neues goldenes Zeitalter der Prosperität durch die weltweite Öffnung der Märkte in einem universellen, einheitlichen Weltsystem. Die Ernüchterung durch immer neue soziale Einschnitte, ökonomische Krisen, weltweite Bürgerkriege und zunehmende Barbarei ist inzwischen so stark, daß eine andere Erklärung notwendig geworden ist. Nicht die Unterschiede, sondern die Gemeinsamkeiten der beiden Nachkriegsgesellschaften sind wesentlich für ein zureichendes Verständnis der Entwicklung.

Alle modernen Gesellschaften sind warenproduzierende Systeme, egal ob in einer mehr staatlich regulierten Verfassung (Staatssozialismus, Keynesianismus) oder in der Form des weitgehend ungezügelten Marktes (neoliberaler Konkurrenzkapitalismus); und ihr gemeinsames Bezugssystem ist der Weltmarkt. Der universelle Markt steht jedoch nicht für sich, sondern er ist die Funktionssphäre eines irrationalen gesellschaftlichen Selbstzwecks, nämlich aus Wert mehr Wert und damit aus Geld mehr Geld zu machen (Kapitalverwertung oder Kapitalakkumulation). Erst durch diesen zu Grunde liegenden Selbstzweck ist der Markt überhaupt universell geworden, während die Warenproduktion in vormodernen Sozietäten nur marginalen Charakter hatte und sich das Leben zum größten Teil in anderen Formen reproduzierte. Karl Marx hat den Unterschied in zwei einfache Formeln der Beziehung von Ware (W) und Geld (G) gefaßt. Als bloße Nischenform in den Poren der agrarischen Sozietäten funktionierte das Verhältnis nach der Formel W-G-W. Das Geld beschränkt sich hier auf die Rolle der Vermittlung, am Anfang und Ende der Transaktion stehen die Bedürfnisgegenstände in der Form der Ware. In der Moderne verkehrt sich das Verhältnis, hier funktioniert es nach der Formel G-W-G'. Die konkreten Bedürfnisgegenstände sind selber nur noch »Medium« für die Verwertung von

Geldkapital, d.h. die Verwandlung von Wert (G) in Mehrwert (G'). Das bedeutet, daß die Befriedigung der Bedürfnisse zum bloßen Abfallprodukt der Verwertung degradiert und von dieser abhängig gemacht wird. Die Produktion löst sich als »Betriebswirtschaft« von den sozialen Lebenszusammenhängen ab und verselbständigt sich als anonymer Systemprozeß gegenüber den Menschen, die keine Kontrolle mehr über die Reproduktion ihres eigenen Lebens haben.

Arbeit, Wert, Verwertung

Der innere Mechanismus dieser »herausgelösten Ökonomie« (Karl Polanyi) besteht in der Vernutzung von menschlicher Energie (»Arbeit«). Das Abstraktum Arbeit war in den vormodernen Sozietäten negativ besetzt als ursprünglicher Sammelbegriff für die Tätigkeit von Abhängigen (Sklaven). Erst in der Moderne wird Arbeit positiviert und universalisiert. Hier gilt Arbeit als »Substanz« (Marx) des Werts und damit der Verwertung. Geld ist nichts anderes als die Repräsentanz eines Quantums Arbeit. Die Tätigkeit in dieser Form wird jedoch dem systemischen Selbstzweck entsprechend ebenfalls von den Bedürfnisinhalten abgelöst und daher diesen gegenüber gleichgültig; deshalb handelt es sich um »abstrakte Arbeit« (Marx). Es ist egal, ob Schokoladenplätzchen oder Handgranaten hergestellt werden, Hauptsache abstrakte menschliche Energie als »Verausgabung von Nerv, Muskel, Hirn« (Marx) kann in Geld (Mehrwert) verwandelt werden. Dem Selbstzeck der Verwertung entspricht der Selbstzweck der »abstrakten Arbeit«; der unendliche Progreß der Anhäufung von Wert ist nichts anderes als die unendliche Anhäufung von toter (vergangener) Arbeit. Aus Arbeit soll immer mehr neue Arbeit werden. Unter diesen Bedingungen stellt der Markt keinen Austausch zwischen unabhängigen Produzenten mehr dar. Er ist nichts anderes als die Sphäre der »Realisation« von Mehrwert, d.h. der Rückverwandlung von »mehr Arbeit« in »mehr Geld«. Deshalb ist die »Freiheit des Marktes« illusorisch; dieser Freiheit liegt das Zwangsverhältnis der »abstrakten Arbeit« zu Grunde. Der Zwang ist dabei kein persönlicher mehr (wie etwa im Verhältnis von Herr und Knecht), sondern ein anonymer Systemzwang, sich selbst als »Verausgabungsmaschine« von abstrakter menschlicher Energie (Arbeitskraft) an die »herausgelöste Ökonomie« zu verkaufen.

Alle Tätigkeiten, »Haltungen« und Verhaltensweisen, die zur Reproduktion des Lebens notwendig sind, jedoch nicht oder nur schwer in das System von »abstrakter Arbeit« und herausgelöster Verwertungsökonomie einbezogen werden können, wurden historisch von diesem abgespalten und an die Frauen delegiert als kostenlose »Liebesarbeit« (so genannte Hausarbeit, Fürsorge, Betreuung, Zuwendung, Ausübung soziopsychischer Pufferfunktionen usw.). Das System der herausgelösten Ökonomie ist daher immer schon gleichzeitig ein System der »geschlechtlichen Abspaltung« (Roswitha Scholz). Deshalb ist die Abspaltung ebenso eine Totalitätskategorie wie Verwertung und »abstrakte Arbeit«; das gesellschaftliche Gesamtverhältnis stellt sich so als ein komplexes, in sich gebrochenes dar. Das Abspaltungsverhältnis beschränkt sich nicht auf eine bestimmte Sphäre (etwa die familiale), sondern zieht sich quer durch alle Reproduktionsbereiche einschließlich der »abstrakten Arbeit« selbst. Die Verwertungsökonomie ist »strukturell männlich« bestimmt. Dennoch wurden auch die Frauen im Modernisierungsprozeß zunehmend als Arbeitskraftreservoir benutzt. Jedoch nicht im Sinne einer Befreiung, sondern als doppelte Unterordnung unter die »abstrakte Arbeit« und die weitgehend als minderwertig und sekundär behandelten abgespaltenen Momente (»Doppelbelastung«). Frauen werden in der Verwertungsökonomie bis heute in der Regel schlechter bezahlt, bleiben in Führungspositionen unterrepräsentiert und gelten gleichzeitig weiterhin als zuständig für die allseitige »Liebesarbeit« in allen Bereichen.

Das moderne warenproduzierende Patriarchat und seine Widersprüche

Dieser kurze Abriß des basalen Systemzusammenhangs aller Varianten des modernen warenproduzierenden Patriarchats (denn so wäre die Verwertungsgesellschaft unter Einbeziehung des Abspaltungsverhältnisses genauer zu nennen) verweist an sich auf eine ungeheure Zumutung. Diese wurde jedoch im Verlauf eines langen historischen Prozesses verinnerlicht und zur unhinterfragbaren Normalität gemacht. Menschen haben im Sinne des systemischen Selbstzwecks »rentabel« zu sein; nur insofern ist die Existenz garantiert. In der Frühmoderne seit dem 16. Jahrhundert und im Frühkapitalismus des 18. und 19. Jahrhunderts wurden diese Anforderungen mit blutigem Zwang und gegen den lang anhaltenden Widerstand von sozialen Bewegungen durchgesetzt. In der ersten Hälfte des 20. Jahrhunderts, der Epoche der industrialisierten Weltkriege und der Weltwirtschaftskrise, schien das moderne warenproduzierende Patriarchat bereits an seinen inneren Widersprüchen zu scheitern und sich in Chaos und Barbarei aufzulösen – extrem ausgeprägt im spezifisch deutschen Menschenvernichtungssystem des exterminatorischen Antisemitismus bzw. Nationalsozialismus.

Aber nach dem Zweiten Weltkrieg gab es den »kurzen Sommer« des Wirtschaftswunders. Die von der Konkurrenz erzwungene Entwicklung der Produktivkräfte setzte ungeahnte Potentiale frei, die eine »Zivilisierung des Kapitalismus« ermöglichen sollten. Trotz Rationalisierung schwoll der Bedarf an »abstrakter Arbeit« an wie nie zuvor, weil die vorher auf schmale Schichten beschränkten industriellen Luxusgüter (Automobile, Haushalts- und

Unterhaltungselektronik etc.) in den Massenkonsum eingingen und die Märkte sich sprunghaft erweiterten. Jetzt erst wurden die Frauen im großen gesellschaftlichen Maßstab in die Erwerbsarbeit der Verwertungsökonomie einbezogen. Der Warenkonsum einschließlich Massentourismus etc. avancierte zu einer Art Quasi-Religion. Der irrationale systemische Selbstzweck schien sich mit den Bedürfnissen zu versöhnen, wenn auch in einer ihm anverwandelten, in vieler Hinsicht destruktiven Gestalt (Individualverkehr, Umweltzerstörung usw.). Ein weiteres Abfallprodukt des Nachkriegsbooms war der rasante Ausbau von Sozialstaat und öffentlichen Infrastrukturen, von Bildung, Sozialarbeit und medizinischer Versorgung für alle auf hohem Standard. Zwar beschränkte sich die Realität dieses nach dem US-Automobilfabrikanten Henry Ford als »Fordismus« bezeichneten »goldenen Zeitalters« der Verwertungs- und Abspaltungsgesellschaft auf die westlichen industriellen Kernländer, doch schien damit eine Perspektive der »Entwicklung« auch für die übrigen Teile der Welt vorgezeichnet zu sein.

Obwohl die Entfaltung der Produktivkräfte unter dem Druck der universellen Marktkonkurrenz nach wie vor dem Diktat folgte, Arbeit in mehr Arbeit zu verwandeln, und obwohl der Glanz des »Wirtschaftswunders« schon seit den 70er Jahren zu verblassen begann, wurde seither das Potential der Produktivität als »Zivilisationsmaschine« gefeiert. Die vielen Generationen, die in der »abstrakten Arbeit« unter schlimmsten Bedingungen verheizt worden waren, fielen der Vergessenheit anheim. Auch die Befreiung der Frauen von ihren traditionellen Zuweisungen schien trotz »Doppelbelastung« in Reichweite zu rücken, indem sie zunehmend »eigenes Geld verdienen« konnten, die Hausarbeit als elektronisch robotisierbar imaginiert wurde und viele der abgespaltenen Bereiche entweder in kommerzielle Sektoren oder in staatlich finanzierte öffentliche Einrichtungen aufgelöst werden sollten.

Allen positiven Erwartungen machte jedoch seit den 80er Jahren die dritte industrielle Revolution, die der Mikroelektronik, einen dicken Strich durch die Rechnung. Schon immer war dieselbe Produktivkraftentwicklung, die in der Nachkriegsgeschichte des Fordismus so große Erfolge erzielte, gleichzeitig auch die Bedingung der Krise. Denn je größer die Produktivität, desto geringer die »Arbeitssubstanz« pro Ware und desto geringer daher der Wert, auf den es doch im Verwertungsprozeß allein ankommt. Dieser Widerspruch entsteht dadurch, daß die einzelnen Betriebswirtschaften nicht unmittelbar denjenigen Mehrwert auf dem Markt »realisieren«, der in ihren eigenen vier Wänden erzeugt wurde, sondern immer einen Teil des gesamtgesellschaftlichen Mehrwerts. Dieser Anteil wird durch die Konkurrenz bestimmt, und in dieser ist ein Unternehmen umso erfolgreicher, je billiger es anbieten kann. Das Mittel dafür ist eben die Steigerung der Produktivität. Auf diese Weise treten jedoch gesellschaftlich Mittel und Zweck in Widerspruch: Ein Unternehmen kann sich einen umso größeren Teil des gesamtgesellschaftlichen Mehrwerts aneignen, je mehr es durch Produktivkraftsteigerung dazu beiträgt, die Wertproduktion als solche auszuhöhlen und zu untergraben. In den historischen Krisen kam dieser Widerspruch jeweils nur kurzzeitig zum manifesten Ausbruch. Er konnte immer wieder dadurch überwunden werden, daß das Sinken des Werts und damit Mehrwerts pro einzelner Ware qua verminderter Arbeitssubstanz überkompensiert wurde durch die gleichzeitige Ausdehnung der Gesamtarbeitsmenge qua Erweiterung der Märkte; am erfolgreichsten wie gezeigt in der fordistischen Nachkriegsära.

Die mikroelektronische Revolution und ihre Folgen

In der mikroelektronischen Revolution funktioniert jedoch diese Kompensation nicht mehr. Das Potential der

Rationalisierung ist jetzt so groß, daß ständig mehr Arbeit überflüssig gemacht wird, als durch Erhöhung der Warenproduktion zusätzlich in die Verwertung eingesaugt werden kann. Trotz vergrößerter Warenmenge nimmt die auf dem Produktivitätsstandard der Mikroelektronik »gültige« gesellschaftliche Arbeitssubstanz rapide ab und damit die Krise strukturellen Charakter an. In den peripheren Regionen des Weltmarkts, im Bereich des östlichen Staatssozialismus und der südlichen »nachholenden Entwicklung«, führte dies bereits zu gesellschaftlichen Zusammenbrüchen, gerade weil mangels Kapitalkraft die Mikroelektronik nicht ausreichend angewendet werden konnte und die jeweilige Produktion deshalb unter den Weltstandard der Produktivität fiel (also »unrentabel« wurde und nicht mehr konkurrenzfähig war). Dies wurde als spezifisches Versagen der staatssozialistischen Varianten interpretiert statt als Teil einer Weltkrise der dritten industriellen Revolution, obwohl dasselbe Problem sich längst auch im Westen als strukturelle Massenarbeitslosigkeit bemerkbar machte; und zwar gerade aufgrund der forcierten Anwendung der Mikroelektronik.

Seither hat sich die Krise bis tief in die westlichen Zentren vorangefressen. Immer mehr Menschen werden »unrentabel« und ausgegrenzt; überall veröden ganze Landesteile, während sich die Betriebswirtschaft auf einem schrumpfenden Terrain der Rentabilität globalisiert. Mangels realer Mehrwertproduktion flüchtet das Geldkapital gleichzeitig in eine Finanzblasen-Ökonomie. Nicht mehr der Verkauf von Waren ist entscheidend, sondern die Differenzgewinne aus der Zirkulation von Finanztiteln tragen eine fiktiv gewordene Verwertung. Unternehmen und Unternehmensteile werden gehandelt wie Schweinehälften (Fusionitis und Übernahmeschlachten ohne Realinvestitionen). In populären Interpretationen wird der Kausalzusammenhang meist auf den Kopf gestellt und fälschlich eine Art »Heuschreckenplage« der Spekulanten mit antisemitischen Untertönen für die Misere verantwortlich gemacht, als läge das Problem nicht in den Widersprüchen des warenproduzierenden Systems selbst. Die Ausdehnung der Märkte schlägt bei zurückgehender Kaufkraft mangels ausreichender rentabler Anwendungsfähigkeit von »abstrakter Arbeit« um in globale Überkapazitäten, die sukzessive stillgelegt werden. Es ist absurd: Weil die Produktivität für das systemische Fassungsvermögen »zu hoch« geworden ist und zu viele Güter mit zu wenig Arbeit hergestellt werden können, sinken immer mehr Menschen auf ein noch vor kurzem nicht vorstellbares Armutsniveau ab. Die soziale Spaltung vertieft sich stetig weiter; selbst die Mittelklasse wird inzwischen vom Strudel der Krise erfaßt.

Der Sozialstaat wird demontiert

Es geht aber nicht nur um den Abbau von unrentabel gewordenen Produktionskapazitäten, sondern im Zuge dieser negativen Tendenz mutiert auch der Staat zunehmend zu einer bloßen Notstandsverwaltung, weil er die globalisierte Betriebswirtschaft nicht mehr regulieren kann und ihm die Einnahmen wegbrechen. Es gibt in fast allen Ländern einen parteiübergreifenden neoliberalen Konsens, der nur noch die Anforderungen der Systemkrise an den Menschen exekutiert und ideologisch legitimiert. Jetzt zeigt es sich, daß die »zivilisatorischen Errungenschaften« der Nachkriegsära nicht für sich standen, sondern nur aus einer gelingenden Verwertung »abstrakter Arbeit« zu alimentieren waren. In demselben Maße, wie diese zurückgeht, wird auch die soziale Zivilisierung heruntergefahren. Ausgerechnet unter den Bedingungen von Massenarbeitslosigkeit und neuer Armut baut der Sozialstaat ab und entläßt seine Kinder. Ganze Infrastrukturen dünnen aus und werden auf wenige »Metropolregionen« zugeschnitten. Der Staat verscherbelt den öffentlichen Dienst wie ein verarmter Adeliger sein Tafelsilber. Privatisierung bedeutet in der Regel Reduktion auf private Zahlungsfähigkeit und damit das Ende der Flächenstruktur. Die Bahn legt Strecken still, die Post schließt Filialen. Im Bildungswesen macht sich die Zweiklassenbildung breit (Elitekonzept), im Gesundheitswesen die Zweiklassenmedizin. Jetzt heißt es wieder ganz ungeniert: Weil du arm bist, mußt du früher sterben. Am härtesten betroffen von den finanziellen Restriktionen ist meist die unterste Stufe der sozialen Pyramide im öffentlichen Dienst: die Institutionen der Sozialarbeit, der Behinderten-, Obdachlosen- und Altenbetreuung, weil diese die schwächste Lobby haben.

Die aus der Verwertungskrise resultierende Krise des Sozialstaats und der öffentlichen Dienste führt nach den Massenentlassungen im kommerziellen und industriellen Bereich auch in den ehemals staatlich betriebenen Sektoren zu einer ebensolchen »Freisetzung« von Beschäftigten, die das Heer der Degradierten komplettieren. Immer mehr Menschen werden in Billig-Dienstleistungen und in die Sphäre der Zirkulation, des Straßenhandels, Elendsunternehmertums etc. abgedrängt. Dabei trifft es besonders die Frauen. Die Rede vom Ende des Patriarchats wird Lügen gestraft. Einerseits delegieren Staat und Ökonomie die finanziell ausgebluteten Aufgaben der Pflege und Betreuung im weitesten Sinne zurück an die kostenlose weibliche »Liebesarbeit«. Andererseits sind die Frauen auch überproportional vom Abbau der öffentlichen Dienste betroffen. Zwar haben die Frauen in den westlichen Ländern hinsichtlich der Bildungsabschlüsse mit den Männern gleichgezogen, aber ihre Berufstätigkeit konzentrierte sich in hohem Maße auf genau die öffentlichen Bereiche, die jetzt ausdünnen. Sie erleben massenhaft die Entwertung ihrer Qualifikationen. Teilweise rükken an ihre Stelle un- oder anqualifizierte zwangsverpflichtete alleinerziehende Mütter, die von der Sozialverwaltung besonders hart herangenommen werden. Diese wiederum sollen ihre Kinder in Betreuungseinrichtungen abgeben, in denen zu hohen Teilen noch billigere osteuropäische Migrantinnen tätig sind. Auch die öffentliche Armut ist in erster Linie weiblich. Gleichzeitig ist die Krise der Verwertungsökonomie und »abstrakten Arbeit« auch eine Krise männlicher Identität; im Krisenalltag nimmt männliche (familiale) Gewalt gegen Frauen dramatisch zu, während Frauenhäuser als Auffangstellen geschlossen werden.

Die Hierarchie der Unrentablen

Was folgt aus den verschärften Krisenbedingungen? Allgemein läßt sich sagen: Früher oder später sind wir alle unrentabel. Das stimmt zwar, aber es ist dennoch in dieser Abstraktheit eine argumentative Falle, weil dabei die Binnendifferenzierungen unberücksichtigt bleiben. Je härter die Krise, desto härter auch die universelle Konkurrenz, die von der Krisenverwaltung instrumentalisiert wird, um die verschiedenen Gruppen der Degradierten gegeneinander auszuspielen. Es gibt die soziale Spaltung nicht nur zwischen immer weniger Gewinnern und immer mehr Verlierern, sondern auch unter den Verlierern selbst. Noch-Beschäftigte und Arbeitslose, Frauen und Männer, Junge und Alte, prospektive Erben und Kinder von Vermögenslosen, Gesunde und Kranke, Nichtbehinderte und Behinderte, Inländer und Ausländer stehen gerade auf Armutsniveau einander gegenüber; und es geht darum, »für wen es noch reicht«.

Wir haben es also mit einer von prekären Verteilungskämpfen durchzogenen Hierarchie der Unrentabilität zu tun. Ganz unten in dieser Hierarchie finden sich die absolut Hilflosen, die nicht einmal mehr bösartig und kriminell werden können: Demenzkranke, geistig und körperlich Behinderte, Pflegebedürftige und Todkranke. Die zunehmenden Skandale in Alten- und Pflegeheimen, mitbedingt durch Dequalifizierung des verminderten, unter

Kosten- und Leistungsdruck stehenden Personals, sprechen Bände.

Mitten in den Demokratien findet eine strukturelle Entzivilisierung und Enthumanisierung statt, die man bislang weit draußen in der sowieso schon großenteils abgeschriebenen Peripherie des Weltmarkts wähnte. Das ist kein Pessimismus, sondern eine sich ausweitende gesellschaftliche Realität. Unter diesen Bedingungen befinden sich die klassischen Krisenreaktionen und Krisenideologien des Sexismus, Rassismus und Antisemitismus weltweit im Vormarsch, quer durch alle sozialen Schichten. Die Dämonen des 19. und frühen 20. Jahrhunderts kehren in modifizierter Gestalt zurück; nicht zuletzt eine sozialdarwinistische Mentalität, die im klassischen Liberalismus wurzelt und deshalb heute die neoliberale Weihe in kaum noch verbrämter Form erhalten kann. »Survival of the fittest« ist als gar nicht mehr so klammheimliche Parole wieder angesagt. Die zugrunde liegende Logik besagt, daß nicht das zum Naturgesetz erklärte warenproduzierende Patriarchat zur Disposition steht, sondern das Lebensinteresse und Lebensrecht der unrentablen Menschen. Die Theorie des Hardcore-Liberalen Thomas Malthus von der »Überbevölkerung« aus dem frühen 19. Jahrhundert kommt zu neuen Ehren.

Nicht erst die Nazis haben die mörderische Devise vom »lebensunwerten Leben« erfunden und bis zur letzten Konsequenz getrieben, sondern sie vielmehr aus einem breiten Strom des sozialdarwinistischen Denkens geschöpft, in dem bis zum Ersten Weltkrieg und danach außer den Liberalen auch große Teile der Linken und der Sozialdemokratie mitschwammen (was heute kaum noch bekannt ist). Deshalb kann der parteiübergreifende neoliberale Konsens heute auch wieder an den alten sozialdarwinistischen Konsens anknüpfen bis in die gesellschaftliche Mitte und sogar in die parlamentarische Linke hinein: eine dumpfe legitimatorische Basis für die Entzivilisierungstendenzen der Krisenverwaltung und ihrer

Mitverwaltungskräfte. Elemente dieses Denkens sind eben nicht nur bei rechtsradikalen Banden anzutreffen, die in Deutschland schon mal Behinderte als »Kostenfresser« beschimpften und aus ihren Rollstühlen kippten, sondern auch im Apparat der Sozialverwaltung und bei den Kadern der demokratischen politischen Klasse. Zu ihren Ahnherren gehört etwa der österreichische Sozialdemokrat Rudolf Goldscheid, der vor dem Ersten Weltkrieg den Begriff der »Menschenökonomie« erfand und dem Staat eine »rentable Menschenzucht« anempfahl, damit nicht behindertes Menschenmaterial durchgefüttert werden müsse. Gerade in Zeiten einer Krise der »abstrakten Arbeit« und der hyperproduktiven Überkapazitäten wird heute dieser Ertüchtigungswahn wieder mobilisiert. Die scheinbare Überwindung des Sozialdarwinismus gehörte zur Schönwetterphilosophie des vergangenen Wirtschaftswunders, die jetzt stillschweigend beerdigt wird.

Widerstand und Gesellschaftskritik

Welche Möglichkeiten des Widerstands gibt es angesichts dieser überwältigenden Großtendenz der Entzivilisierung? Offenbar genügt eine begrenzte Lobbyarbeit der geschwächten sozialen Dienste nicht mehr. Zwar gibt es keinen rein objektiven Determinismus der Krise und in jeder gegebenen Situation können immanente Spielräume genutzt werden, um »etwas herauszuholen«. Aber das geht nur noch im Zusammenhang mit einer breiten sozialen Bewegung, die fähig wird, ansatzweise die universelle Konkurrenz zu überwinden und ein Bündel von Forderungen durchzusetzen, auch wenn dadurch die in den Systemwidersprüchen der »abstrakten Arbeit« und ihrer geschlechtlichen Abspaltungsstruktur wurzelnde Krise als solche nicht zu überwinden ist. Damit eine solche Bewegung überhaupt möglich wird, bedarf es eines

zähen Kleinkriegs auch im Alltag gegen das sozialdarwinistische, sexistische, rassistische und antisemitische
Denken in allen seinen Variationen. Darüber hinaus können sich die Verlaufsformen der Krise zu einer neuen Gesellschaft öffnen, wenn der immanente Widerstand die
Perspektive einer anderen Produktions- und Lebensweise
jenseits des warenproduzierenden Patriarchats und damit
auch jenseits des alten Staatssozialismus findet. Diese
Öffnung wird nur möglich durch eine Öffnung auch des
geistigen Horizonts zu einer neuen radikalen Gesellschaftskritik – statt sich vom Krisenalltag mit Haut und
Haar auffressen zu lassen.

WELTKRISE UND IGNORANZ

Es ist unübersehbar geworden: Der Kapitalismus steuert auf eine Weltwirtschaftskrise mit tiefgreifenden Konsequenzen zu. Wenn sogar in Talkshows auf einmal der Vergleich mit 1929 gezogen wird und dem deutschen Finanzminister Steinbrück ebenso wie dem neuen US-Vizepräsidenten Biden die Warnung vor einem drohenden »Zusammenbruch« locker über die Lippen geht, kann nicht mehr geleugnet werden, dass die seit langem schwelende und stets heruntergeredete Krise der 3. industriellen Revolution in eine neue Qualität eingetreten ist.

Damit gewinnen die krisentheoretischen Thesen und Analysen der Wertkritik bzw. später der Wert-Abspaltungskritik, die von der vereinigten Restlinken wie vom bürgerlichen Wissenschaftsverständnis stets grundsätzlich zurückgewiesen wurden, weit mehr als bisher an unmittelbarem Realitätsgehalt. Das angeblich Unmögliche beginnt praktisch wahr zu werden. Dass sich eine absolute Schranke der Verwertung aufrichtet, wird damit nicht in einem positivistischen Sinne »bewiesen«. Aber ist nicht vielleicht der Zeitpunkt doch ein wenig ungeeignet, die radikale Krisentheorie als »unempirisch« abzuqualifizieren und sie begrifflich wie historisch für widerlegt zu erklären?

Natürlich sträubt sich das herrschende Bewusstsein gegen die Einsicht, dass es allen Anzeichen nach um etwas anderes geht als um eine bloß zyklische Abwärtsbewegung. Bevor die durchschlagende Wirkung des ökonomischen Kollaps im Alltag angekommen ist, wird schon allenthalben gemutmaßt, dass nach ein paar Monaten oder höchstens einem Jahr alles glücklich überstanden sein wird und die kapitalistischen Dinge wieder ihren »normalen« Gang gehen. Nach der jüngsten Forsa-Umfrage glauben nur 18 Prozent der Bundesbürger, dass 2009 überhaupt eine sozialökonomische »Verschlechterung« kommen wird. Diese auf Ignoranz basierende Zuversichtlichkeit eines irre gewordenen positiven Denkens steht in eigenartigem Kontrast zu den Aussagen etwa des Spitzenmanagers von Toyota über eine »noch nie da gewesene Situation« oder der meisten Konjunkturforscher, die an ihrer eigenen Prognosefähigkeit zweifeln. Wenn sogar der offizielle akademische und politische Diskurs die systemischen Grundlagen in Gefahr sieht, die er natürlich um jeden Preis retten will, dann muss sich nicht ausgerechnet die wert-abspaltungskritische Theorie für ihre längst vorliegende Prognose einer historischen Krise der Kapitalverwertung entschuldigen.

Der Ansatz einer neuen radikalen Krisentheorie hatte keineswegs zufällig von Anfang an die heftigste Abwehrreaktion gerade der linken Bewusstseinsindustrie hervorgerufen. Für eine oberflächliche Kapitalismuskritik traditionsmarxistischer oder postmoderner Provenienz ist die populär als »Zusammenbruchstheorie« bezeichnete Argumentation zweifellos ein Reizwort. Dieser von Eduard Bernstein Ende des 19. Jahrhunderts in pejorativer Absicht erfundene Begriff musste mehr denn je zum Anathema werden für einen Politik- und Bewegungsbetrieb, der sich von jeher auf die kapitalimmanente Widerspruchsbearbeitung beschränkt hat. Dass dabei unterstellt wird, der Kapitalismus könne nur eine Schranke finden, wenn die Menschen ihn nicht mehr »wollen«, ist eine Schutzbehauptung. In Wirklichkeit setzt dieses gemeinlinke Credo ein positivistisches Verständnis der basalen Kategorien des Kapitals und deren Akzeptanz als ontologische Bedingung voraus. Das ist der Grund, warum der Kapitalismus für dieses Denken nicht an eine objektive

Schranke stoßen darf. Die radikale Krisentheorie wurde nur deshalb als »objektivistisch« denunziert, weil man den Rahmen der vom Kapital gesetzten gesellschaftlichen Formen nicht durchbrechen will. Kategoriale Kritik ohne ontologische Rückversicherung und kategoriale Krise als strikt objektive innere Schranke der Mehrwertproduktion bedingen sich wechselseitig; ebenso wie umgekehrt eine verkürzte, nicht auf die Grundlagen zielende Kritik und das Postulat, dass die Mehrwertproduktion aus sich heraus ewig regenerationsfähig sein soll.

Diese Grundkonstellation bestimmt die theoretische Auseinandersetzung schon seit den ersten Krisenerscheinungen der 3. industriellen Revolution vor mehr als zwei Jahrzehnten. Das positivistische Verständnis der bürgerlichen Kategorien hatte 1989-91 die wert-abspaltungstheoretische Einsicht blockiert, dass der Realsozialismus im wesentlichen ein staatskapitalistisches System »nachholender Modernisierung« war und sein Zusammenbruch nur der Vorschein einer historischen Grenze von Kapitalverwertung und Weltmarkt insgesamt sein konnte. Beim Großteil der Linken ist dieser Epochenbruch bis heute unaufgearbeitet geblieben. Stattdessen wollten viele demoralisierte Altmarxisten in einem falschen »Realismus« hinsichtlich des warenproduzierenden Systems »ankommen«, bis hin zum Phantasma einer »sozialistischen Marktwirtschaft«. Die postmoderne Linke wiederum ließ das negative Ganze des Kapitalverhältnisses in partikularen Mikrokonflikten verschwinden und die negative Objektivität seiner Kategorien im Feilschen auf dem Marktplatz der Diskurse. Fraktionsübergreifend wollte man die Finanzblasenökonomie als »neues Akkumulationsmodell« verstehen und die Zirkulation »antisubstantialistisch« als eigentlichen Gesellschaftsmodus.

Auch das Platzen der Dotcom-Blase nach der Jahrhundertwende und die anschließende globale Rezession, die nur kurze Zeit dauerte, schien ja dem Kapitalismus nichts anhaben zu können. Dennoch war nicht zu übersehen, dass die euphorisch schon bis weit ins 21. Jahrhundert hochgerechnete globale Defizitkonjunktur die Mehrheit nicht erreichte. Die hautnah erlebte soziale Massenprekarisierung spätestens seit Hartz IV schien die schon weitgehend entsorgte Marxsche Kritik der politischen Ökonomie wieder auf die Tagesordnung zu setzen. Es gehört zu den linken Verdrängungsleistungen, dass dabei von vielen die Reformulierung durch Michael Heinrich im Kontext der »neuen Marx-Lektüre« in Anspruch genommen wurde, die eine Widerlegung der wertkritischen radikalen Krisentheorie zu leisten versprach. Das ging nur durch den Versuch, zentrale Aussagen der radikalen Ökonomiekritik zu destruieren. Insbesondere sollten der Marxsche Substanzbegriff der »abstrakten Arbeit« als angeblich »naturalistische«und »objektivistische« Bestimmung und das »Gesetz des tendenziellen Falls der Profitrate« als angeblich elementare Marxsche Fehlleistung aus dem theoretischen Inventar gestrichen werden, um den kapitalistischen Selbstwiderspruch verschwinden zu lassen und der Krisentheorie von vornherein die Spitze abzubrechen. Die erneute Befassung mit der Kritik der politischen Ökonomie diente nur dazu, das Dogma vom Kapitalismus als ewiger Wiederkehr des Gleichen zu befestigen.

Man glaubte die Theorie einer absoluten inneren Schranke der Verwertung auf diese Weise mit dem Gestus der abgeklärten Überlegenheit abtun zu können, ohne sich damit ernsthaft auseinandersetzen zu müssen. Umso peinlicher die scheinbar aus heiterem Himmel weltweit nahezu simultan hereinbrechende Katastrophe des Finanz- und Kreditsystems seit Herbst 2008, die sich parallel zur Defizitkonjunktur schon länger angedeutet hatte. Die faktisch erreichte Dynamik der Krise dementiert jetzt schon den notorischen wissenschaftlich-»seriösen« Entwarnungsdiskurs der letzten Jahre von der offiziellen VWL bis zum Heinrichschen Postmarxismus, der sich vordergründig an zusammenhanglose »Tatsachen« geklammert hatte; etwa mit Verweis auf die vermeintlichen »Wachstumswunder« in Asien. Im linken Medienwald ist es seit Beginn des neuen Kriseneinbruchs verdächtig still geworden. Man verhält sich ganz »volksnah« zunächst wie der fabulöse Vogel Strauß, der den Kopf in den Sand steckt, weil er hofft, dann selber nicht mehr gesehen zu werden. Der akademischen Linken und dem Bewegungsbewusstsein steht kein Instrumentarium zur Verfügung, um den Charakter des weltökonomischen Absturzes erklären und analysieren zu können.

Die Abwehr der radikalen Krisentheorie verhärtet sich in dieser Situation umso mehr. Zwar hatte die damit einhergehende Neuformulierung radikaler Kritik in den 90er Jahren ein gewisses Aufsehen erregt, weil sie eine alternative Erklärung des realsozialistischen Zusammenbruchs bot und ein angenehmes Gruseln verursachte. Allmählich aber wurde den flatterhaften und theoretisch bloß naschhaften Rezipienten im Zuge der postmodernistischen Diskurshegemonie und der weltgesellschaftlichen Dominanz des virtualisierten Kapitals die wertkritische Krisenprognose langweilig. Seit es nun wirklich ernst wird, will man erst recht nichts mehr davon wissen. Auch eine verkürzte »Wertkritik« beginnt ihren Geist aufzugeben, nachdem sie die begriffliche Bestimmung einer historischen Grenze des Kapitalismus bereits zurückgestutzt hatte, um sich mit den Bedürfnissen einer auf falsche Unmittelbarkeit geeichten bewegungsideologischen »Pseudo-Aktivität« kompatibel zu machen. Inzwischen ist die Speerspitze dieser Absetzbewegung dabei angelangt, die Krise auf eine bloß äußere ökologische Schranke und die Erschöpfung der stofflichen Ressourcen zu reduzieren. Der Rest-«Krisis«- und »Streifzüge«-Autor Andreas Exner etwa hat sich in Anpassung an den linksakademischen Konsens nicht nur von der radikalen Krisentheorie verabschiedet, sondern sogar im Eilverfahren alle Grundlagen der Kritik der politischen Ökonomie über Bord geworfen. Als eine Variante des »Abschieds von Marx« wird jedwede Dialektik von Produktivkräften und Produktionsverhältnissen grundsätzlich bestritten, um einer eindimensionalen und offen reaktionären Produktivkraftkritik Platz zu machen, wie sie schon einmal in den 80er Jahren gespukt hatte.

Es kann kaum überraschen, dass die Flucht aus der wertkritischen Krisentheorie ausgerechnet in dem Maße stattfindet, wie diese empirisch fassbar wird. Damit verbunden ist die Flucht aus der kategorialen Kritik einschließlich der Kritik des geschlechtlichen Abspaltungsverhältnisses. Diese spezifische Ignoranz lässt sich allerdings in einen allgemeineren Zusammenhang einordnen. Das Bestreben, gerade jetzt im gewöhnlichen Affekt der Linken gegen die »Zusammenbruchstheorie« aufzugehen, enthüllt eine »Befindlichkeit«, die offenbar tiefer sitzt als alle bruchstückhafte Aufnahme wertkritischer Reflexionen. Es handelt sich unter Einschluss der Linken um eine Denkbarriere des bürgerlichen Bewusstseins, das sich an den »objektiven Daseinsformen« und damit an den »objektiven Gedankenformen« der Wertvergesellschaftung umso mehr festkrallt, je deutlicher deren historische Obsoletheit in Erscheinung tritt.

Die neue Dimension der Weltkrise geht über die Ökonomie im engeren Sinne hinaus. Umso mehr weckt sie alle Furien der ideologischen Affirmation um jeden Preis. Schon vorher hatte sich die antideutsche Ideologie auf die Verteidigungslinie der bürgerlichen Aufklärungsphilosophie zurückgezogen im Namen einer pseudo-realpolitischen »Zivilisationsrettung« durch den kapitalistischen Weltordnungskrieg. In denselben Zusammenhang gehört der Versuch der Polit- und Bewegungslinken, sich angesichts des aktuellen Kriseneinbruchs panikartig auf den alten Linkskeynesianismus oder auf billige Konzepte einer lokalen bzw. digitalen »Alternativökonomie« zu kaprizieren. Weder kann das verdampfende »fiktive Kapital« qua staatlicher Reregulation in Arbeitsplatzinvestitionen umgeleitet werden noch können eine Subsistenz-

und Nachbarschaftsökonomie oder ein virtueller Geschenkbasar den Kollaps der kapitalistischen Vergesellschaftung auffangen.

So unterschiedlich und vordergründig gegensätzlich alle diese Verarbeitungsweisen auch sein mögen, eines haben sie gemeinsam, nämlich die trotz aller phänomenologischen »Dekonstruktion« nun wieder krampfhaft festgehaltene Befangenheit in der androzentrisch-universalistischen bürgerlichen Subjektform und in einer Modernisierungsgeschichte, die nie zu Ende gehen soll. Das Resultat ist ein Zurückschrecken vor den Konsequenzen der kategorialen Krise, das jedes Reflexionsvermögen betäubt. Indem die verschiedenen Krisenmomente bloß äußerlich gegeneinander ausgespielt werden, setzt sich die postmoderne Negation jeglicher Ideologiekritik fort. Das kategorial affirmative Denken bewegt sich im Zirkel haltloser Gegensätze, die dem zerbrechenden Zusammenhang der Wertvergesellschaftung ausgeliefert bleiben. Die aufwallenden antisemitischen, rassistischen und sexistischen Krisenideologien der projektiven Ausgrenzung können so auch nur gegeneinander ausgespielt und in unterschiedlichem Grade verharmlost werden.

Das theoretische Gewissen, soweit überhaupt noch vorhanden, soll zum Schweigen gebracht werden. Wenn es brenzlig wird, ist es opportun, alles zu vergessen, was man vielleicht schon einmal gewusst hat. Auch dabei lässt sich am »absoluten Relativismus« der postmodernen Ideologie anknüpfen, obwohl diese als »Falschgeld des Geistes« dem unter unseren Augen zusammenbrechenden Kreditblasensystem ziemlich genau entsprochen hat. Aber gerade deswegen eignet sich für eine Vogel-Strauß-Politik am besten eine Fortsetzung dieses Denkens, das schon keines mehr ist. Wenn die Realität auch bloß eine Fiktion darstellt, braucht man die Kohärenz kritischer Theorie nicht mehr ernst zu nehmen und kann sich dem fröhlichen Eklektizismus ergeben. Mit der Krisenpanik im Hinterkopf verwandelt sich allerdings das spielerische

Theorie-Zappen in ein handfestes Ressentiment gegen die TheoretikerInnen. An die Stelle von Theoriebildung, die diesen Namen verdient, soll in der linken Szene-Landschaft offenbar endgültig das unverbindliche und theoretisch weitgehend begründungslose Meinungsgeplapper des Blogger-Unwesens treten. Die Einbildung, sich von objektiven Kriterien emanzipiert zu haben, darf die gepflegte Ignoranz in der Weltkrise zieren; zumindest solange man sich gleichzeitig einbilden möchte, selber ungeschoren davonzukommen.

Immunisieren will sich diese Einheit von Krisenignoranz und Theorieverweigerung, indem man jede inhaltliche Positionierung durch einen faulen diskursstrategischen Trick auszubremsen versucht. Je deutlicher es wird, dass das regressive Bewusstsein einer sich in der Krise verdünnisierenden Linken überhaupt nur in der Form der Polemik zum Gegenstand werden kann, desto mehr greift der Impuls um sich, die inhaltliche Schärfe zu tabuisieren und aus dem Diskurs zu verbannen. In dieser Hinsicht setzt sich wiederum die postmoderne Denkweise fort, gerade weil ihre gesellschaftlichen Voraussetzungen wegbrechen: Wenn es sowieso um nichts mehr geht, weil alles bloß Konstrukt ist, dann erhebt sich für die Flexi-Individuen die allgemeine Anforderung, wechselseitig ihre inhaltslose Meinungssouveränität »anzuerkennen« und jeglichen »Kampf um Wahrheit« zu stornieren. Während die postmoderne Ideologie immerhin noch wusste, dass der Diskurs trotzdem ein »Machtspiel« ist, ohne allerdings dessen gesellschaftlichen Bedingungszusammenhang zu reflektieren, möchten die alternativideologischen Bürgerkinder nur noch neutrale und unschuldige Erkenntnissubjekte unterstellen, die sich gegenseitig in einem geschützten Wohlfühl-Bunker liebevoll mit Argumenten »beschenken«. Dieser Versuch, die theoretische Auseinandersetzung in eine ganzjährige doitsche Weihnachtsbescherung zu verwandeln, ist allerdings der sicherste Weg in das allgemeine Massaker.

Es handelt sich um eine besonders perfide Art und Weise, unter Umgehung der inhaltlichen Begründungsfähigkeit hinter einer Maske der Sanftheit die Machtfrage zu stellen, um die angesichts der manifest gewordenen existentiellen Krisendrohung unliebsam gewordene Radikalität insbesondere der Wert-Abspaltungskritik zu entschärfen und durch einen kategorischen Imperativ der Harmlosigkeit zu ersticken, der gleichzeitig das Abdriften in krisenideologische Verarbeitungsmuster ausblenden soll. Deshalb sind es gerade die theoretisch unterbelichteten Strippenzieher im Klein-Byzanz der linken Szeneverhältnisse, die sich als »Aktion Mensch« gerieren und denen man als ersten persönlich kommen müsste. Es ist eine Beleidigung von 200 Jahren feministischer Kritik, dass dabei zu allem Überfluss jegliche Polemik gegen die theoretische Abstumpfung als »Männlichkeitswahn« denunziert wird, wobei »Weiblichkeit« ganz abspaltungskonform als »umarmendes« Abwiegelungsverhalten gilt, das man selber instrumentell einzusetzen gedenkt.

Mit gut einstudiertem Augenaufschlag verkünden die falschen Softies und Ausweichstrategen des grassierenden Krisenopportunismus, dass sie mit den radikalen KrisentheoretikerInnen, von denen die Auseinandersetzung auch ideologiekritisch zugespitzt wird und die deshalb »aller Menschlichkeit enthoben« seien, keine »neue Gesellschaft« der universellen Liebe aufbauen möchten. Diese Absage beruht ganz auf Gegenseitigkeit. Die mit verstellter Stimme vor sich hin menschelnde linksalternative Kleinbürgerei ist selber ein Bote der Barbarisierung.

Allerdings wird die theoretische und praktische Ignoranz weder den Alltagsmenschen noch ihren diversen Ideologen mehr helfen, sobald die persönlichen Lebensverhältnisse unter die Räder kommen. Große Krisen sind immer auch gesellschaftliche Konfliktlokomotiven auf allen Ebenen und in allen Zusammenhängen. Die unter dem Deckel gehaltenen Widersprüche brechen auf, auch bei den Vernebelungs- und Verharmlosungskünstlern selbst.

Wenn ihr nichts anderes mehr einfällt, als die elementaren Existenzbedingungen der Wertvergesellschaftung unter Verleugnung ihrer historischen Schranke auch bloß restriktiv fortschreiben zu wollen, drohen große Teile der Linken auf die eine oder andere Weise in Modellen der kapitalistischen Notstandsverwaltung aufzugehen. Das gilt für die keynesianische Nostalgie ebenso wie für den ökologischen Reduktionismus von Exner u.Co., der schon mit einer abstrakten Verzichtsideologie und einer Absenkung des allgemeinen Lebensniveaus liebäugelt, während er dem Formzusammenhang der Verwertung ungebrochene »Verjüngungsfähigkeit« bescheinigt. Diesem Gesamtsyndrom gegenüber ist keinerlei »Verständigung« angesagt, sondern gesunde Intoleranz, Konfrontation und Polarisierung; auch als Notwehr gegen den Versuch, die kategoriale Wert-Abspaltungskritik und ihre radikale Krisentheorie diskursiv auszuschalten, wegzudrücken und die jüngere intellektuelle Generation davon abzuhalten – und zwar gerade weil sie sich weiter zu bestätigen droht.

DIE KRISE DES KAPITALS UND DIE KRISE DER LINKEN

Interview mit der brasilianischen Zeitschrift »IHU-Online«

Hängt die gegenwärtige Krise in Umwelt und Finanzwelt mit dem zusammen, was Sie als Zusammenbruch der Modernisierung bezeichnen?

Der Begriff des Zusammenbruchs ist ein Reizwort, das meistens pejorativ verwendet wird, um Vertreter einer radikalen Krisentheorie als nicht ernst zu nehmende »Apokalyptiker« abzuqualifizieren. Nicht nur die kapitalistischen Eliten, sondern auch die Vertreter der Linken wollen glauben, dass der Kapitalismus sich ewig erneuern kann. Natürlich bricht ein globales gesellschaftliches System nicht so augenblicklich zusammen wie ein Individuum, das einen Infarkt erleidet. Aber die historische Zeit des Kapitalismus ist abgelaufen. Modernisierung war ja nichts anderes als die Durchsetzung und Entwicklung dieses Systems, egal ob in privatkapitalistischen oder staatskapitalistischen Mechanismen.

Allen äußeren Unterschieden zum Trotz besteht die gemeinsame Grundlage in der »Verwertung des Werts«, das heißt in der Verwandlung von »abstrakter Arbeit« in »Mehrwert«. Das ist aber kein subjektiver Zweck, sondern ein verselbständigter Selbstzweck. Sowohl die Kapitalisten als auch die Lohnarbeiter und ebenso die Staatsagenten sind nur die Funktionäre dieses losgelassenen, unkontrollierbaren Selbstzwecks, den Marx als

»automatisches Subjekt« bezeichnet hat. Dabei erzwingt die universelle Konkurrenz eine blinde Dynamik der Produktivkraftentwicklung, die ständig neue Verwertungsbedingungen erzeugt und schließlich an eine absolute historische Schranke stößt.

Die innere ökonomische Schranke besteht darin, dass die Produktivkraftentwicklung zu einem Punkt führt, an dem die »abstrakte Arbeit« als »Substanz« des »Mehrwerts« in so großem Umfang aus dem Produktionsprozess wegrationalisiert wird, dass keine weitere reale Verwertung möglich ist. Diese »Entsubstantialisierung des Kapitals« oder »Entwertung des Werts« bedeutet, dass die Produkte an sich keine Waren mehr sind, die sich in der Geldform als allgemeiner Wertform darstellen können, sondern nur noch Gebrauchsgegenstände. Der Zweck der kapitalistischen Produktion ist aber nicht die Herstellung von Gebrauchsgütern für die Befriedigung von Bedürfnissen, sondern der Selbstzweck der Verwertung. Deshalb muss nach kapitalistischen Kriterien beim Erreichen der inneren ökonomischen Schranke die Produktion und damit der gesellschaftliche Lebensprozess stillgelegt werden, obwohl alle Mittel vorhanden sind.

Real war diese Situation im Zuge der dritten industriellen Revolution schon etwa Mitte der 80er Jahre eingetreten. Der Kapitalismus verlängerte sein Leben in »virtualisierter« Form einerseits durch eine historisch beispiellose Verschuldung (Vorgriff auf zukünftigen Mehrwert, der real nie mehr eingelöst werden kann) und andererseits durch das ebenso historisch beispiellose Aufblähen von sogenannten Finanzblasen (Aktien und Immobilien). Diese Scheinakkumulation von »substanzlosem« Geldkapital wurde auch in die reale Warenproduktion eingespeist. Daraus resultierte eine globale Defizitkonjunktur mit einseitigen Exportströmen vor allem in die USA. Die Exportwirtschaftszonen Chinas und Indiens bedeuten aber keine reale Expansion der »abstrakten Arbeit«, weil ihr Ausgangspunkt keine reale Kaufkraft war, sondern das »substanzlose« Geldkapital der Verschuldung und der Finanzblasen. Über mehr als zwei Jahrzehnte wurde die Illusion gepflegt, es könne ein rein »finanzgetriebenes Wachstum« geben. Das Ende dieser Illusion besteht keineswegs bloß in einer Finanzkrise. Die vielbeschworene »Realökonomie« ist in Wahrheit schon längst nicht mehr real, sondern sie wurde aus den »substanzlosen« Finanzblasen künstlich ernährt. Jetzt wird der Kapitalismus auf seine realen Verwertungsgrundlagen reduziert. Die Folge ist eine neue Weltwirtschaftskrise, ohne dass neue reale Potentiale der Verwertung in Sicht wären. Gleichzeitig stößt der Kapitalismus an seine äußere Naturschranke. In demselben Maße, wie die »abstrakte Arbeit« als Verwandlung menschlicher Energie in »Mehrwert« überflüssig gemacht wurde, expandierte in immer schnellerem Tempo die technologische Anwendung fossiler Energiestoffe (Öl, Gas). Die blinde Dynamik der gesellschaftlich unkontrollierten Produktivkraftentwicklung hat einerseits zu einer absehbaren Erschöpfung der Ressourcen fossiler Energie geführt, andererseits zu einer Zerstörung des globalen Klimas und der natürlichen Umwelt, deren Reifegrad ebenfalls absehbar ist. Die äußere Naturschranke und die innere ökonomische Schranke haben einen unterschiedlichen Zeithorizont. Während das Ende der realen »Verwertung des Werts« schon in der Vergangenheit liegt und die kapitalistische Ökonomie jetzt innerhalb von Jahren (grob geschätzt im Lauf des kommenden Jahrzehnts) ihre historische Krise durchläuft, liegt die absolute Naturschranke noch in der Zukunft (innerhalb eines Zeitraums von maximal zwei bis drei Jahrzehnten). Durch die ökonomische Krise und die damit verbundene Schließung von Produktionskapazitäten wird die Erschöpfung der energetischen Ressourcen gebremst, allerdings um den Preis der globalen sozialen Verelendung in der kapitalistischen Form. Gleichzeitig haben aber die Prozesse der Zerstörung von Naturgrundlagen und Klima einen derart langen Vorlauf, dass sie durch die ökonomische Krise nicht gestoppt werden und die äußere Naturschranke trotzdem erreicht wird.

Das Ende der Modernisierung bedeutet also, dass nicht nur die kapitalistische Form der Reproduktion überwunden werden muss, sondern eine nachkapitalistische Weltgesellschaft für lange Zeit die Folgen der kapitalistischen Naturzerstörung zu bearbeiten hat und daran leiden wird. Für die krisentheoretische Analyse und Kritik kommt es darauf an, die beiden historischen Schranken des Kapitalismus in ihrem inneren Zusammenhang zu sehen. Es besteht allerdings die Gefahr, dass die beiden Momente der historischen Krise gegeneinander ausgespielt werden; sowohl von den kapitalistischen Eliten als auch von den Vertretern eines »ökologischen Reduktionismus«, die nur die äußere Naturschranke gelten lassen wollen. Die kapitalistische Krisenverwaltung und der ökologische Reduktionismus könnten eine unheilige Allianz eingehen, die darauf hinausläuft, die ökonomische Schranke zu verleugnen und im Namen der ökologischen Krise den verarmten und verelendeten Massen eine Ideologie des »sozialen Verzichts« zu predigen. Demgegenüber muss festgehalten werden, dass die Krise, Kritik und Überwindung des kapitalistischen Formzusammenhangs Priorität besitzt, weil die Naturzerstörung Folge und nicht Ursache der inneren Schranke dieses Systems ist.

Warum ist die Schande der Krise auch die Schande der postmodernen Linken?

Die Krise ist keine Schande, sondern ein objektiver Prozess, der aus der blinden Dynamik von Konkurrenz und unkontrollierter Produktivkraftentwicklung resultiert. Hinsichtlich der postmodernen Linken kann man insofern von einer Schande sprechen, als sie die Kritik der politischen Ökonomie größtenteils über Bord geworfen hat. Der »Ökonomismus« der traditionellen Parteimarxisten wurde nur kritisiert, um die negative Objektivität der kapitalistischen Kategorien von »abstrakter Arbeit« und »Verwertung des Werts« gleich ganz zu entsorgen. Die Krisendynamik des Kapitalismus wurde völlig verkannt und in »unbegrenzte Möglichkeiten« umgedeutet. Wie die neoliberalen Eliten glaubte die postmoderne Linke an das »finanzgetriebene Wachstum« und machte sich zu einem ideologischen Ausdruck des fiktiven Kapitals. Den ökonomische Virtualismus ergänzte der technologische Virtualismus des Internet. Das »second life« im virtuellen Raum mutierte zur »eigentlichen« Lebensform, die angebliche »immaterielle Arbeit« (Antonio Negri) zur Fortsetzung der kapitalistischen Arbeitsontologie.

Das reale Substanzproblem der »abstrakten Arbeit« wurde verleugnet und durch einen ideologischen »Anti-Substantialismus« (oder »Anti-Essentialismus«) im Gegensatz zu Marx als bloße Metaphysik eines überholten Denkens denunziert, statt darin die durchaus materielle »Realmetaphysik« des Kapitalismus zu erkennen. Damit einher ging eine Orientierung an der Sphäre der Zirkulation. Die finanzkapitalistische Illusion, durch Akte des Kaufens und Verkaufens könnte genauso Wachstum erzeugt werden wie durch reale Warenproduktion, bildete auch die implizite Voraussetzung des postmodernen Denkens. Das verschuldete Markt- und Konsum-Subjekt erschien als Träger der Reproduktion und einer möglichen Emanzipation, wobei gar nicht mehr gesagt werden konnte, worin diese eigentlich bestehen soll.

Der falsche ökonomische und technologische Virtualismus schlug sich philosophisch in einer Erkenntnistheorie nieder, die den fetischistischen »realen Schein« des Kapitalverhältnisses nicht mehr kritisieren und überwinden wollte, sondern zu dem Glauben verführte, sich in diesen Verhältnissen »selbst verwirklichen« zu können. Das »eiserne Gehäuse« (Max Weber) des warenproduzierenden Systems wurde den virtualistischen Illusionen entsprechend in eine jederzeit und für alles offene »Ambivalenz« und »Kontingenz« umdefiniert, die beliebig begehbar zu sein schien. Wahrheit, auch die negative Wahrheit der Kritik, sollte keine objektive Grundlage in den Verhältnissen mehr haben, sondern als »produzierbar« und »verhandelbar« gelten. Das negative Wesen des Kapitals löste sich für die postmoderne Linke in eine unbestimmbare »Vielfalt« von Erscheinungen auf, die sich als zusammenhanglose »Vielfalt« sozialer Bewegungen ohne Fokussierung auf den harten Kern des Kapitals darstellen sollte.

In sozialer Hinsicht war die postmoderne Linke ein Trendsetter der kapitalistischen Individualisierung und Flexibilisierung. Das abstrakte Flexi-Individuum wurde nicht als Krisenform des bürgerlichen Subjekts erkannt, sondern zum Vorschein befreiter Individualität schon innerhalb des Kapitalismus verklärt. Statt als letzte Daseinsform des totalitären Marktes und als drohender »Krieg aller gegen alle« in der universellen Krisenkonkurrenz erschien die Individualisierung als atomisierte Form der »Selbstverwirklichung« und der »flexible Mensch« (Richard Sennet) nicht als hilflos getriebenes Objekt kapitalistischer Zwänge, sondern als »Souverän« seiner selbst, der neue Spielräume gewinnen und alles aus sich machen könne. Die Nähe des postmodernen Denkens zur neoliberalen Ideologie war trotz aller äußeren Gegensätze immer unverkennbar. Jetzt steht die postmoderne Linke vor den Trümmern ihrer Illusionen und wird mit der harten Realität einer epochalen Krise konfrontiert, die sie von Anfang an nicht wahrhaben wollte und auf die sie deshalb nicht vorbereitet ist.

Macht die heutige Linke eine existentielle Krise durch? Sollte die Linke weltweit ihre eigenen Engpässe lösen, bevor sie zu den gegenwärtigen Krisen alternative Lösungen anbietet? Besteht für Sie gegenwärtig ein theoretisches Vakuum unter den Linken, oder vielmehr eine methodologische Ungereimtheit in der Suche nach gemeinsamen Grundlagen für eine Theorie?

Die existentielle Krise der heutigen Linken besteht gerade darin, dass sie nicht in der Lage war, den Marxismus zu transformieren und die Kritik der politischen Ökonomie auf der Höhe des 21. Jahrhunderts zu reformulieren. Denn natürlich kann es kein Zurück zu den Paradigmen einer vergangenen Epoche geben. Das Label »Postmoderne« war nur ein Etikettenschwindel, weil die reale gesellschaftliche Transformation des Kapitalismus keine neuen sozialen Spielräume eröffnet hat, sondern eben den Übergang zu seinem historischen Zerfall markierte. Weder das Ende der alten Arbeiterbewegung noch der Untergang des »Realsozialismus« wurde kritisch aufgearbeitet. Der postmoderne Durchgang hat den traditionellen Marxismus nicht überwunden, sondern lediglich in einer entwirklichten Gestalt fortgesetzt. Während das sozialistische Ziel völlig aus dem Blick verschwunden ist und sich in jene falsche »Vielfalt« von bloß partikularen Bestrebungen aufgelöst hat, verwandelte sich das Paradigma der »Arbeiterklasse« in eine nirgendwo tragfähige Vielzahl von sozialen Surrogat-Subjekten; bei Negri in den völlig leeren Begriff der »Multitude«, die alles und nichts bedeutet. Der Entleerung des Subjekts entspricht eine Virtualisierung der sozialen Kämpfe, die großenteils nur noch symbolischen Charakter haben und immer weniger reale Eingriffsmacht entfalten können.

Diese Lage als »Engpässe« der Linken zu bezeichnen, ist eine harmlose Formulierung. Das alte und das postmoderne »Linkssein« sind gleichermaßen am Ende. Es gibt kein ontologisches Subjekt der »Arbeit« mehr, weil sich die »Arbeit« als historische Substanz des Kapitals entpuppt hat und selber obsolet geworden ist. Damit ist auch der paradoxe marxistische Begriff eines »objektiven Subjekts« an sich, das nur »zu sich« kommen müsse, historisch erledigt und kann nicht in Surrogaten fortgesetzt werden. In dieser Hinsicht ist das »theoretische Vakuum« der Linken identisch mit der »methodologischen Ungereimtheit«. Es ist der Linken nie gelungen, die Subjekt-

Objekt-Dialektik des modernen Fetischismus auf den Begriff zu bringen. Die Folge war ein Abgleiten entweder in einen kruden Objektivismus oder in einen ebenso kruden Subjektivismus. Das Pendeln zwischen diesen beiden Polen des Fetischismus macht einen Großteil der linken Auseinandersetzungen aus, die über diese Polarität nicht hinausgekommen sind.

Für eine neue soziale Emanzipationsbewegung geht es nicht mehr darum, ein »objektives Subjekt« wachzuküssen, sondern ohne ontologische Rückversicherung die Subjektform überhaupt zu kritisieren und als kapitalistische Daseinsform zu dechiffrieren. Die Form »Subjekt« kann immer nur ein Agent des »automatischen Subjekts« von Kapitalverwertung sein und darf nicht mit dem Willen zur emanzipatorischen Aktion verwechselt werden, der sich selbst konstituieren muss und keine ontologische Grundlage haben kann. Das ist schwer zu denken, weil gerade die postmoderne Linke die Kritik des Subjekts aufgegeben hat (so ist der späte Foucault zur Beschwörung des partikularisierten Subjekts zurückgekehrt). Diese Kritik ist vor allem deshalb gescheitert, weil sie nicht mit der Kritik der politischen Ökonomie vermittelt war.

Mit diesem Problem hängt auch die Kritik des modernen Geschlechterverhältnisses zusammen. Die traditionelle wie die postmoderne Linke hat zwar ihre obligatorischen Verbeugungen vor dem Feminismus gemacht, aber die Thematik nie wirklich ernst genommen. Auch der Feminismus selbst blieb trotz verdienstvoller Untersuchungen weitgehend darauf beschränkt, die Frauen als ebenso paradoxes »objektives Subjekt« zu bestimmen wie die »Arbeiterklasse«. Das Postulat einer weiblichen »Subjektwerdung« führt daher in dieselbe Sackgasse. So ist auch der Feminismus dem postmodernen Durchgang erlegen und hat die »abgespaltene« weibliche Daseinsform im Kapitalismus ebenfalls in eine »Vielfalt« von partikularen Emanzipationsbestrebungen aufgelöst, die das zentrale Problem nicht berühren. Auch hier käme es darauf an, die Kritik des modernen Patriarchats mit der Kritik der politischen Ökonomie zu vermitteln und nicht als »abgeleitete« sekundäre Fragestellung zu behandeln. Zentral ist dabei die Erkenntnis, dass die scheinbar neutralen Kategorien des Kapitals und die dazugehörige Form »Subjekt« an sich schon »männlich« bestimmt sind und die kapitalistische »Vernunft« von Haus aus eine androzentrische ist. Daran ändert auch die Auflösung der traditionellen Familie und der dazugehörigen Geschlechtsrollen nichts, weil sich der androzentrische Charakter des Kapitalismus in modifizierter Weise fortsetzt. Die Kritik dieser gesellschaftlichen Formen und die Kritik des kapitalistischen Geschlechterverhältnisses bedingen sich daher wechselseitig und müssen zusammen gedacht werden.

Die Kritik des »objektiven Subjekts« der »Arbeit« und der »abgespaltenen« weiblichen Existenz ist keine begriffliche Spielerei, sondern hat enorme praktische Konsequenzen für die Überwindung des Kapitalismus. Erledigt hat sich auf diese Weise nämlich auch die altmarxistische Vorstellung einer sozialen Emanzipation und eines Sozialismus »in« den kapitalistischen Kategorien, die nur anders reguliert und moderiert werden müssten. An der historischen Grenze des Kapitalismus stellt sich die Aufgabe einer »kategorialen Kritik« sowohl des Zusammenhangs von »abstrakter Arbeit«, Warenform und »Verwertung des Werts« als auch des damit verbundenen Geschlechterverhältnisses.

Auch das ist schwer zu denken, weil diese Existenzbedingungen verinnerlicht worden sind und vom postmodernen Denken eher noch befestigt wurden. Erst die Formulierung eines neuen sozialistischen Ziels auf der Grundlage »kategorialer Kritik« kann dazu führen, im Prozess der historischen Krise auch adäquate immanente Übergangsforderungen zu entwickeln und dafür eine reale Durchsetzungsmacht zu gewinnen. Ohne zusammenfassende Fokussierung auf den Kern des Kapitalismus bleiben soziale Bewegungen hilflos partikularisiert. Zu befürchten ist allerdings, dass die von der Krise »kalt erwischte« Linke sich auf viel zu kurz greifende Konzepte der vermeintlichen »Rettung« einlässt und damit nur ihre historische Ohnmacht ratifiziert.

In welchem Sinne trägt die gegenwärtige Konjunktur dazu bei, dass Politik zu einem aussterbenden Modell wird? Kann man sagen, dass die Wirtschaft die Politik kolonisiert hat? Wird ausgehend vom gegenwärtigen Geschehen Politik neu überdacht?

Die auf den Staat als zusammenfassende Instanz des Kapitalismus fixierte »Politik« wird nicht deshalb zu einem Auslaufmodell, weil sie von der Ökonmie kolonisiert worden wäre, sondern weil sie längst an ihren eigenen Voraussetzungen gescheitert ist. Das Problem bezieht sich nicht nur auf die äußere Bedingung einer Globalisierung des Kapitals, von der die nationalökonomischen Räume durchbrochen worden sind. Die regulative Kraft des Staates erlischt vor allem daran, dass es substantiell nichts mehr zu regulieren gibt. Die kapitalistische Verwertung in den Formen von »abstrakter Arbeit« und Geld bildet immer schon die Voraussetzung des Staates, die er nicht hintergehen kann. Wenn sich das Kapital durch seine eigene Produktivkraftentwicklung entwertet, kann der Staat darauf mit Hilfe seiner Notenbank nur durch eine inflationäre Geldschöpfung reagieren. Die Substanzlosigkeit des virtualisierten Kapitals wird damit nicht überwunden, sondern zugespitzt als Entwertung des Selbstzweck-Mediums Geld. Denn die Kompetenz der Notenbank ist rein formal; ihre Geldschöpfung kann die substantielle Mehrwertproduktion durch »abstrakte Arbeit« nur ausdrücken, aber nicht ersetzen.

Die Grenzen des staatlichen Kredits waren schon Ende der 70er Jahre erreicht. Damals wurde die substanzlose Expansion des Staatskredits durch inflationäre Schübe bestraft. Die Illusion des Neoliberalismus bestand darin, dass er die Inflationierung ausschließlich auf die Staatstätigkeit zurückführte. Durch die neoliberale Deregulierung wurde das Problem aber nur vom Staatskredit auf die Finanzmärkte verlagert. Die Strafe der Inflation verzögerte sich zwar durch den transnationalen Charakter der Finanzblasen-Ökonomie, aber in der globalen Defizitkonjunktur bis 2008 begann das inflationäre Potential manifest zu werden. Dieser Prozess wurde zunächst abgebrochen, weil seither das virtuelle Kapital und mit ihm die Weltkonjunktur ihren Geist aufgeben. Wenn jetzt aber wiederum der Staat als »letzte Instanz« und deus ex machina angerufen wird, müssen seine Rettungs- und Konjunkturpakete abermals die Entwertung des Geldes selbst hervorrufen; allerdings auf höherer Entwicklungsstufe und in einer weit größeren Dimension als vor dreißig Jahren.

Vor diesem Hintergrund ist die Hoffnung auf eine »Renaissance der Politik« die größte aller Seifenblasen. Die Schäden der politischen Schadensbegrenzung werden die bisherige Krise sogar übertreffen. Der Staat kann seinen Kapitalismus nur noch endgültig zu Tode regulieren. Die Linke ist auch in dieser Hinsicht hilflos, solange sie nicht die Systemgrundlagen selbst in Frage stellen kann. In demselben Maße, wie sich die vermeintliche »Autonomie« der partikularen und symbolischen sozialen Bewegungen an der inneren Schranke der Verwertung in Schall und Rauch auflöst, ist zu befürchten, dass die Linke auf ihren traditionellen Etatismus regrediert, weil ihr nichts anderes mehr einfällt. Schon jetzt ist das meiste, was als linke Gesellschaftskritik ausgegeben wird, kaum mehr als keynesianische Nostalgie. Wenn die Linke hofft, auf den Zug der etatistischen Krisenverwaltung »sozialreformerisch« aufspringen zu können, wird sie zusammen mit diesem entgleisen und nach ihrem Schwelgen im Virtualismus zum Trendsetter einer Inflationspolitik werden. Das wäre ein wohlverdientes Schicksal.

Was für andere linke Kräfte könnten jetzt auftauchen?

Wenn die in den kapitalistischen Kategorien befangene globale Linke versagt, liegt natürlich die Frage nach anderen Kräften der sozialen Emanzipation nahe. Sicherlich wird es zu Aufständen und sozialen Zusammenstößen kommen, wenn den Menschen ihre noch so prekären Lebensgrundlagen genommen werden. Diese Eruptionen können aber genauso nach rechts gehen und sich als Sexismus, Rassismus, Antisemitismus und Nationalismus äußern, obwohl damit keinerlei Möglichkeit für eine reaktionäre Bewältigung der Krise mehr verbunden ist. Es gibt auch spontane soziale Erhebungen, die sich diffus als links verstehen, wie sie seit einigen Monaten in Griechenland zu beobachten sind. Diese jugendliche Randale, die aus dem Bauch heraus auf die Unterdrückung der Lebensbedürfnisse reagiert, wird von manchen Linken schon wieder zum Mythos gemacht und gegen die notwendige theoretische Transformation ausgespielt.

Der Kult der Spontaneität hat sich aber schon immer blamiert. Die spontanen Aufstände der Jugend, mögen sie auch durchaus organisiert sein, werden verpuffen, wenn sie keine Möglichkeit vorfinden, sich einen kritischen Begriff der Verhältnisse auf der Höhe der Zeit zu machen. Deshalb führt kein Weg daran vorbei, ein neues sozialistisches Ziel zu entwickeln mittels einer kategorialen Kritik, die sich nicht an die »falsche Unmittelbarkeit« spontaner Praxis binden darf. Diese Spannung muss ausgehalten werden, wenn sich der aufkeimende soziale Widerstand nicht selber in »lebensphilosophischen« Phrasen ersäufen soll.

Sie sagen, dass sich die Gesellschaft weltweit vom Spiel des realen Ökonomismus befreien und ihre Ressourcen auf neue Weise, jenseits von Markt und Staat, organisieren muss. Wie kann die Linke in diesem Sinne eine revolutionäre Arbeit leisten und die gegenwärtige Lage än-

dern? Was für Lösungsansätze hat in diesem Fall die Linke für die internationale Finanzkrise zu bieten?

Betont werden muss, dass es eben die Gesellschaft ist, die global vom realen Ökonomismus des Kapitals befreit werden muss. Es ist zwar richtig, dass eine neue Weise der Reproduktion nur jenseits von Markt und Staat gelingen kann. In den letzten Jahren wurde diese Formel aber immer öfter so aufgegriffen, dass darunter bloß eine genossenschaftliche Alternativ-Ökonomie sozusagen »neben« der gesellschaftlichen Synthesis durch das Kapital verstanden wurde, die sich irgendwie allmählich ausdehnen soll. Damit setzt sich nur der postmoderne »bunte« Partikularismus fort. Die negative Vergesellschaftung des Kapitalismus kann aber nur ganz oder gar nicht überwunden werden. Die genossenschaftliche Alternativ-Ökonomie hat schon eine lange Geschichte durchlaufen und ist jedes Mal gescheitert, zuletzt in den 80er Jahren.

Die epochale Krise verbessert die Bedingungen für solche Ideen nicht, sondern verschlechtert sie. Denn eine auf kleinen Raum beschränkte »alternative« Reproduktion ist nicht nur mit uneingestandenen sozialen Zwängen verbunden, sondern sie bleibt auch auf die Funktionen von Markt und Staat angewiesen, weil sie nur wenige Lebensbedürfnisse in eigener Regie befriedigen kann. Die wirkliche Reproduktion der Individuen ist in einen Verkettungszusammenhang eingebunden, den Marx unter kapitalistischen Bedingungen als »gesellschaftliche Gesamtarbeit« bezeichnet hat. Dieser Zusammenhang kann nur als ganzer transformiert werden; man kann nicht mit Kartoffeln oder mit Software anfangen und sich einbilden, damit ein »Modell« im Kleinen zu kreieren, das nur auf die Gesamtgesellschaft übertragen werden müsse. Der »Modellplatonismus« ist ein Produkt der bürgerlichen Volkswirtschaftslehre und nicht der radikalen Kritik.

Wenn in der Krise mangels »Finanzierungsfähigkeit«

Wasser und Strom abgestellt werden, die medizinische Versorgung und die kapitalistische Distribution von Lebensmitteln zusammenbricht, steht nicht eine allmähliche »Vernetzung« von lebensreformerischen Kommunen oder virtuellen Austauschverhältnissen auf der Tagesordnung, sondern die gesamtgesellschaftliche Transformation der kapitalistischen Form von »Vernetzung«. Dafür bedarf es eines gesamtgesellschaftlich organisierten Widerstands gegen die Krisenverwaltung, der sich eigene Ziele auf der Ebene der gesellschaftlichen Synthesis setzt. Davon lenken die partikularistischen Surrogate einer »solidarischen Ökonomie« nur ab, die meist aus einem Sammelsurium von Subsistenzökonomie, illusorischen »Geldreformen« und abstrakter Gemeinschaftsideologie bestehen. Aus der Not soll eine Tugend gemacht werden. Es ist nur folgerichtig, dass solche Konzepte auch nach »Lösungsansätzen für die Finanzkrise« schielen und sich dabei mit der keynesiansichen Nostalgie verbinden. Es gibt keine Lösung der Finanzkrise mehr, sondern das Kriterium der »Finanzierbarkeit« selber ist anzugreifen, wenn eine neue Weise der Reproduktion jenseits von Markt und Staat ernst genommen werden soll.

Mitten im Zeitalter der Information durchlaufen wir die Krise des Kapitalismus. Wie wird sich das auf die Arbeitswelt hinsichtlich der Beziehung zwischen Kapital und Arbeit auswirken? Angesichts der Verbreitung neuer Technologien in der gegenwärtigen Gesellschaft, aber auch angesichts der gegenwärtigen Krisen, ist im Zeitalter der Informatik eine Entglobalisierung denkbar? Dürfen wir somit an eine neue Weltwirtschaft denken?

Die Informatik als Grundlage der dritten industriellen Revolution hat ja gerade die Produktivkraftentwicklung hervorgebracht, die zur inneren Schranke des Kapitalismus führen musste. Unter kapitalistischen Bedingungen handelt es sich um eine reine »Krisentechnologie«, die erst jenseits der Verwertung positive Potenzen entfalten könnte. Die finanzkapitalstische wie die postmoderne Illusion bestand darin, dass damit neue Formen der »immateriellen Arbeit« in einer sogenannten Informationsgesellschaft und neue Beziehungen zwischen Kapital und Arbeit mit einer größeren »Selbstbestimmung« der Arbeitenden verbunden wären. In Wahrheit lief das »Zeitalter der Information« schon in der Vergangenheit auf Massenarbeitslosigkeit, Unterbeschäftigung und Prekarisierung hinaus und die vermeintliche Selbstbestimmung auf eine zwanghafte »Selbstverantwortung« der Individuen für den Verwertungsprozess. Antonio Negri wollte diese negative Entwicklung zur Option einer »autonomen Selbstverwertung« (Autovalorisazzione) stilisieren. Das wurde zum Stichwort für die repressive Arbeitsverwaltung, die daraus das Konzept machte, die Individuen als »Selbstunternehmer ihrer Arbeitskraft« und als »Selbstverwalter ihres Humankapitals« zu definieren, um sie völlig den Verhältnissen des Krisenkapitalismus auszuliefern. Der neue Kriseneinbruch wird diese Tendenzen dramatisch zuspitzen und endgültig alle Versuche dementieren, in die kapitalistische Form der Informationsgesellschaft eine emanzipatorisch besetzbare »Ambivalenz« hineinlesen zu wollen. Die postmoderne Ambivalenz-Metaphysik hat ausgedient.

Die Globalisierung kann nicht auf die Informationstechnologie reduziert werden. Unter kapitalistischen Bedingungen konnte sie eben nur eine Globalisierung des Kapitals sein, unter dessen Diktat sich auch die Information befindet. Es ist zu erwarten, dass der Krisenprozess im Zuge der staatlichen Inflationspolitik insofern zu einer »Entglobalisierung« führt, als der Versuch unternommen wird, sich auf einen protektionistischen Egoismus der nur noch formalen Nationalökonomien zurückzuziehen, begleitet von neo-nationalistischen Ideologien. Damit kann die Krise aber nicht bewältigt, sondern nur verschärft werden. Es ist auch fraglich, ob sich das Internet aufrecht erhalten lässt; nicht weil es technologisch zusammenbrechen könnte (obwohl sich auch auf dieser Ebene Grenzen der Kapazität andeuten), sondern weil es von riesigen Aggregaten der Infrastruktur abhängig ist, deren »Finanzierungsfähigkeit« genauso in Frage gestellt ist wie alles andere. Eine bloß virtuelle Globalisierung ist nicht haltbar, wenn sie nicht mit einer transnationalen materiellen Reproduktion jenseits des Kapitalismus verbunden wird. Auch die bornierten Internet-Freaks und Plaudertaschen der »Blogosphäre« könnten noch ihr blaues Wunder erleben.

Was heißt Ethik unter den gegenwärtigen Rahmenbedingungen der kapitalistischen Gesellschaft?

Ethik war in allen historischen Fetisch-Formationen nichts anderes als der Versuch, mit den gegebenen und blind vorausgesetzten Bedingungen der Reproduktion sozial verträglich zurechtzukommen, ohne sie zu überwinden. Auch die moderne bürgerliche Ethik will die Widersprüche und Krisen bewältigen, ohne die konstitutiven Ursachen anzutasten. An die Stelle der radikalen Kritik soll ein Kanon von moralischen Verhaltensmaßregeln für die Individuen treten, um in den herrschenden Formen »nett zueinander« werden zu können. Nicht das System kann versagen, sondern nur die Moral der Individuen. Auch die gegenwärtige Krise wird ja gern auf die ethischen Defizite der Banker und Manager zurückgeführt. Keineswegs zufällig besteht das dickste »Rettungspaket« in der Ethik, die wieder einmal Hochkonjunktur hat. Leider ist dieses Paket völlig leer. Das »automatische Subjekt« ist keinerlei ethischen Imperativen zugänglich; deshalb ist es auch sinnlos, seine Agenten damit zu behelligen. Ethik ist so ziemlich das letzte, womit sich kritische Theorie beschäftigen sollte.

DIE KLIMAX DES KAPITALISMUS

Kurzer Abriss der historischen Krisendynamik

In der Krise ist fast schon nach der Krise. Das war die Botschaft des positiven Denkens seit der Lehman-Pleite. Warum sollte der größte Finanzkrach seit den 1930er Jahren irgendeine krisentheoretische Überlegung hervorrufen? Mal geht es eben rauf und mal runter. Sowieso ändert sich dauernd alles; aber nur damit es bleibt wie es ist. Die Krisen kommen und gehen, aber der Kapitalismus bleibt ewig bestehen. Deshalb interessiert nicht die Krise als solche, sondern was als nächstes kommt, wenn sie wieder vorbei ist wie all die langweiligen Krisen zuvor. Wer sind die Aufsteiger und wer die Absteiger der neuen Ära? Steht endlich das Wirtschaftswunder in Afrika bevor, kommt das pazifische Jahrhundert mit China als neuer Weltmacht oder doch eher die Wiedergeburt der USA aus dem Geist des Tellerwaschens? Werden wir vielleicht gar den Aufstieg der wiedergeborenen Lira zur Leitwährung erleben? Anything goes. Man wird ja wohl ein bisschen mutige Trendforschung betreiben dürfen, wenn die ihrerseits übermütig gewordenen Finanzmärkte Aschewolken ausstoßen wie der Ätna zu seinen besten Zeiten.

Wen schert schon der innere historische Zusammenhang kapitalistischer Entwicklung: Glücklich ist, wer vergisst. Dass 1982 mit der ersten Zahlungsunfähigkeit Mexikos ein bis heute andauernder Krisenzyklus neuer

Qualität begonnen haben könnte, der sich von der Peripherie in die Zentren durchfrisst, darf nicht einmal gedacht werden. Die postmoderne Wahrnehmungsstruktur schließt jede Einsicht aus, die über den Horizont einer Trendsaison hinausginge. Was Marx im Vorwort zum ersten Band des »Kapital« als Voraussetzung gesellschaftstheoretischer Erkenntnis bezeichnet hat, nämlich die »Abstraktionskraft«, gilt längst als anrüchiger Essentialismus. Die diskursdominante Mikroökonomie kennt wie Margret Thatcher keine Gesellschaft mehr, sondern nur noch Individuen. Wo alles Betriebswirtschaft ist, sogar das Verhältnis zum eigenen Ich, schrumpfen Raum und Zeit auf den Horizont von Mausklicks und Erlebniseinkäufen.

Vom negativen Ganzen soll nicht gesprochen werden, damit es in gnädiger Unsichtbarkeit verharrt. So mancher Kapuzenpulliträger fragt womöglich: Welche Lehman-Pleite? War das vor oder nach dem Ersten Weltkrieg? Wenn man sich ohne Vergangenheits- und Zukunftsbewusstsein nur noch zwischen zusammenhanglosen Ereignispunkten im medialen Raum bewegt, kann man sich die Krise auch wegdenken, solange noch Geld aus dem Automaten kommt.

Aber allmählich riecht es derart brenzlig, dass sogar der Unterhaltungswert der Trendscouts als Wahrsager gesunken ist. Die Krise scheint im neuen Jahrhundert alt werden zu wollen. Eine Rezession und eine falsche Entwarnung jagt die nächste, während die Hüter des globalen Bankensystems ihre Leichen im Keller zählen und am liebsten den Schlüssel wegwerfen möchten. Nicht einmal der deutsche Exportchauvinismus ist sich ganz sicher, ob die BRD wirklich mit sich allein in einer anderen Liga spielt als der Rest der Euro-Zone. Niemand weiß, wo morgen oder übermorgen das Feuer unterm Dach auflodern wird. Aber alle wissen, dass die Brandherde überall lauern und anscheinend auf geheimnisvolle Weise miteinander verbunden sind. Das postmoderne Urvertrauen in den Kapitalismus bröckelt, auch wenn seine Blamage noch nicht zum Leitthema geworden ist.

Sogar der Foucault-Linken beginnt es zu dämmern, dass sie von der Kritik der politischen Ökonomie ungefähr so viel Ahnung hat wie Karl Marx vom Motorradfahren. Deshalb durfte die Krise immerhin den Diskurs auf ein Terrain lenken, das bislang als »ökonomistisch« verschrien war und grundsätzlich gemieden wurde. Was also ist los mit dem Kapitalismus? Leider hat Marx keine handliche Krisentheorie im Merve-Bändchen-Format hinterlassen. Weil der Drang groß ist, den dekonstruktiven Realitätsverlust mit einer möglichst billigen Wiederentdeckung der schnöden Ökonomie zu vereinigen, schlägt man am besten bei den etwas seichteren Versionen der marxistischen Überlieferung nach.

Diesen zufolge tritt das Kapital von Zeit zu Zeit in eine Phase der sogenannten Überakkumulation ein. Es wurde zu viel Kapital angehäuft, das sich nicht ausreichend weiter verwerten lässt, weil der produzierte Mehrwert mangels gesellschaftlicher Kaufkraft nicht mehr in seine Geldform verwandelt oder »realisiert« werden kann. Die Investitionen in Maschinen und Arbeitskraft waren für das Fassungsvermögen des Marktes zu groß, es sind Überkapazitäten der Produktion entstanden, überall liegen unverkäufliche Waren herum, das Geldkapital flüchtet in die Finanzmärkte und treibt dort Blasen. Das überschüssige Kapital in allen seinen Bestandteilen (Sachkapital, Arbeitskraft, Warenkapital, Geldkapital) muss nun krisenhaft entwertet werden. Danach kann alles wieder von vorn losgehen.

Diese Version ist die für den postmodernen Ungeist schmackhafteste. Denn die Krise erscheint dabei als ein ahistorischer Event in der ewigen Wiederkehr des Gleichen. So eine Bereinigung dann und wann tut dem Kapitalismus gut wie eine Schwitzkur. Die Krise gehört zu seinem wundersamen Funktionieren, wie die abgeklärte Linke schon lange weiß. Expansion und Kontraktion wechseln sich in unendlicher Reihung ab, ohne dass ein zusammenhängender und fortschreitender Prozess erkennbar wäre.

Aber bei Marx finden sich auch ganz andere Überlegungen. Danach ist langfristig nicht die periodisch mangelnde Realisierung des Mehrwerts auf dem Markt das Problem, sondern viel grundsätzlicher seine mangelnde Produktion selbst. Das Kapital ist prozessierender Selbstwiderspruch dadurch, dass es einerseits die unaufhörliche Anhäufung von Wert oder »abstraktem Reichtum« (Marx) als einzigen Zweck hat, andererseits aber die Konkurrenz dazu zwingt, menschliche Arbeitskraft als ausschließliche Quelle dieses Werts durch Produktivkraftentwicklung zunehmend überflüssig zu machen und durch wissenschaftlich-technische Apparate zu ersetzen.

Die Produktivkraftentwicklung aber ist keine ewige Wiederkehr des Gleichen, sondern ein irreversibler historischer Prozess. Dieser treibt, wie Marx in den »Grundrissen« zeigt, auf eine Situation zu, in der die Produkte zwar Gebrauchsgüter sind, aber als Waren keine ausreichende Menge vergangener menschlicher Arbeitsenergie repräsentieren können. Sie werden deswegen unverkäuflich, weil sie gar keinen abstrakten Wert mehr darstellen. Das ist keine Bereinigung, sondern eine »innere Schranke« (Marx) des Kapitals. Dieser Aspekt der Marxschen Theorie war schon inakzeptabel für den traditionellen Marxismus, dem es um die »Planung des Werts« statt um dessen Abschaffung ging. Für ein Bewusstsein vollends, das weder eine Geschichte kennt noch einen Begriff des Werts formulieren kann, sondern das von Ereignis zu Ereignis hechelt und sich den Zwang zur Selbstverwertung als grenzenlose Freiheit einreden möchte, ist eine objektive Schranke dieser Daseinsform umso weniger denkbar.

Nun kommt es dem Kapital nicht auf den Wert schlechthin, sondern auf den Mehrwert an, den die Arbeitskraft über ihre eigenen Kosten hinaus produziert. Dieselbe Produktivkraftentwicklung, die Arbeitskraft fortschreitend überflüssig macht, verbilligt die Kosten der noch angewendeten Arbeitskraft. Damit vergrößert sich der relative Anteil des Mehrwerts an der verausgabten Gesamtarbeitszeit. Aber für die gesellschaftliche Mehrwertmasse kommt es nicht allein auf den relativen Anteil pro Arbeitskraft an, sondern auch auf die Zahl der anwendbaren Arbeitskräfte bei gegebenem Produktivitätsstandard.

Marx hat dieses Problem im dritten Band des »Kapital« als Theorie vom tendenziellen Fall der Profitrate formuliert. Pro eingesetztem Geldkapital wächst der Anteil des Sachkapitals stetig an, während die Zahl der damit mobilisierbaren Arbeitskräfte ebenso stetig sinkt. Indirekt ist das an der bürgerlichen Statistik dadurch abzulesen, dass die Vorauskosten eines Arbeitsplatzes historisch unaufhaltsam steigen, weil ein immer größeres Aggregat von Maschinerie, Infrastruktur usw. eingesetzt werden muss, um eine Arbeitskraft anwenden zu können. Da nur die Arbeitskraft neuen Wert produziert, muss der durchschnittliche Profit im gesellschaftlichen Maßstab pro vorgeschossenem Geldkapital sinken, obwohl sich der relative Anteil des Mehrwerts an der Wertproduktion einer Arbeitskraft erhöht.

Im gesellschaftlichen Resultat kommt es auf das Größenverhältnis der beiden gegensätzlichen Tendenzen an. Zusammen mit der Theorie einer grundsätzlichen historischen Entwertung des Werts in den »Grundrissen« gelesen, ist die skizzierte Argumentation allerdings derart unangenehm für das ahistorische Verständnis vom ewig abwechselnd expandierenden und kontrahierenden Kapital, dass die neueste neue Marxlektüre den tendenziellen Fall der Profitrate vorsichtshalber zu einem bloßen Hirngespinst von Marx erklärt hat.

Tatsächlich kann die fallende Profitrate bis zu einem gewissen Grad durch eine steigende Profitmasse kompensiert werden, wenn sich die kapitalistische Produktionsweise als solche ausdehnt und damit zusätzliches

Geldkapital produktiv eingesetzt wird. Äußerlich ist diese Ausdehnung erschöpft durch die »Inwertsetzung« des gesamten irdischen Raums. Es gibt aber diverse Konzepte einer qualitativen inneren Ausdehnung, die allesamt auf den bürgerlichen Ökonomen Joseph A. Schumpeter zurückgehen.

Dieser beschrieb die kapitalistische Entwicklung als periodische Kreation neuer Produkte und Produktionszweige. Danach wird die Expansion von bestimmten Produktzyklen getragen, bis diese in Stagnation übergehen und innovative Unternehmer ihnen mit neuen Produkten für neue Bedürfnisse den Garaus machen. In der Phase der »schöpferischen Zerstörung« kommt es zur Kontraktion. Erst allmählich wird der neue Produktzyklus tragfähig und die erneute Expansion auf der veränderten Grundlage kann einsetzen.

Schumpeters Theorie hat den kleinen Schönheitsfehler, dass sie in gar keiner Weise auf den Zusammenhang von Produktivkraftentwicklung und substantieller Mehrwertproduktion bezogen ist. Wie in der gesamten Volkswirtschaftslehre gilt die Marktoberfläche als einziger Gegenstand der ökonomischen Wissenschaft. So erscheint die Kreation neuer Produktionszweige und Bedürfnisse automatisch als Grundlage eines kapitalistischen Aufschwungs, ohne dass die Frage nach den konkreten Verwertungsbedingungen von Arbeitssubstanz unter einem veränderten Produktivitätsstandard überhaupt gestellt wird. Gerade deshalb greift die postmodernisierte Linke Schumpeters Idee und verwandte Theoreme so gern auf, um Marx ein bisschen anti-substantialistisch zu ergänzen. Neue Produktionszweige, neues Verwertungsglück, denn die Masse verausgabter Arbeitsenergie soll womöglich gar keine so wichtige Rolle spielen, wenn demnächst das Geld heruntergeladen werden kann wie alles andere auch. Man könnte es sich dann aussuchen, ob nun durch gentechnologische Monsterproduktion, Freundschaftsnetzwerke im Internet, Biosprit statt Brot für die Welt oder die Rettung der Eisbären das zentrale Feld für den kommenden Boom geschaffen wird.

Im ausgeblendeten Strang der Marxschen Argumentation sieht die Rechnung anders aus. Egal, welche Produktionsinhalte ausgeheckt werden: Für das Kapital kommt es allein auf die anwendbare Menge wertschöpfender Arbeitskraft an. Diese muss absolut steigen, wenn der vorausgesetzte Selbstzweck der Akkumulation gelingen soll. Die Kreation zusätzlicher Produktionszweige oder das Eingehen früherer Luxusprodukte in die Massenproduktion können aber das wissenschaftlich-technologische Wegrationalisieren von Arbeitskraft nur für einen historisch begrenzten Zeitraum kompensieren. Der Kapitalismus erreicht seine Klimax, wenn die innere Expansion von der Produktivkraftentwicklung eingeholt und überholt wird. Dann schlägt der relative Fall der Profitrate in einen absoluten Fall der gesellschaftlichen Mehrwert- und damit Profitmasse um und damit die vermeintlich ewige Verwertung des Werts in seine historische Entwertung.

Es lassen sich einige Indizien angeben, dass die kapitalistische Entwicklung mit der dritten industriellen Revolution seit den 1980er Jahren in diesen Zustand eingetreten ist. Modifiziert und gefiltert wird die Kulmination des inneren Widerspruchs durch die historische Expansion des Kreditsystems, die spiegelbildlich zu Stagnation und Rückgang der wertproduktiven Arbeitsmasse verläuft. Schon der permanente relative Anstieg des Sachkapitals trieb die toten Vorauskosten der Produktion allmählich derart in die Höhe, dass sie zu einem immer geringeren Teil aus den laufenden Profiten finanziert werden konnten. Der Kredit verwandelte sich aus einem Hilfstreibsatz der Mehrwertproduktion in deren Ersatz. Die Akkumulation speist sich seither weniger aus vergangener realer Arbeitssubstanz, sondern in wachsendem Ausmaß aus dem Vorgriff auf imaginäre der Zukunft. Mittels einer beispiellosen globalen Verschuldung und daraus entstandenen Finanzblasen werden Investitionen und Beschäftigung ohne reale Grundlagen finanziert. Das war auch die gesellschaftliche Bedingung der Möglichkeit für den Siegeszug der virtualistischen und dekonstruktivistischen Ideologien. Trotz zeitweiligen Anscheins wird dabei jedoch kein Kapital akkumuliert, wie sich an der Bauwirtschaft vieler Länder nach dem Platzen der Immobilienblasen gezeigt hat.

An der Oberfläche des Weltmarkts nahm der stetig weiter vorgeschobene Verbrauch zukünftiger Profite und Löhne die entsprechend absurde Verlaufsform einer Funktionsteilung von Überschuss- und Defizitländern an. Die einen kaufen mit Geld aus zukünftigen Einnahmen Waren, deren Produktion von den anderen durch Zugriff auf zukünftige Erlöse vorfinanziert wurde. Zwischen vergangener realer und fiktiv vorweggenommener zukünftiger Wertschöpfung klafft ein sich ausdehnendes schwarzes Loch. Dieses Konstrukt einer globalen Defizitkonjunktur hat zwei Schwerpunkte: einen größeren pazifischen Defizitkreislauf zwischen China/Ostasien und den USA sowie einen kleineren europäischen Defizitkreislauf zwischen der BRD und der übrigen EU bzw. dem Euro-Raum. Die dafür mobilisierte Beschäftigung, etwa in China, ist genauso wenig tragfähig wie die Bautätigkeit für den Immobilien-Hype. Im einen Fall hat Asien Dollar-Devisenreserven in astronomischer Größenordnung angehäuft, im anderen Fall hat das internationale Bankensystem ähnlich hohe Defizite innerhalb eines gemeinsamen Währungsraums finanziert. Diese berüchtigten »Ungleichgewichte« sprechen sogar den Lehrbüchern der VWL Hohn, die allerdings sowieso nicmand mehr ernst nimmt.

Nach einer dichten Kette von Finanzkrisen, die in den letzten dreißig Jahren einzelne Länder und ökonomische Sektoren erschüttert und die Defizitkonjunkturen begleitet hatten, nahm der Finanzkrach 2008 erstmals globale Ausmaße an. Das Reißen der Kreditketten setzte den großen Entwertungsschub auf die Tagesordnung. Es waren die selber schon hoch verschuldeten Staaten, die mit massivem Einsatz zusätzlicher Kredite und der Notenpressen den Abgang der Lawine aufhielten. Man ahnte zumindest, dass kein reinigendes Gewitter auf dem Weg war, sondern die Lichter des Weltkapitals auszugehen drohten. So wurden die faulen Kredite mit Hilfe von Staatsgarantien wie Atommüll gebunkert, die industriellen Überkapazitäten durch horrende Subventionen aufrecht erhalten und die Konjunktur durch staatliche Programme künstlich ernährt. Besonders der chinesische Staatskapitalismus zwang sein Bankensystem, gestützt auf den Devisenschatz, Investitionsruinen in Form von Geisterstädten, Geisterflughäfen, Geisterfabriken etc. zu finanzieren und die Mutter aller Immobilienblasen aufzupumpen.

Gelöst wurde mit all diesen abenteuerlichen Maßnahmen gar nichts, sondern der Entwertungsprozess nur hinausgeschoben und das Problem von den Finanzmärkten auf den Staat verlagert. Es war absehbar, dass den Staatsprogrammen schnell die Puste ausgehen würde. Der Euro-Raum machte als schwächstes Kettenglied den Anfang, aber auch alle anderen Staatsfinanzen wackeln und drohen Kettenreaktionen in Gang zu setzen. So wird sich der chinesische Dollarberg in Rauch auflösen, wenn die USA eingestehen müssen, dass sie klamm sind. Die unbedienbaren Staatsschulden addieren sich zu den faulen Krediten der Finanzmärkte; die Kernschmelze des Kreditsystems rückt näher. Die schon verbrauchte kapitalistische Zukunft ist zur Gegenwart geworden. Griechenland zeigt exemplarisch, dass die Menschen auf Jahre hinaus aufhören müssten zu leben, um weiterhin kapitalistischen Kriterien zu genügen.

Sobald die Notenpresse nicht mehr bloß die Entwertung der Schuldenpapiere verzögert, sondern unter Umgehung der Kredit-Simulation direkt die Konjunktur mit substanzlosem Geld füttert, wird sich das Geldmedium selbst entwerten. Auch die Inflation hat einen historischen

Vorlauf. War sie seit der Industrialisierung bis zum Ersten Weltkrieg nahezu unbekannt, so konnten die Kriegswirtschaften nur noch kapitalistisch irregulär mit der Notenpresse finanziert werden. Aber nach der Weltkriegsepoche ist das Inflationsgespenst zum ständigen Begleiter des Kapitalismus geworden, weil das expandierende Kreditsystem auch für die gewöhnliche Warenproduktion konstitutiv wurde. Heute haben die Rettungspakete bereits die Dimensionen der Kriegswirtschaft überschritten und die direkte Geldschwemme der Notenbanken erweist sich als letzte Instanz. Selbst eine radikale Währungsreform, die alle Vermögen und Guthaben auflöst, würde nicht zu einem Nullpunkt und Neustart führen. Denn der im Wissensaggregat der Gesellschaft inkorporierte Produktivitätsstandard, der keine ausreichende Mehrwertproduktion mehr erlaubt, ist unhintergehbar. Die Entwertung würde sich nur in immer kürzeren Abständen wiederholen.

Mag da kommen, was will. Trotz alledem möchte das mediale Erlebnisbewusstsein nicht mit uncoolen Realitäten behelligt werden. Mehr Gaudi verspricht der nach dem Maya-Kalender 2012 zu erwartende Weltuntergang. Hauptsache, die eigene Kreditkarte wird nicht eingezogen. Auch die resozialdemokratisierte postmoderne Gesamtlinke kann sich inzwischen einen Kapitalismus ohne Welt leichter vorstellen als eine Welt ohne Kapitalismus. Die ultimative Selbstdekonstruktion wird bestimmt eine prickelnde Angelegenheit. Man gönnt sich ja sonst nichts.

Veröffentlichungsnachweise

Die Aufhebung der Gerechtigkeit, in: *Widerspruch* 23, 1992

Realisten und Fundamentalisten, in: *Neues Deutschland*, 1994

Politische Ökonomie der Simulation, in: *Folha de Sao Paulo*, 1995

Die Maschine der Selbstverantwortung, in: *Folha de Sao Paulo*, 1997

Apocalypse Now, in: *Folha de Sao Paulo*, 1998

Totalitäre Ökonomie und Paranoia des Terrors, in: *Folha de Sao Paulo*, 2001

Das Ende der Theorie, in: *Folha de Sao Paulo*, 2002

Geld und Antisemitismus, in: *Streifzüge*, 1/2002

Der Knall der Moderne, in: *jungle world*, 2002

Wer ist »Big Brother«?, in: *Folha de Sao Paulo*, 2003

Weibliche Tugenden, in: *Folha de Sao Paulo*, 2003

Das Licht der Aufklärung, in: *Folha de Sao Paulo*, 2004

Enteignung und Aneignung, in: *Junge Welt*, 5./6. August 2004

Aneignung als Kapitulation der Kritik, in: *Freitag*, 6. August 2004

Zweiter Abschied von der Utopie, *Freitag*, 6. August 2004

Der Alptraum der Freiheit, in: *Folha de Sao Paulo*, Januar 2005

Der molekulare Ausnahmezustand, in: *Folha de Sao Paulo*, August 2005

Die universelle Harry-Potter Maschine, in: *Folha de Sao Paulo*, Oktober 2005

Der schwarze Frühling des Antiimperialismus, in: *Folha de Sao Paulo*, Januar 2006

Unrentable Menschen, Ausarbeitung eines Vortrags in Brunnen (Schweiz), Januar 2006. Dieser Text stellt die verschriftlichte Fassung eines Vortrags dar, der am 15. November 2005 in Brunnen bei der Jahrestagung von INTEGRAS (Schweizer Fachverband für Sozial- und Heilpädagogik) gehalten wurde. Die Zwischenüberschriften stammen von der Integras-Redaktion.

Weltkrise und Ignoranz, in: *EXIT! Krise und Kritik der Warengesellschaft* 6, 2009

Die Krise des Kapitals und die Krise der Linken, Interview mit *IHU-Online*, März 2009

Die Klimax des Kapitalismus, in: *Konkret* 2/2012

Aus der Reihe Critica Diabolis

http://www.edition-tiamat.de